匹配

人力资源管理案例、技巧、制度与实践

孔祥民 · 编著

清華大學出版社
北 京

图书在版编目(CIP)数据

匹配 : 人力资源管理案例、技巧、制度与实践 / 孔祥民编著. — 北京 : 清华大学出版社，2015

ISBN 978-7-302-40962-5

Ⅰ. ①匹… Ⅱ. ①孔… Ⅲ. ①人力资源管理 Ⅳ. ①F241

中国版本图书馆 CIP 数据核字(2015)第 167177 号

责任编辑：张立红
封面设计：王　青
版式设计：方加青
责任校对：杨静琳
责任印制：宋　林

出版发行：清华大学出版社
　　网　址：http://www.tup.com.cn，http://www.wqbook.com
　　地　址：北京清华大学学研大厦 A 座　　**邮　编**：100084
　　社总机：010-62770175　　**邮　购**：010-62786544
　　投稿与读者服务：010-62776969，c-service@tup.tsinghua.edu.cn
　　质 量 反 馈：010-62772015，zhiliang@tup.tsinghua.edu.cn
印 刷 者：三河市君旺印务有限公司
装 订 者：三河市新茂装订有限公司
经　销：全国新华书店
开　本：170mm×240mm　　**印　张**：17.25　　**字　数**：267 千字
版　次：2015 年 10 月第 1 版　　**印　次**：2015 年 10 月第 1 次印刷
定　价：45.00 元

产品编号：065413-01

前　言

“21世纪最缺的是什么？是人才！”这句电影台词一语击中目前不少企业的痛点。的确，人力资源已成为企业资源中的第一决胜资源，它最宝贵、最活跃、最具能动性。

正如一位知名企业老板所感叹：“我们不缺资金，不缺项目，唯独缺乏人才。”不经意中，大家已踏入一个崭新的、如此重视人才管理的时代。可以肯定地说，不管你是管理者抑或被管理者，只要你生活在这个时代，都会和人力资源息息相关。

如果你要想适应这个时代的发展而不落伍，要成为这个时代的弄潮儿而非跟随者，要经受住这个时代检验而不被淘汰，那么阅读这本书吧，本书将会系统地告诉你人才管理的关键。

为什么编写本书

20世纪90年代，随着人力资源管理理论不断发展，人们热衷探讨的是人才如何为企业战略服务，如何向企业战略合作伙伴关系转变，其核心内容是人力资源的开发、利用和管理，其目的是实现人才价值的持续最大化。

但一直以来，困扰企业管理者的一个问题是：为什么企业花费那么大的精力引进了那么多的高端人才，经营管理却依然那么艰难？而有的企业并未见有什么“明星”人才，却搞得风生水起，有声有色，甚至还成为了标杆企业。这可以从杰克·韦尔奇的话中找到答案：“我的工作就是将最好的人才放在最大的机会中，同时将金钱分配在最适当的位子上，就是这样而已。”这句话的潜台词是：企业不仅仅要重视人才引进，更要重视人才管理。

本书以上述问题为线索，深刻解析、归纳出当今企业组织中存在的具有普遍性和代表性的人才管理问题，并予以延伸。

- 战略任务和匹配的人才协同乏力，人才管理和企业经营出现分层现象。
- 人才融入性、可靠性和开发性管理机制乏力，人才管理和企业经营未实现协同发展。
- 人才入职、在职和离职过程中，培训、激励等系统管控乏力，无人才德、能、勤、绩提升机制。

围绕上述问题，本书将从实战管理角度出发，结合现代人力资源管理前沿理论，精选大量的人才管理案例，系统思考，从根本着手，深度剖析问题的根源，着眼于企业如何选对人、如何让人才在刚入职时过渡好、如何将人才培育得优秀、如何将人才用得棒、甚至是如何让人才在离职时走得开心等几个方面来阐释企业人才管理机制，并从中解码出最具实战意义的系统化人才管理策略、方法，从而构建出一套科学、规范的人才管理体系。

- 从任务、环境和人员需求入手，解析影响人才匹配的因素。
- 透析企业战略落地步骤，匹配每一发展阶段所需的人才链，按需配置到位。
- 通过过渡期磨合管理，使人才尽快同企业发展合拍。
- 在人才入职、在职一直到离职整个人才周期，要不断调整、优化人才管理，使人才和企业发展要求相匹配。
- 通过薪酬、授权等管理手段，充分发挥员工的主观能动性，让员工主动从态度、能力等方面向企业要求靠拢。

多年的知识积累和实务工作经验，浓缩成这本书奉献给您。本书采用了大量的案例分析，行文深入浅出，将枯燥生硬的理论知识透过生动的案例娓娓道来。本书抛开深奥的理论化条文和必备的基础理论知识介绍，绝不贪多求全，特别强调务实操作、快速上手，尤其注重实战展示，为有上述人才管理方面困惑的企业提供帮助。

管理学家德鲁克说：“管理是一种实践，其本质不在于知而在于行；其验证不在于逻辑而在于效果。”建议分享此书的读者，不要仅停留在“认知”的层面，更重要的是一定要结合企业人才管理实际，科学使用本书所提供的策略、方法，逐步引领企业人才管理驶入良性发展的轨道。

本书特点

本书以对企业人才流动情况的系统解析为切入点，按照选、育、用、留、离人才管理流程链进行系统阐释。

- 热门性——迎合人才管理的热潮，顺应时代需求。
- 经典性——运用了大量经典管理理论来解读当下人才匹配管理问题。
- 洞察性——针对人才匹配管理的热门话题进行深入细致的分析思考。
- 前瞻性——合作时代已经到来，人才匹配管理将是现在和未来永恒不变的主题。

本书和市面上其他书籍相比，最具特色的两点：

- 将人才个体的综合素养（个性、品质、能力等）和匹配岗位需求结合到一起，深入、系统地阐述，探讨如何将两者有效匹配起来；
- 本书行文按照【案例】+【知识点】+【分析】的结构，清晰明了，应用案例也都是和当下国内企业息息相关的，更符合国人阅读习惯，更具认同感。

本书内容

本书共分为8章，各章内容如下。

第1章：对企业人才流动情况进行系统解析，并概述人才匹配的对策措施和解决思路。

第2章：从组织的各种环境、赋予的工作任务和人才条件入手，系统分析了组织环境和岗位需求。

第3章：通过对人才的能力、素质、个性、抗压能力和态度等综合要素进行检测，选择与企业相匹配的人才。

第4章：介绍影响新员工过渡期的因素。在对新员工综合分析的基础上，开展系统、立体的培训和教育活动，确保入职新员工尤其是大学生和农民工群体顺利度过过渡期。

第5章：通过培训需求分析，了解企业与员工的需求，再通过科学合理地规划或计划，进行系统化的立体训练，综合施治，实现在岗人员和企业共同成长。

第6章：对在岗人员进行系统化管理，如成立专门的人才管理机构，提升人资岗位影响力，进行人才规划，端正管理者、入职者态度等，确保人才和组织要求相匹配。

第7章：培训员工第一意识、强大的使命感、共同的价值观和目标，通过管理者威信、薪酬和授权等激励制度以及良好的监督等来约束员工。

第8章：通过人性化的管理，做好人员离职管理，让每位员工来得开心，走得愉快。

适用人群

- 刚刚步入职场的人力资源管理人员。
- 正在或计划考取人力资源管理师各级别证书的人员。
- 人力资源管理、企业管理类专业的大中专院校见习生。
- 各类组织的人力资源管理主管，尤其企业组织基、中、高层管理人员。
- 拟转行从事人力资源管理的其他岗位人员。
- 其他对人力资源感兴趣的各类人员。

参与本书编写的还有王磊荣、宜亮、张华、王冬姣、吕琨、李慧敏、黄维、金宝花、梁岳、张驰、孙景瑞、苗泽、李涛、刘帅、景建荣、胡雅楠、焦帅伟、李信、王宁、鲍洁、艾海波、张昆，在此表示感谢！

目 录

第1章

匹配：人力资源效用的最大化

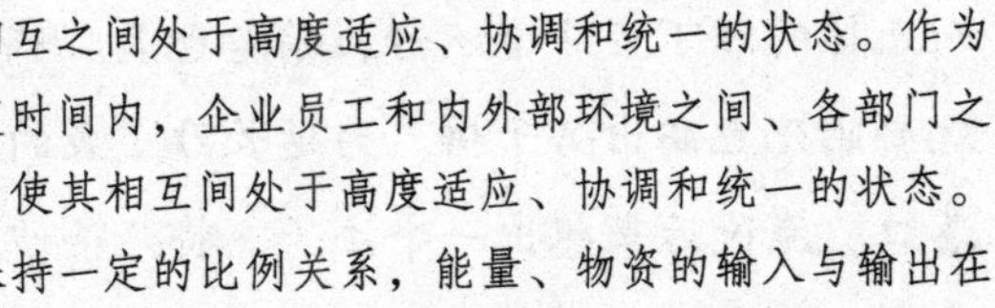

生态平衡，是指在一定时间内，生态系统中的生物和环境之间、生物各种群之间，通过能量流动、物质循环和信息传递，使其相互之间处于高度适应、协调和统一的状态。作为企业，也有属于自身的生态系统，即在一定时间内，企业员工和内外部环境之间、各部门之间，通过物资流动、信息传递和价值转换，使其相互间处于高度适应、协调和统一的状态。当组织处于相对稳定时，系统内员工之间保持一定的比例关系，能量、物资的输入与输出在较长时间内趋于相等，结构和功能处于相对稳态，在受到内外部环境干扰时，能通过自我调节，恢复到初始稳态。

作为企业管理者，就要像企业医生一样，要经常努力去了解、诊断企业运行状况，发现运营中各种基本要素之间的匹配失衡问题，有的放矢地加以干预、综合施治，将一个个偏离轨道的要素拉回到正常的运行轨道。自然，整个企业就会一直保持机体强健的状态，实现良性运转。

1.1 正常流动：取精华并去糟粕

企业就像生物体一样，要适度地新陈代谢，经常性地吐故纳新，才能保持健康的体魄。因此，一定的员工流动是必要的。否则，没有新鲜血液的补充，企业将像一潭死水，逐步丧失朝气和斗志，久而久之，会使企业产生一些病症，甚至陷入衰败、死亡。一般情况下，正常的员工主动流失率应保持在5%～8%的健康层次。

鲶鱼效应

西班牙人爱吃沙丁鱼，但沙丁鱼非常娇贵，极不适应离开大海后的环境。渔民们把刚捕捞上来的沙丁鱼放入鱼槽运回码头，用不了多久沙丁鱼就会死。而死掉的沙丁鱼味道不好，销量也差。倘若抵港时沙丁鱼还存活着，鱼的卖价就要比死鱼高出若干倍。为延长沙丁鱼的活命期，渔民想方设法让鱼活着到达港口。渔民后来想出一个法子，将几条沙丁鱼的天敌鲶鱼放在运输容器里。因为鲶鱼是食肉鱼，放进鱼槽后，鲶鱼便会四处游动寻找小鱼吃。为了躲避天敌的吞食，沙丁鱼会自然地加速游动，从而保持了旺盛的生命力。如此一来，一条条沙丁鱼就活蹦乱跳地运到渔港。

将此案例转换到企业：一是企业要不断补充新鲜血液，把那些富有朝气、思维敏捷的年轻的生力军引入职工队伍中，甚至管理层，给那些固步自封、因循守旧、并有官僚作风的懒惰员工带来竞争压力，才能唤起“沙丁鱼”们的生存意识和竞争求胜之心。

正常的人员流动有利于人力资源的合理、优化配置，有利于优胜劣汰，进而实现人员自身的价值，客观上会促使企业反思和改进工作，还能给企业输入新鲜血液，带来新知识、新观念、新工作方法和技能，从而提升企业的工作效率。

1.2　异常流动：留毒素或失营养

适度的员工流入和流出活动，属于自我调节或优胜劣汰，有助于企业生态的优化，使得企业逐步变得强大，而一旦企业人员陷入不流动或非正常流动（流动过快或过慢，或者非进化型流动）的状态，那么就有可能由于人才流失过快，或者人员流动过缓甚至停止流动，该放弃的员工出不去，使得企业内部运营系统变得迟钝或僵化，进而使企业产生“大企业病”，如图1-1所示。

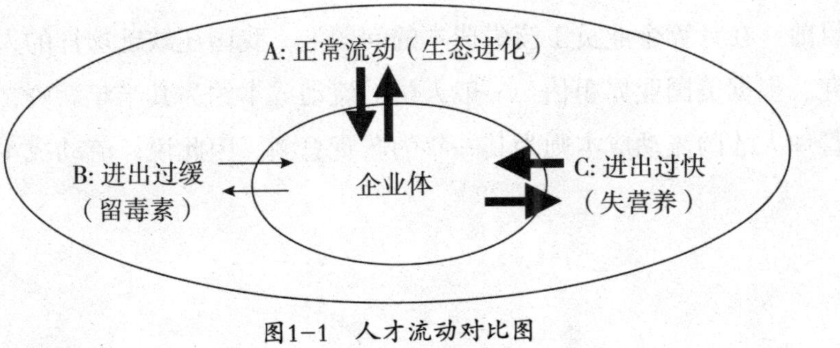

图1-1　人才流动对比图

1.2.1 流动过缓会留毒素

人员跳槽就像下棋一样：不动，会是一盘死棋；科学地动，就会让死棋产生活力，甚至起死回生。

当机体不能正常吐故纳新、新陈代谢时，产生的毒素就不能正常排出机体，继而在机体内积聚，败坏体内环境，长此以往，积累的毒素逐渐发酵、腐烂变质，会引起一系列机体病症，直至影响到机体健康。

企业也是如此，优秀员工进不来，不合格员工不淘汰，长此以往，会影响到企业的正常运行。一般来说，这种低流失率的情况常出现在国企内，导致的直接后果就是人浮于事，不思进取，缺乏竞争和斗志，像一潭死水，缺乏活力。整个组织里，到处充斥着负能量，在这种环境中，本来优秀的人员要么选择逃离，要么被污染变质。

1.2.2 流动过快会失营养

如果企业人员流失率过快，优秀人才就不能有效浸润、滋养企业这个有机体，企业就很难得到应有的养分，与此同时，还会因此付出很多成本。

一项研究指出：企业管理者在考虑人才流失成本时，往往只考虑显性成本，如人才招聘、培训、流失前后的效率损失（新人雇佣广告费、人才中介费、报到手续、各级主管面谈、离职手续、面谈和工作代理）等，而对跳槽者给留下员工带来的压力、企业声望的降低、职位链的损害等隐性成本往往考虑得不够。其实，这种隐性成本要比显性成本大得多。

目前，在计算企业员工流失成本的问题上，我国还缺乏这样的人力资源会计研究。根据美国业界粗估，一般人员的流动成本约为其半年薪资，而专业技术及管理人才的流动成本则为其一年的薪资总额。因此说，流动成本是相当可观的。

1.3　异常流动现象解析

异常流动群体不外乎初入职者、老员工以及其他不同年龄段的员工。他们的流动原因各有不同：初入职者主要由于尚处于职业探索期，发展方向不明确；老员工可能是由于内部管理紊乱导致其想借助新平台实现二次发展；在不同年龄段中易变动的是20～30岁的员工，他们当中初入职者较多，职业感尚不成熟、稳定。

1.3.1　初入职者

最近一项关于大学毕业生的跳槽调查显示，2009届大学毕业生半年内的离职率分别为："211"院校22%，非"211"本科院校33%，高职高专院校45%。离职类型分为主动离职、被雇主解职、两者均有（离职两次以上可能会出现）三类情形，其中主动离职的占到了88%。值得关注的是，越好的院校，其毕业生的离职率越低。主要问题可能是大学生不适应环境，对自身定位不准，缺少职业发展规划，或者正处于个人职业探索期导致职业发展比较迷茫等，如表1-1所示。

表1-1　初入职者流失原因一览表

流失原因	具体说明
不适应环境	初入职场，身心都不适应，容易紧张、有压力
定位不准，求职迷茫	一是不喜欢自己的专业；二是不知道自己究竟要干什么

1. 不适应环境

从承担学习任务到担当工作任务这个过程，需要身心两方面的逐步有效适应，才能刹住入职大学生的流失率。一般情况下，从相对宽松、自由的大学校园环境到用绩效说话、紧张的职场环境，差距较大，当大学生尚未做好心理准备时，一下子就懵懵懂懂地走入职场，心理尚未完全适应，反应不过来，容易紧张，甚至无所适从，直至引发逃离现象。

2. 定位不准，求职迷茫

大学生对自身没明确定位，就业心理准备不充分，找工作跟着感觉走，缺乏清晰的职业生涯规划。从总体上来看，毕业院校越好，员工整体素质越高，相关个人发展和适应能力也相对较高，对自身定位相对准确，其离职概率也就偏低。

1.3.2 老员工

老员工在企业内干得时间长了，积累了极其丰富的工作经验，是企业的财富、骨干、栋梁，是经得起考验的优秀员工，是企业的忠实建设者，一般情况下不会轻易流失，即便有流失，一般也在2%～3%，如果超过了3%，说明企业在人才管理方面存在一定的问题，这里面有三种因素值得考虑，如表1-2所示。

表1-2 老员工流失原因一览表

三种因素	具体说明
想换环境	一般来讲，在一家企业里待得时间长了容易厌烦，对周围的环境会变得不敏感，人的思维也会因此变得很迟钝
企业关注度不够	一是失去主力位置；二是薪资没有和企业同步发展
企业发展受限	企业经营发展受限，发展空间缩小导致人员流失

1. 想换环境

有的老员工想通过换一个新的工作环境来调适心情、缓解压力，这是人之常情。因此，企业在这方面应引起高度重视，根据老员工的意愿，结合所在企业的实际情况，可以调整一下工作场所或者岗位，舒缓一下他们的心情。

2. 企业关注度不够

一是，管理者一旦在经营和管理中遇到问题，就一股脑地误认为是人才不足所导致的，于是，就拼命地外聘人才，置换企业老员工的岗位，将原来的老员工放到相对不太重要的岗位上，这样就导致老员工萌生去意。二是，在薪资分配方面，总是忽略身边和自己一起打拼的骨干，而一味将高薪给了那些被企业高薪招聘过来却尚未证明自身业绩的新员工，这让老员工感到心寒，没办法才找更好的东家就业去了。

3. 企业发展受限

有些企业经营管理思路、眼界比较窄，市场形势不好或者是经营不善，导致企业发展越来越不景气，平台做得越来越小，于是，一些优秀的人才为了自身发展也就逐渐离开了企业。

1.3.3　不同年龄段的员工

在员工流动率调查中，员工流动情形约分为四个年龄阶段，四个阶段各有不同，具体情况如表1-3所示。

表1-3　不同年龄段流失原因一览表

阶段	年龄段	流失原因
第一阶段	20岁～30岁	职业发展探索期、迷茫期，趁着年轻多折腾
第二阶段	30岁～45岁	属于成家立业期，另攀高枝
第三阶段	45岁～55岁	属于开拓第二事业的博弈期，开拓事业
第四阶段	55岁后	本阶段员工力求稳定，静静地等待退休的到来

第一阶段：企业员工常常秉承的思维逻辑是在自己能养活自己的前提下，多折腾一下自己，多尝试，只要能逐步找到自己的人生方向即可。在这样的思维逻辑支配下，员工流失率显然较高，其中，新员工职业性向和兴趣的稳定程度占据了主导地位。

第二阶段：一般情况下，如果没有特殊情况的话，都不会愿意像30岁之前的毛头小伙子一样，随便地跳来跳去了，否则，会有很多的非议从四面八方袭来。即便有离职现象，也是员工经过职场历练之后感觉待遇与事业发展受限而另攀高枝的。

第三阶段：一般情况下，员工都积累了一定的社会财富，同时也积累了一定程度的人脉资源，各种关系都很通达。在这种情况下，有的人为了自己的事业发展开始博弈，在有更好发展的情况下，也都会选择离职。

第四阶段：享受自己的业余生活成为这个阶段的主题，本阶段员工流动率开始下降。

各个时段的界限固然或有推移，但前后不大。在这几个阶段中，员工流动率最高的年龄段当属20岁～30岁，正如上所说，因为每个人都要经历职业探索期，大家都在通过不断地找工作来发现自己究竟适合做什么。

1.4 管理者正确的心态：先包容再改变

作为企业，一定要清楚：人人生而不同。在一个组织中，肯定存在有各种背景、性格和生活经历的人，面对组织中不同类型的人员，管理者究竟应秉持怎样的心态呢？

赵总是一家企业的营销副总经理，自从他到任后，销售业绩连年倍增，给企业带来了丰厚的利润。究竟是什么原因导致这样的一个好现象？主要是由于他非常善于带团队。举个其中的例子：小张是在前任领导下几乎要放弃营销工作的员工，他的营销业绩一度很糟糕，天天挨领导的批评，一时间消极、悲观、压力、苦闷等负面情绪倾盆而来，甚至有了离职的念头。就在这时，赵总上任了，当他了解到这种情况后，主动找小张谈话、沟通，用鼓励代替了批评，用共同商量、寻找问题对策代替了横眉冷对、批评苛责。就这样，小张很快一改原来的颓废情绪，精神为之一振。只用了两个月时间，他的销售业绩便有了较大改观，甚至一度排在部门前几位。

1.4.1　包容

管理者不能以自己既定的标准来定义、苛责、排斥员工，相反，还要学会用宽容的心态来包容、接纳他们，要挖掘他们的优点，并耐心引导他们改正缺点，让他们能从内心深处感受到自己是企业“大家庭”中的一员。

1.4.2　融合

一个好的企业文化具有包含不同个性、塑造共同价值观的功能，用优秀的企业文化凝聚员工，使他们尽快融入团队，成为其中的一员。管理者要认识到人与人之间存在着差异，要克服自己的偏见，学会用不同的方式管理不同的人，切不可用一种方法简单粗暴地管理所有人。这里面，要做到平等地谈心交流（让员工有话说出来），尊重员工观点，包容员工的个性，帮助员工解决工作生活中的问题，等等。让他们工作并快乐着，让他们融合在一起，团结协作。这些真正体现家庭文化氛围的管理态度对团队成长至关重要。

1.4.3　改变

包容不是纵容。在文化相容的基础上，为了能让员工和企业共同成长，还要进一步做些功课来辅助员工，让员工的知识、技能、态度、品行能和企业要求紧紧保持一致，从而能为企业的持续发展增砖添瓦、增光添彩。这些功课包括三方面，见表1–4。

表1–4　三方面改变员工一览表

方面	主要内容
1	解决员工心态的教育问题，让他们由“不愿干”转化为“愿干”
2	解决员工能干不能干的训练问题，如岗前训练、在职训练、内外部训练、委培等
3	训练课程促使员工进一步提升，让其更大限度地和企业发展要求匹配，推进企业发展

1.5 人才匹配的解决之策

在一家企业当中，有很多人资管理不匹配的因素，如忽略其中任意一个因素的管理，都会导致员工的不稳定，进而增加员工流失率，给企业日常经营管理活动造成不良影响。因此，加强员工匹配管理是保障一家企业良性发展的关键。那么，如何通过日常有效的管理来消除这些不匹配因素，进而让企业人才走上良性发展的道路上呢？作为管理者，究竟应从何做起？

某企业在年底人力资源总结时，统计出人员流失率达到20%，其中能力因素和上下级不和问题占到离职原因比例的30%以上，整个流程运作效率低下，组织内部勾心斗角、拉帮结派严重，部门内不和谐事件经常发生，争执、争吵不断，业绩下滑迅速。总经理要求人资部从根本上找一下原因，并做一个改善计划，确保下年度人员流失比例控制在10%以内。根据领导指示，人资部经理组织召开了一个研讨会，从人力资源管理的角度重点剖析了存在的问题，通过自由讨论、头脑风暴和树枝图统计工具的分析，最后，将问题的关注点放在了员工匹配度管理的问题上，于是，决定从员工匹配角度着手来落实企业提出的目标。

第一步：企业环境、任务和岗位要求分析，弄清楚企业内外部运行环境，具体岗位上的工作任务，以及在这种环境下，完成这些岗位任务的人员素质要求。

第二步：企业现有工作人员分析，包括业绩能力、知识技能和综合态度、素养和性格特质等。

第三步：对照前两步分析、比对当前在岗人员和岗位人员综合素质要求的匹配度，确认其能力素养、性格特质、薪资情况等是否符合岗位要求，并找出差距存在的原因。

第四步：采取如下处理手段，一是对企业内部人员进行再匹配处理，将合适的人员放到合适的岗位上，确保岗薪匹配；二是通过培训教育等手段使得实际能力远低于岗位要求的员工符合要求。

第五步：经过第四步之后仍有空缺岗位的，通过招聘进行补位，要求招聘人员的素质务必符合要求，并在试用期阶段对其重点进行培养和考查。

第六步：做好在职教育和训练。

第七步：通过营造良好的管理文化（尤其是授权、薪酬等激励政策）和其他辅助管理措施留住人才。

按上述思路，经过一年的运行，岗位人员不断地优化调整到匹配的岗位上，不合适的人员进行了培训、教育，使之逐步符合企业要求，对于一些确实不想改变自己的员工采取了劝退的方式让他们离开工作岗位，补充符合岗位要求的人员，这样，让每个岗位都充满了活力，团队和谐了，氛围营造好了，企业整体形象得到大幅度提升，团队合作意识明显增强，企业生产经营业绩也得到了明显的改观，除了劝退的人员外，人员主动流失率不超过5%。其思路流程转换如图1–2所示。

一般情况下，要做好企业人资匹配管理，应结合企业当前实际情况，通过现状分析和实际匹配人才要求对比，逐步进行人员配置（包括培训、教育、劝退、引进匹配人才和辅助支持手段等）管理，使得人才体系符合企业发展总体要求。

第一步：管理准备。人力资源管理中，影响匹配管理的因素有哪些？比如企业要完成什么任务、所处的工作环境，以及在这种环境中要完成这种工作任务需要的岗位组成和素质要求。

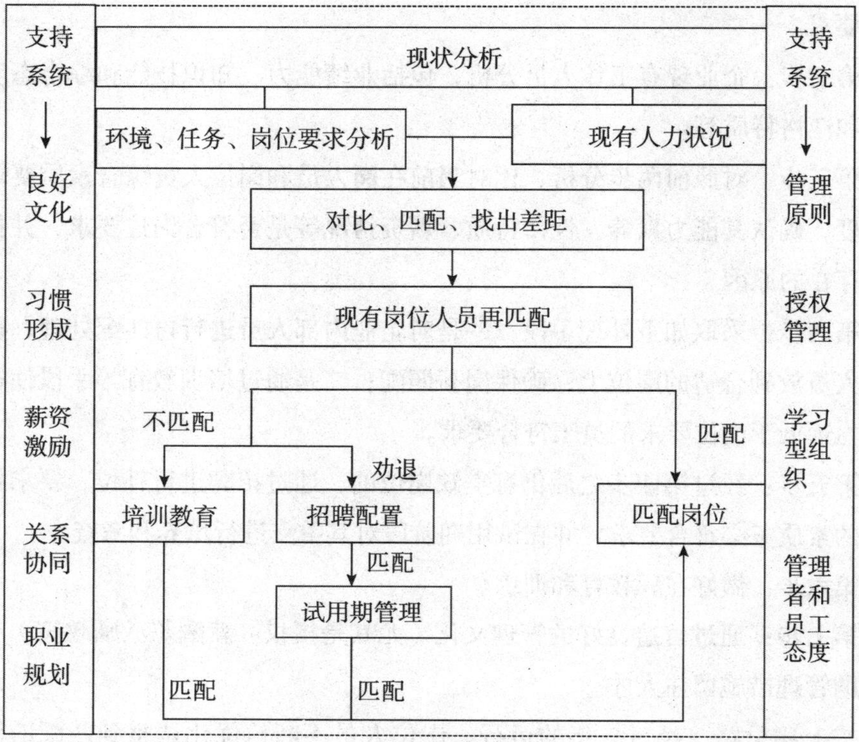

图1-2 人才匹配流程分析图

第二步：选得对。根据第一步的要求来甄选企业需要的人员，包括拟应聘人员应具备什么，企业采用哪种方法措施才能遴选出相匹配的人员。

第三步：过渡好。引进人员后，还要对各岗人员进行有效管理，包括个岗分析、岗前训练、试用期教育、考评转正，其中包括一些辅助管控措施，如通过谈心和关怀，教会员工如何快速适应职场，使之快速和企业环境相适应。必要时，对差距比较大的员工进行劝退。

第四步：育得优。为了企业员工的能力基础能和企业同步成长，即实现持续匹配，依据PDCA循环管理[即管理要依照计划（Plan）、执行（Do）、检查（Check）、处理（Act）进行循环]的原则，企业要对员工进行持续不断的在职培育，并且这种在职教育要和员工个人职业发展规划有机地结合起来。

第五步：用得棒。要科学合理、充分挖掘员工的潜能，通过高效使用再来进一步了解其匹配度。其中尤其要注意的是，使用员工时不能一成不变、墨守成规，要根据企业发展情况和员工本身的成长情况综合分析其匹配度，如不匹配，要及时进行调整。

第六步：留得住。在上面的每个阶段，管理者必须贯穿强有力的、主动高效的管理支持系统来保障员工匹配度，如营造适宜的环境、积极向上的文化、积极快乐的氛围、良好的习惯以及薪酬激励等管控手段，有效实现人才业务匹配，进而实现企业业务战略发展目标。

第七步：走得好。值得一提的是，在人才匹配管理的过程中，对于那些经过反复培训、教育却仍然不适合企业岗位要求的员工，就要实施劝退处理；还有一些员工，因为不同的原因选择离职，对于优秀员工，我们要尽力挽留，不太好的员工，我们同样要客气对待。千万不要忽略这个环节。并且还要通过有效的管理，争取能让每位即将离职的员工都能非常愉快地离职。

综上可知，从人力资源管理的角度来看，要实现员工和企业战略目标的匹配，须要从系统管理的角度出发，充分发挥管理者的领导作用，全员参与，才能确保人才管理的战车一往无前、所向披靡，人才匹配管理模型图如图1-3所示。

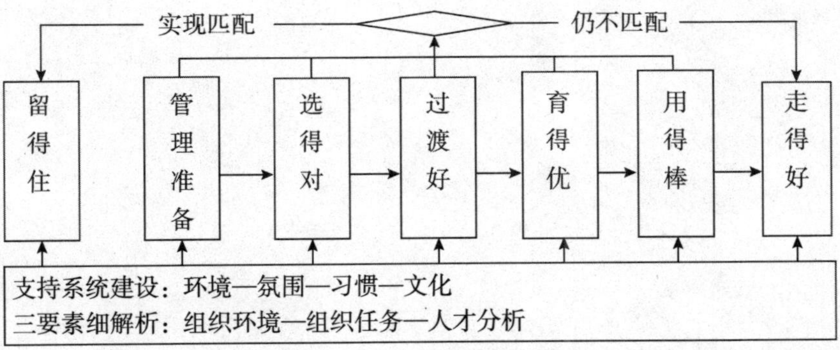

图1-3　人才匹配管理模型图

第2章

管理准备：分析环境和岗位需求

企业要用对人，作为企业管理者，首先要识别影响组织用人的三大基本要素，即“组织环境”、“工作任务”和“人才条件”，在有效分析三大要素的基础之上组合人才，用好人才，用对人才，从而为组织创造价值。正所谓知己知彼，百战百胜。一般认识顺序：环境→任务→人员。

2.1 组织环境：影响组织稳健发展的关键因素

在我国，东西南北方的气候、光照、土壤等地理环境因素有明显的不同。以南北方为例，北方是以温带季风气候为主，夏季炎热多雨，冬季寒冷干燥，光照时间较短并且强度低。南方是以亚热带季风气候为主的，夏季炎热多雨，冬季温和湿润，光照时间较长并且强度较强。不同环境适宜生长的植被不同。因此，若把北方植物带回南方养，因它的适应气候的特性不同，在南方并不好养活。比如有人把苹果树引入南方后难以结果，或者，果实不会变红，且小而涩。再比如，北方的桃树在南方不如南方本地的桃树生长得好，因它已有的习性决定其难以适应迅速改变的环境。如果硬要将南方的植被移植到北方，成活率亦会很低。

就像植被适应自然环境一样，企业人才管理也是如此，每个企业因生产的产品、所处的位置、员工的整体素养、企业成长的阶段以及领导人经营哲学、理念等因素不同，构成的企业文化环境是不同的，这样不同的环境对人才要求也是不同的，有的人在这样的环境中比较稳定，有的人在这样的环境中就容易流失。

组织在岗位配置前，对所处环境情况进行细致的分析、研究是非常必要的，这与之后考虑配置什么样的人员在这个环境中工作的关系很大，也基本决定了所配置人员的稳定程度。因此，对管理者来说，关键要搞清楚企业在何种环境下需要什么样能力和风格的人才。

2.2　大环境：直接影响企业稳定性的条件

影响企业人才匹配的大环境主要包括企业运营外部大环境和企业运营内部大环境，如图2–1所示。

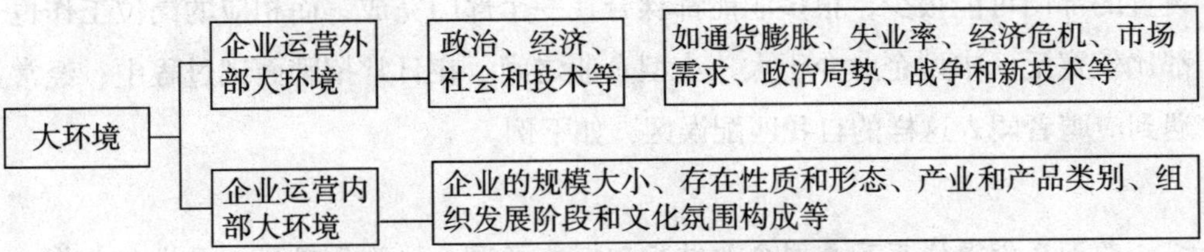

图2–1　影响企业人才匹配大环境因素图

2.2.1　企业运营外部大环境

主要是指企业经营的外围大环境，比如大量企业关门、员工失业的情况，都是典型的外围环境差的表现。

始于2008年的金融危机导致我国光伏产业遭受重创。金融危机导致全球需求持续下降，经济低迷，但是另一方面光伏产业却大幅度扩张，致使产能严重过剩，供大于求。到2011年4月份，光伏产业急转直下，多晶硅、太阳能光伏组件价格严重下跌，很多上游企业纷纷破产。很长一段时间内，这种状况非但没有缓和，反而日益加剧。继美国对中国光伏产品实行反倾销之后，2012年7月欧洲也对中国光伏产业是否倾销正式立案调查，我国太阳能光伏产业面临有史以来最严重的危机。这种情况下，大量的光伏企业削减生产规模、裁员不断，甚至倒闭，导致大量员工失业。

在这种环境下，企业要生存或者说尽量减少损失，就需要科学合理地做调整来顺应时势。本案例恰恰说明了组织为了适应外围大环境的巨大变化而不得不作出相对应的企业人力资源再匹配的情况。

2.2.2 企业运营内部大环境

1. 企业规模大小

不同规格的企业在人才需求结构上是不同的，大型企业运作相对规范，需要的人才类型相对比较专业，人才在窄的专业面上做深、做透即可。小型企业设置的部门可能很少，很多职能都糅合在一个部门完成，而相应的岗位工作也都比较宽泛。中型企业介于大、小型企业之间。在日常招聘面试过程中，经常遇到应聘者闯入这样的自我匹配误区，如下例。

老王在沿海城市某集团企业做行政副总经理，近两年想到老家找个工作，信心满满的他却由于薪资问题屡遭碰壁，于是便计划找一个小企业做行政副总，这总没问题吧，但结果令其大失所望，工作倒是找到了，但就是不适应，干不到一个月便离职了。为什么？因为他原来所在企业规模较大，运营很规范，分工很明确，各司其职，各负其责。但到了这家小企业之后，情况几乎是相反的，他手下只有两个专员，根本就不够用，这样，行政副总、行政主管和行政专员的活，都要老王一个人来做，做的工作质量也让老板颇有微词，如此折腾下来，老王终于顶不住了，索性甩袖不干了。

这则案例告诉应聘者，在规模较小的企业干到了高层管理的职务，不要认为自己就有能力胜任另外一家大、中型企业中层管理职务。同理，在某家大型企业做到了高层管理的职务，不要认为去一家小型企业做总经理就是一件很轻松的事情。因为企业规模的大小、企业运作的规范化程度、工作经验的宽度和深度等等直接影响着你与新企业岗位的匹配度。

2. 企业存在形态

企业存在形态也决定用人风格的不同，这些也都决定了企业在人才匹配方面的各自差异。前些年，国营企业和民营企业在求职大学生心目中的地位天差地别，前者就像吃“皇粮的”，待遇很好；后者就像街上的流浪者，到一家企业工作后，当牛当马任人宰割，随时随地都有可能失业丢饭碗，完全不受待见。在这两类不同性质的企业面前，大学生应聘者的竞争程度简直就是“冰火两重天”，国营企业应聘岗位面前门庭若市，私营企业应聘岗位面前门可罗雀。

这两类企业对员工的基本要求是不同的，这一门槛更加激发了大家入职国营企业的欲望。国营企业对学历、专业要求比较重视，更喜欢吸纳一些刚毕业的全日制高学历的大学生，因此应届毕业生应聘者比较多，而拥有非全日制学历的学生或有一定工作经验而无学历基础的人往往不受欢迎。外资、私营、合资企业，在入职匹配时，重视员工能不能立马为企业解决实际问题，更为看重当前的实际经验能力，而对学历并不是特别重视。

3. 企业产业和产品类别

在不同的产业中，集聚着众多的企业组织，它们通过提供不同的产品来承担不同的产业任务。往往由于企业产品类型的不同决定了制造工艺流程的不同，产品制造工艺流程的不同也就决定了企业组织各项职能管理活动的不同，职能管理活动的不同也就决定了部门和岗位设置也即岗位职责和素质要求的不同，从某种意义上来讲，产品类别的不同也在影响甚至决定着具体的用工层别。

从人才需求类别来看，一家高新技术研发企业总体需求较大的往往是那些技术层次较高的人才，一家劳动密集制造型的硬件类企业，比如服装企业、玩具厂等，总体需求量较大的是那些学历和技术层次较低的人才。从职能完整度来讲，一些人员较少的门店类的企业，一般不会涉及硬件企业的生产、技术等部门，在行政后勤系统这一块，也可能就不会涉及或很少涉及食堂或宿舍管理这类后勤管理范畴。而规模比较大的硬件类企业，如无外包业务的话，可能产、供、销、人、财、物这些基本的管理职能都会要涉及，自然在人才匹配管理方面要着重进行考虑。同时，从工作经验的匹配度来讲，在生产不同产品类别的企业当中工作，员工所获得的工作经验也是不同的，这种经验与求职企业岗位需求也就有所差异，比如财务系统当中，有商业会计从业经验但缺乏工业会计从业经验的人，一般还真的难胜任工业会计的工作。

综上，作为管理者，一定要弄清楚当前企业所生产的产品类别和具体生产工艺和管控流程，因为这直接影响着企业人才管理的匹配度。

4. 企业发展阶段

不同的发展阶段，人员素质需求的匹配度也有所不同。

一家水泥制造企业，计划年底前建厂完毕，前期筹备阶段有一项重要的工作任务，就是要大量招聘员工，由于企业周边剩余劳动力不足，如果严格按照既定的素质要求来招聘的话，很难招聘到人，就高中及以上学历这一条件，就成了很多当地人入职的门槛。于是，企业决定将企业一线员工的招聘理念调整为：放宽条件、大量进人、加紧培训、优选上岗。在这一理念指引下，企业招聘了大量员工，经过培训筛选了一些在技能方面符合企业要求的人员进入了工作岗位，满足了企业正常运行需求。但当企业运行到成熟阶段时，企业知名度打开后，很多员工慕名或被熟人介绍而来，企业员工超过了既定编制，这个时候，企业决定对新进人员加严检验，确保进入企业的人员都是精英、骨干，同时，为了优化内部岗位，还通过末位淘汰的机制逐步淘汰了一些不符合企业要求的员工。

企业发展阶段是用人匹配度考虑的关键因素之一，一定要弄清楚企业当前究竟是处于成长发展的膨胀期，还是处于成熟期，抑或是处于走下坡路的萎缩期。前者可能需要的人才数量大一些，把关要求稍微宽松些；后者需要的人才数量可能少一些，素质要求要严格些。

5. 企业文化氛围

企业的历史背景、存在形态（性质）、发展阶段（如创业期、守业期等）、愿景规划（目标远大还是只顾眼前）和文化背景等所构成的整体文化氛围直接决定了企业的用人理念。

某国营制造性企业濒临破产，市场高度萎缩，裙带关系异常复杂，拉帮结派严重，执行效能低下，到处弥漫着消极悲观气息。组织要根据这个环境条件来招聘一位总经理，究竟什么样的总经理才能适合这样状况的企业呢？要考虑哪些匹配因素呢？用过往经历来推断未来是面试依据，如单从经历这一关键考核点的角度来看，自然是有解决过类似企业问题的总经理经历的人才更合适，有这样的背景垫底，深谙这类企业的工作风格、内部文化情况，懂得在什么情况下开始哪方面的变革，辩证施治，逐步调整优化，使之转危为安，其可信度就比较高。基于此，该国营企业就从另外一家国营企业挖到了一位总经理，他在那家企业工作了4年，去的时候也是那家企业比较艰难的时候，基本情况和上述这家企业情况相似，在这4年当中，逐步将一家濒临破产的企业扭亏为盈，转危为安。

管理者一定要想办法去招聘一些和当前所需岗位相同或相似的人员进入组织，基于类似的学历基础、类似的工作经历、类似的产品和类似的文化氛围，就容易和当前的空缺岗位进行有效嫁接并匹配，管理工作效果会好，企业成活率也会比较高。

2.3 小环境：直接影响员工稳定性的条件

老赵最近到A集团某车间做车间主任，手下的副主任老张是企业的创业元老，一直负责该车间设备和工艺技术管理工作，专业技术很棒。但由于老张不善于团队管理，一直没有被提拔为正职。老赵刚上任没多久，老张便对其管理表现出了不配合，经常和老赵顶撞。老赵对老张的品性和在企业根深蒂固的背景早有耳闻，想着自己初来乍到，根基还没扎稳，何况这是车间内部矛盾，说出去让人笑话，也就忍气吞声，没有和老张计较，尽量避免正面冲突，也没向上级汇报此事。殊不知，老张竟然开始把不满情绪在车间内部散布，甚至怂恿车间班长越级打小报告，煽动班组员工聚众到分管该车间的刘副总经理处投诉老赵的管理问题。刘副总找老赵谈话，老赵感觉很无奈，干脆就把事情原委和刘副总汇报了一下。

刘副总来企业时间虽不长，但对老张的情况也有所了解：原来老张和车间前几任正职也合不来，企业考虑到他在创业初期贡献较大，不忍心让他离开。这一次，刘副总为了警示老张，便辞退了带着员工集体投诉老赵的车间班长，对老张依然采取放任的态度。原以为这样做会起到杀鸡儆猴的作用，没想到老张不仅未收敛，反而变本加厉，在车间内部造成了极坏影响，让老赵苦不堪言。

小环境指组织内的岗位周边氛围，尤其是岗位周边环境，主要是指流程的上下端，尤其是与上下级员工和周边同事所构成的人事环境和业务流程管理环境等，这些都是影响小环境的关键要素，如图2–2所示。

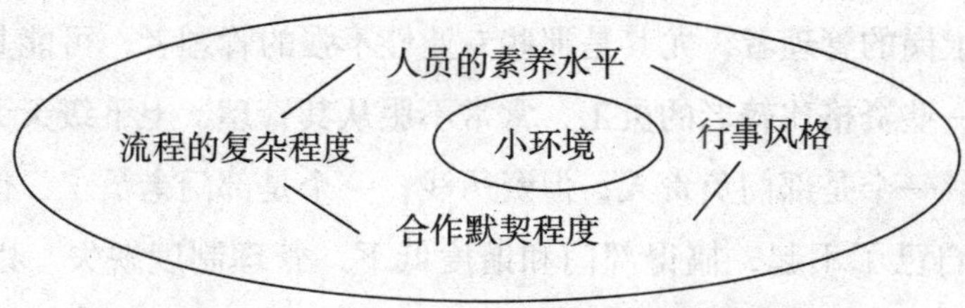

图2–2　影响人才匹配小环境因素图

整个环境风格是“包容型”、“积极型”，还是“排斥型”、“压抑型”；是“推诿扯皮型”，还是“积极担当型”等等。所有这些都会对企业配置人员的稳定性造成影响，必须在人员配置时加以考虑。

从某种意义上来讲，员工流失和其周边的小环境关联度更大，至少80%以上的离职者都是这个小环境造成的。这个小环境可以细分为和上级的关系以及和下级的关系。

2.3.1　和上级的关系

行政总监老齐，分管了人力资源和办公室两个部门，每个部门有各自的主管。问题是，老齐不太喜欢授权，芝麻蒜皮的小事都要亲自过问，非常喜欢听汇报，一旦发现不合乎自己心意的员工，就不分场合大发雷霆，搞得下属无所适从。为了适应这种管理形势，下面的岗位人员想了一招，凡是遇到问题，都不敢在自己的权限范围内决策，更不敢积极主动去开发工作，为了避免和领导的意思不一致，兄弟部门设法寻求一些业务上的帮助时，也顺势都推给了老齐。这样一来，很快形成了一个口头禅：这个事儿必须得经齐总的同意。

上级管理风格是“民主开放型”还是“专断独行型”对企业工作环境的营造十分关键。有的员工比较喜欢自由宽松的工作环境，不喜欢太受束缚。有的管理者不喜欢授权，控制欲很强，专断独行，喜欢“一竿子插到底”的全拿管理方式，搞得下属在惧怕他的同时又都很没辙，遇到任何问题都要向他请示。在这种情况下，稍有点门路的人员都离职另寻门路了，留下来的都是那些在企业附近不想到外边打工或者是因为学历基础薄弱不好再找工作的那些员工。

2.3.2 和下级的关系

有的新上岗的管理者，尤其是那些专业性不强的管理者，可能其管理能力比较低下，一些资格比较老的员工，常常不服从其管理，上下级天天打仗，彼此都不服气。一个是部门负责人，但资历浅；一个是部门老员工，但资格老。双方都认为自己了不起，搞得部门和谐度低下，管理制度缺失，以致冲突不断。到最后，调岗的调岗，离职的离职，将企业闹得乌烟瘴气。

企业组织有“排异”现象是很正常的一件事，但如果一个组织推诿扯皮、拈轻怕重、不敢担当、竞争乏力的文化盛行时，这种排异现象会变得很严重。当新进的同事认真去做事时，周围人形成一个包围圈去刁难他、奚落他，迫使他和他们一起处于一种不思进取的状态。这种糟糕的文化氛围，只能把新人吓跑。

管理者要充分认清企业当前的小环境，根据这些小环境的因素做出相应的调整，必要的时候还要对其加以深度改造，使得新人能顺利地在这个环境当中施展拳脚。

人和环境的关系是相对的，也是相生的。在相对阶段，人改变环境，环境顺应人，或是人被环境改变，人顺应环境。一旦渡过相对阶段，便会进入相生阶段，这种相生是好是坏，则是因环境、因人而异。

企业管理者一定要针对人和环境做好相应工作。

一是通过挫折教育，使新员工首先在思想认识方面进行适应。通过不断地思想教育，让每个员工能以黄金心态去面对新环境的挑战。苛责的环境使人清醒，容易激起斗志，让每个员工都能主动改变现状，锻炼出坚韧的性格。相反，宽松、舒适的环境往往造就消沉、软弱、自怜的性格特质，久而久之，就会影响个人性格，进而影响个人命运。

二是通过入职引导使之尽快融入企业。通常来说，一个人对新环境的熟悉过程大概是一个月左右，而对新环境的充分认识和接受通常为三个月到一年。一般能够通过试用期并做满三个月的新员工，通常都能够持续地做满一年，而一年后对新员工的评估以及激励措施将决定新员工继续留在企业的时间。

三是通过阶段性座谈会，加强与新员工的沟通。有时候，新入职员工的离职原因更多的是不能够适应企业的工作氛围和人际沟通的方式，而定期召开新员工座谈会就是解决这一问题的较好方法。

有一家企业就一直采用这一做法，在新员工入职一个月左右，召开有企业主要领导和各部门领导参加的新员工座谈会。座谈会上大家畅所欲言，让老员工讲讲企业建设初期的艰苦历程，和现在比较完善的工作生活条件相比较，让新员工体会到现有生活的不易。请企业主要领导讲讲企业未来的发展战略目标和企业发展前景，解答新员工工作和生活中的困惑，了解他们的真实想法，让他们提出自己的建议和意见。可以说这也是一个选拔人才的过程，那些勇于发言，提出自己的问题或观点的新员工通常在后续的工作中能得到更好的发展。从实际的执行来看，这一做法效果也比较好，新员工流失率相当低。

四是注意观察，留心新员工不适应的迹象。可以安排专人负责带队学习，另可以规定每两周与员工进行一对一的沟通，时间保证在二十分钟至四十分钟，这样才能断定他们是否遇到问题，更有助于新员工的绩效管理。

此外，作为企业管理者，虽不能改变外界大环境，但对于内部环境的营造应起到积极推动作用，还要积极地去改造当前不利于员工成长的环境（如有些组织存在勾心斗角、尔虞我诈、工作消极、拉帮结派等不专心工作的现象），努力营造出能让新员工能快速适应、成长的良好环境。

2.4 任务布置：任务是岗位存在的前提

企业不能因人设岗，必须因岗设人。岗位从哪来？从任务当中来，先有任务才有岗位。

什么样素质的人能完成这个岗位任务，就让这种素质的人来担当这个工作，然后管理者才可以根据能力素质要求来匹配合乎要求的人才。

那么，岗位任务从哪来呢？一句话，岗位任务来源于企业战略，并回归于战略。首先搞清楚在当前企业环境条件下，实现企业战略还需解决哪些问题，完成哪些任务？这要分两步走：

第一步，弄清楚当前企业所具有的大环境和小环境，在前三节（第2.1，2.2，2.3节）已阐述；

第二步，就必须要搞清楚在当前环境条件下究竟要完成什么任务？这个任务必须要阐述清楚。那么，这个任务从何而来呢？从企业使命和战略，先看看企业使命分解基本流程，如图2-3所示。

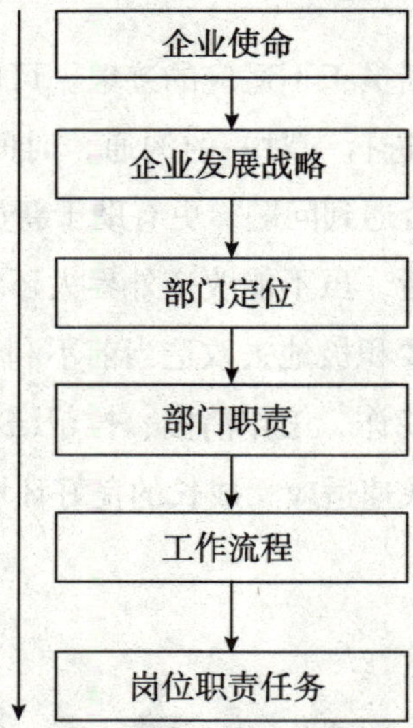

图2-3　企业使命分解流程图

再看看一个关于明确任务的案例。

某企业未来三年总体发展战略

实现一个目标（总战略目标）：根据发展的需要和国家产业策略，以发展环保型水表和智能型水表为中心，加大技术创新力度，研发洁净水输水管网智能化管理系统，提升企业的整体技术水平，成为国内外流（热）量计量仪表及环保型输水管网的系统服务商，成为能够引领和推动行业技术发展的创新先导型企业。到2018年，水表年产销量达到800万台，在中国市场（水表销量）占有率争取达到第一；争取实现年利税过亿，争取在水表行业内盈利能力第一。

完成一个转变：实现从单纯的水表生产供应商模式向环保型输水管网的系统服务商的服务模式转变。

集中发展三大产品：采用专业化竞争战略，集中发展节水型水表、智能型水表和大口径流量表，将这三大类产品作为技术创新、市场营销和知识产权保护的重点。但在这三大类产品领域，采取“分别对待，精耕细作”的竞争战略，即在已经具有明显竞争优势的节水型水表、智能型水表两大领域不断加强市场渗透、提高市场覆盖率，同时通过对现有节水型水表、智能型水表产品的结构优化、性能升级和产品系列化，提高对新的细分市场的适应性，强化在上述领域的竞争优势。而将目前尚不具备优势的大口径流量表作为技术创新和新产品开发的主攻方向，通过自主创新和引进国外先进技术相结合，形成企业大口径流量表特色技术，并在大口径流量表的某些应用领域取得领先地位和竞争优势，使大口径流量表发展成企业的又一个支柱产品。

在明确任务的过程中，很多企业经常犯以下两个错误。

一是任务设计依据不充分。很多企业在设计组织岗位时，根本就没有考虑企业的战略发展任务，都是去参考其他企业现成的结构模式，也不管这家企业的规模大小、人员素养、所制造的产品类型、流程的复杂程度、战略发展目标，就照猫画虎地去做，结果往往是看上去设置得很美，但中看不中用。

二是岗位任务描述不恰当。对岗位任务描述得要么不清楚，没有对企业当前环境和战略任务进行分析；要么描述得很清楚，但内容都是简单地互相抄袭、照搬，结果导致配置人员对本职任务认识得不够清楚或执行混乱以致后来不适应而离职。

一旦一家企业的战略任务目标确定了后，之后所有的工作将围绕着它开展。怎么开展？这涉及企业战略目标任务分解的问题（战略任务目标分解图见

图2–3），究竟要把这些任务分解到哪个层面？具体到哪个部门和岗位？就以此例来说，按此战略任务来讲，只有将此分解到具体部门后才能由各部门按此目标（所谓的中级任务目标）进行落实。

一是营销部，明确如何根据战略目标对在研产品进行评估和梳理；明确营销部门职责与权限，规范管理流程，实现营销创新。二是研发部，明确研发战略定位，完善研发基础管理工作，明确如何提高未来研发产品的系统规划能力，实现研发创新。三是涉及基础管理的战略部、人资部、财务部等部门，加强战略管理职能，建立并完善人力资源管理、财务管理，建立健全职能部门管理制度与流程，实现管理创新。

当每个部门的核心任务弄清楚之后，就要根据部门工作量的大小和难易度情况，逐步分析、设计不同的部门岗位和岗位工作任务了，也就是我们平时所谈的部门岗位职责安排。

2.5 大任务：具体到企业层面的任务、目标

企业战略方针和任务目标。企业人才战略要和企业总体发展战略目标相匹配，企业的大目标必须紧紧咬合企业的愿景，也就是说，在制定人才战略之前，必须先要回答几个关于企业总体发展战略的问题。

为什么要组织这家企业？

这家企业的愿景是什么？

企业未来战略发展方针是什么？

未来5年的战略目标是什么？

未来3年的战略规划目标是什么？

企业未来一年要做哪些工作？

企业当前有哪些急需解决的问题？

企业的人才战略应始终紧紧围绕着企业总体战略来开展，这些战略目标问题回答得越清晰，企业人才战略管理就会越到位。一句话，从某种意义上来讲，要实现企业业务战略，必须要匹配相对应的人才战略。

假如某企业计划在未来3年内实现在国内A股上市，2年内进军房地产行业，并在1年内研发出一个企业主打新产品……如果有这样的3年总体规划的话，企业也就应该为配套这个战略计划开展人员规划和储备工作，做这项工作之前就要回答几个问题：

完成上述战略目标分别需要匹配什么样的人才？

当前企业内部究竟有没有这样的人才？

这样的人才需要多少才可以支撑工作战略？

这类人才应该在什么时间进入企业才可能届时实现预期目标？

这些问题回答清楚了，之后相应的人才匹配工作自然也就有了基础和依据。

作为管理者，在匹配大战略任务需要的人才时，一定要做好以下工作：

一是要切实搞清楚企业的战略是什么，依据企业实际情况制定清晰的战略任务；二是要围绕战略发展的进度，从战略人力资源的角度来分析，究竟需要什么样的战略人才来匹配当前和未来的战略任务；三是分项目拟订一个战略任务清单和匹配的战略人才清单，确定这些人才在什么时间引进企业，制订一个战略人才引进计划。

2.6 中任务：具体到部门的任务、目标

目标管理是依据企业战略目标由大到小逐步分解而来的一个目标管理链，大目标依托小目标，小目标支撑大目标，部门层面的任务目标必须缘于企业战略目标的层层分解。

经营战略目标和高级策略目标属于一级目标分解链，一般由高级管理者制订，部门目标属于二级目标分解链，由中层管理者制订。

在目标分解过程中，权、责、利三者随之已明确，而且相互对称。这些目标方向一致，环环相扣，相互配合，形成协调统一的目标体系。

某企业要完成1000万元的利润任务目标，这一目标要分解到该企业营销、研发、人资和财务四大部门，那么这四大部门就会有若干个二级目标，这些二级目标可以进一步转化为工作任务或职责，如图2–4所示。

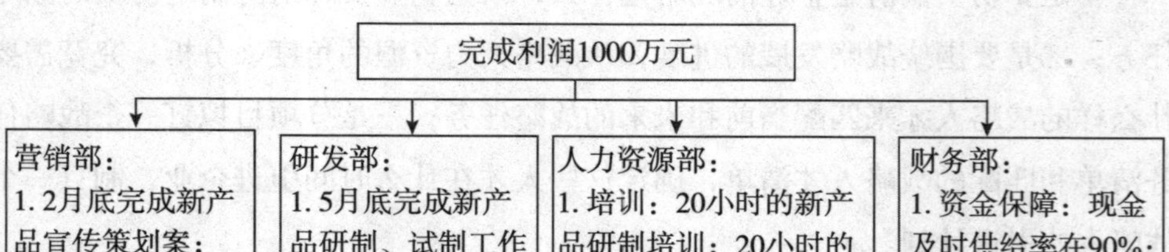

图2–4 某企业完成利润1000万元任务分解表

如上例中所描述的责任，必须要匹配职责相对应的权力：有提出培训方案并对各部门进行培训的权力；有提出薪酬绩效改善方案的权力。

一个企业或一个部门之所以称之为团队，是因为有一致的目标，这也是区别团队和团伙的关键因素。大家眼睛往一个地方看，劲儿往一个方向使，唯有如此，才能有凝聚力，才能将员工凝聚到一起为组织共同的目标而奋斗。

当企业总体任务目标明确后，必须要将这些任务往各职能部门分解或下放，并赋予这些职能部门一定的权限。与此同时，还要考虑当前部门人员的素质和组合能不能有效担当起企业赋予部门的责任，在组织人员匹配要素分析时，这个问题必须要认真思考清楚。

2.7　小任务：具体到个体岗位的任务、目标

基层目标，是目标管理的基础目标，这些单个目标组成的目标群由每一个团队成员承担，并和成果目标相联系，最终托起了所在部门的目标，部门目标又为企业总体目标实现提供有力支撑，这些小目标无论哪一个出现了问题，都会影响到企业终极战略目标的实现。

同时要根据组织结构的复杂程度，将二级岗位目标分解成具体的三级、四级岗位目标，否则，企业下达的战略任务目标同样很难达成。

确保自上而下的目标分解和自下而上的目标期望相结合，使经营计划的贯彻执行持久地建立在员工主动性、积极性的基础上，把企业员工吸引到企业经营活动中来。

只有每个岗位的员工完成了自己的任务目标，整个企业的总目标才有完成的希望。没有这些基础岗位的努力，目标再宏大、再美，也永远是镜中花、水中月，是抓不到的影子。

德鲁克认为，并不是有了工作才有目标，相反，有了目标才能确定每个人的工作。所以“企业的使命和任务，必须转化为目标”，如果一个领域没有目标，这个领域的工作必然会被忽视。因此管理者应该通过目标对下级进行管理，当组织最高层管理者确定了组织目标后，必须对其进行有效分解，转变成各个部门以及各个人的分目标，管理者根据分目标的完成情况对下级进行考核、评价和奖惩。

2.8 软、硬件两方面解析人才匹配度

有了工作任务，有了舞台环境，下一步就是要考虑要什么样的角色来唱戏的问题了。

用人事面试时通常采用的“STAR”原理来说明这个问题，即在什么样子的环境背景条件下，要完成什么样的工作任务，采取什么样的手段，得到什么样的结果。

——情景（Situation），即描述应聘者经历过的特定工作情景或任务，在什么环境条件下、完成什么样的任务。

——目标（Target），即描述应聘者在特定情景当中所要达到的目标。一般情况下，环境条件越艰苦、任务目标定得越具有挑战性，获得的成果越大，可证明其能力更上乘。举个简单的例子来比较，一是在山地条件下全人工挖50m深水井，二是在平原陆地上用现代化的机械工具挖50m深水井，分别由甲乙来完成，如果两人在相同的时间内完成，则两人的能力水平是不能同日而语的。

——行动（Action），即描述应聘者在特定情景当中所做出的行动。

——结果（Result），即描述行动的结果，包括积极的和消极的结果、生产性的和非生产性的结果。

如上挖井的例子，可以进一步了解甲乙二人都分别定了什么样的行动方案，一方在没有现代化工具情况下，为什么挖得那么快？而有现代化工具的另一方为什么却那么慢？

据此作为人才综合分析判断的基础，搞清岗位人员应具备的知识、技能、经验和综合性格特质等等。在解析人才时，可以将德、能、勤、绩分别作为要素进行象限分析。

员工承担什么样的岗位任务就必须具有什么样的基本素养，唯有如此，才能有效担当企业所赋予的工作重担。人资管理者必须对这个问题有清醒地认识和判断。那么，究竟需要怎样的基本素养呢？通常依据下面两个方面来解析：一是硬件条件，主要指影响招聘录用的非弹性条件，即所谓的"硬尺度"，这方面很容易做出判断；二是软件条件，主要是指影响个人工作业绩的潜在隐形素养条件，此方面判断起来比较困难。

2.8.1　硬件条件

主要是指应聘者的个人硬件条件，比如性别要求，五官是否端正，所学专业背景条件是否符合要求等。这里主要强调专业和资质证书和求职目标的相关联性，关联度越小，影响作用就越小，比如某企业招聘不同职位的学历和资格证书要求，如表2-1所示。

表2-1　不同职位的学历和资格证书要求一览表

序号	岗位	学历	专业	资格证书	备注
1	技术部经理	本科	化工管理	不要求	
2	人资部经理	本科	人力资源	中级及以上人力师	
3	办公室主任	大专	行政管理	不要求	善交际，文字功底强
4	财务部经理	本科	财会专业	中级及以上会计师	
5	保安队长	高中	——	——	退伍军人
……	……	……	……	……	……

学历和资格证书只能证明学习能力和某个领域所具有的基础理论知识或操作技能，单从这两个硬件条件来判断员工的素养，很难做出科学合理的结论。

2.8.2　软件条件

某企业在判断员工应具备的基本素养时，除了上述硬件条件外，还要从下列10项内容进行判断，如表2-2所示。

表2-2　某企业员工基本素养10项软指标一览表

序号	基本素养	分值
1	乐于承担更多的责任	10
2	热爱工作，追求卓越	10
3	把敬业当成一种习惯	10
4	有积极主动的态度：服从是一种美德	10
5	时刻牢记企业的利益	10
6	为工作定目标并全力以赴	10
7	注重细节，追求完美	10
8	遵守规则，用心做事	10
9	为团体着想	10
10	注重个人形象，维护企业声誉	10

依照以上软件条件、硬件条件两方面的描述，可以对员工的基本素养做出判断。

2.9　承担任务者个性特质

性格特征和什么工作相互匹配？即究竟什么性格特质的人适合做什么工作？

在这方面，得到广泛认可的职业人格测量表是美国心理学家霍兰德的职业自我探索量表。霍兰德认为兴趣是人们活动的巨大动力，人们凡是对某职业有兴趣，都可以提高其积极性，促使其积极地、愉快地从事该职业，并有助于其在该职业上取得成功。

霍兰德认为人的职业兴趣可分为现实型、研究型、艺术型、社会型、企业型和常规型六种类型。如表2-3所示。

表2-3　霍兰德六种职业兴趣类型一览表

职业兴趣类型	人格特征及职业特征
现实型（R）	其基本的倾向是喜欢以物、机械、动物、工作等为对象，从事有规则的、明确的、有序的、系统的活动。因此，这类人偏好的是以机械和物为对象的技能性和技术性职业。为了胜任，他们需要具备与机械、电气技术等有关的能力。他们的性格往往是顺应、具体、朴实的，社交能力则比较缺乏
研究型（I）	其基本的倾向是分析型的、智慧的、有探究心的和内省的，喜欢根据观察对物理的、生物的、文化的现象进行抽象的、创造性的研究活动。因此，这类人偏好的是智力的、抽象的、分析的、独立的、带有研究性质的职业活动，诸如科学家、医生、工程师等
艺术型（A）	其基本的倾向是具有想象力、冲动、直觉、无秩序、情绪化、理想化、有创意、不重实际等特点，他们喜欢艺术性的职业环境，也具备语言、美术、音乐、演艺等方面的艺术能力，擅长以形态和语言来创作艺术作品，而对事务性的工作则难以胜任。文学创作、音乐、美术、演艺等职业特别适合他们
社会型（S）	其基本的倾向是合作、友善、助人、负责任、圆滑、善于社交言谈、善解人意等。他们喜欢社会交往，关心社会问题，具有教育能力和善意与人相处等人际关系方面的能力，适合这一类人的典型的职业有教师、公务员、咨询员、社会工作者等以及与人接触为中心的社会服务型的工作
企业型（E）	其基本的倾向是喜欢冒险、精力充沛、善于社交、自信心强。他们强烈关注目标的追求，喜欢从事为获得利益而操纵、驱动他人的活动。由于具备优秀的主导性和对人说服、接触的能力，这一类型的人特别适合从事领导工作或企业经营管理的职业
常规型（C）	其基本的倾向是顺从、谨慎、保守、实际、稳重、有效率、善于自我控制。他们喜欢从事记录、整理档案资料、操作办公机械、处理数据资料等有系统、有条理的活动，具备文书、算术等能力，适合他们从事的典型职业包括事务员、会计师、银行职员等

2.10 承担任务者专业经历

企业要招聘有经验的管理和技术人员，应聘者的专业和工作经历从某种意义上来讲，就成为决定其能否应聘成功的关键。专业经历判断要关注以下几点，否则其专业经历再丰富也很容易被打折扣，如图2-5所示。

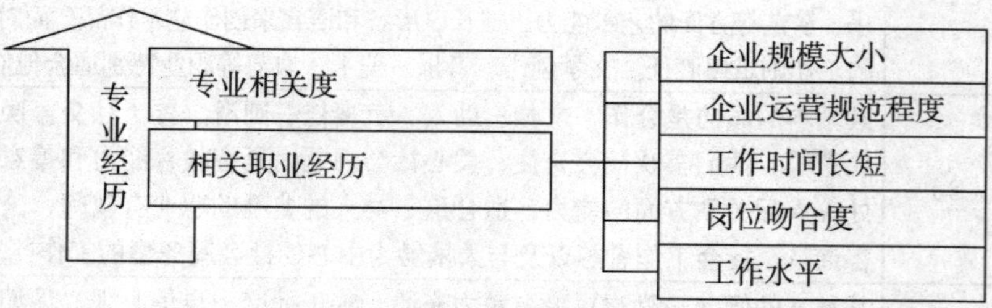

图2-5 专业经历判断模型图

一是经历是否和求职目标专业相关，唯相关才会使经历增值；二是是否在专业的组织中工作，比如要关注这家企业的规模、运营的规范性，应聘者在该企业工作时间长短，应聘者曾从事的工作是否和求职岗位吻合以及具体业绩表现，等等。

2.10.1 专业相关度

经历必须和工作相关，一切和求职目标毫不相关的经历，一般不会加分，甚至还要被扣分。

小徐在一家企业干了5年财务，并且干得很不错，后来他觉得每天这样干财务很没意思，不如出去再找个能充分和外界人群打交道的工作。于是，他就放弃了自己的财务工作，并想方设法去找营销工作。由于营销工作属于低薪高绩效的工作类别，进入门槛比较低，小徐很快进入了一家单位，倒是能和外界接触了，但是工作总不见起色。

“三百六十行，行行出状元”，在这一行业能干成状元，不见得在另外一个行业也能做成状元。在求职过程中，必须证明自己当前的求职目标岗位是之前在其他企业做成功过，这样的经历往往更有说服力。

你过往的工作经历是在什么样的企业积累的，这个也极其重要。主要看这家企业的规模和运营规范程度以及在这家企业的工作时间长短和具体表现。

2.10.2　企业规模大小

有的应聘者口口声声说做过行政副总经理，降格做办公室主任应该没有任何问题，进一步询问才知道是在一些广告企业和销售企业工作，总人数下来还不足50人，平时根本就没有什么职能可担当，这样的职业经历名分上也是个办公室主任，实际上职业含金量并不高。有些应聘者说在一些较知名的大企业做过，但一了解才知道原来只是在这些企业下面的子企业里做过，平时根本接触不到企业规范化的管理活动，职业经历的含金量大跌。

2.10.3　企业运营规范程度

有的应聘者说自己在一些企业做过办公室主任，但这些企业运营很不规范，都是些运营濒临倒闭或已经倒闭的企业，从某种意义上来讲，在这些企业积累的管理经验可汲取的价值和可信度都不高。

小高任职于当地一家前两年品牌声誉度非常高的企业，该企业为中央电视台做过多年的广告，但近两年运营出现了严重问题，濒临破产，有很多人失业。在该企业很红火的时期，从这家企业走出来的人，很多企业都免试还抢着要。但这两年，这些失业的人去找工作时，很多企业却都拒绝接纳，大家的思维逻辑是，这家企业的没落是运营管理不规范、运行乏力导致的，从而质疑该企业曾经的职员的能力。

企业和应聘者互相烘托个人价值，在运营优秀的企业里工作过的人总体上讲要比在那些运营不规范的企业含金量要高一些，起码给招聘单位的可信赖程度要稍高些。

2.10.4 工作时间长短

有的应聘者做办公室主任时间倒不短，但是一年中平均3个月换一家企业，最长的也不超过半年，而且都是因为不适应对方的管理文化导致的离开，这样，该应聘者的适应能力也令人怀疑。

小李毕业后在一家企业找了份行政专员的岗位，干了一年后被提拔为行政主管，但没想到不适应行政主管的职位，在行政主管岗位上没满2个月便由于犯错被企业辞退了，于是凭借这2个月的行政主管经验又应聘到另外一家企业做行政主管，却只干了3个月……如此三番，在一年内连续换了四家企业做行政主管，都由于不适应管理工作而离职。

这样的行政主管的职业经历，即便综合起来的时间再长，对个人来讲也没有什么价值，只能让用人部门对其产生不好的印象。

2.10.5 岗位吻合度

职业经历一定要和求职岗位高度相关，有的应聘办公室主任，但职业经历从来没有涉及过。

经常面试一些这样的人员，职业经历支离破碎、乱七八糟，和求职岗位完全不相关。比如应聘的是行政主管，但实际5年工作经历却是：会计2年、销售1年和生产调度2年。这种零吻合度的职业经历，明显缺乏科学合理的规划，这种情况下，即便该人员以往的工作经历表现很优秀，也往往会让企业难以给其优评和选中。

每个人都要根据各自的情况做好自己的职业生涯规划，并坚持走下去，只要不偏离方向，这些过程对你未来的成长都是有价值的。

2.10.6 工作水平

有的应聘者从事职业经历时间倒也不短，但问题是做的工作水平不敢恭维，可能没有犯错，但也没有工作亮点。

一家企业破产后，在该企业工作了三年的行政总经理助理老王也随之下岗，他不得不到另一家企业求职。当人力资源总监问到有关行政管理方面的业务内容时，他居然说不出个所以然，当追问具体原因时，才知道原来老王是之前那家企业老板的一个亲戚，为了给他个工作干干，就给了他一个总经理助理职位，实际上也是个摆设，名义上让其分管行政部，实际上什么也不负责，就这样在这家混了几年，直到这家企业破产。

这样没一点水平的职业经历没一点含金量，有还不如没有，只能贻笑大方，给人留下笑柄。

在做人才解析时，基本素养、性格特质、工作经历是三个基本面，作为管理者，不管是对新应聘人员还是企业内部人员，都必须要对这三个基本面进行科学合理地辨识，然后才能对他们进行有效地管理。辨识人才这一部分，将在第三章中详细论述，下面先简单介绍几个基本方法。

一是简历和证件审核。有些问题可以从简历中直接获得，比如有的写的经历时间前后矛盾；一些证书可以直接通过网路查询判断是不是造假；或者有的简历不符合条件就可以直接终止面试。

二是理论考试、面谈和实操相结合。有的人能说，有的人能写，而有的人却只会做。可以多种方法结合使用，以便多角度考查应聘者的知识与技能。

三是科学合理的测评工具，甚至可以采用一些国际上比较流行的能力、性格测评工具，以期从立体的角度进行综合考查。

四是背景调查。不能听应聘者一面之词，应聘者究竟有没有提供虚假信息，面试判断是一个方面，同时还要通过背景调查进行核实，尤其对一些关键岗位，背景调查更不能少。

第3章

选得对：和企业需求匹配的人才

某集团企业办公室一直存在的业务短板是外事接待、文化宣传和文秘工作，老板为此很着急，为了弥补这个短板，集团人力资源部也一直在招聘这样的一位办公室主任。在一年时间内，先后招聘了三位，但分别都在很短的时间内离开了。目前该岗位一直处于空缺状态……原因是什么呢？很简单，他们都和该集团办公室岗位能力素质要求和岗位说明书不匹配，结果没有做出工作成绩，集团领导满意度很低。

A：不擅长内务管理

比较适合做外事接待工作，但在文化宣传尤其在文秘管理这一块显得很是薄弱，每到给集团领导写讲话稿或者需要针对某一块制定一些管理方案、制度的时候，往往力不从心，工作结果也不乐观。

B：心态不够端正

总体工作经验比较丰富，但由于年龄偏大，在做一些具体性工作时爱指挥，不能自觉俯下身子去做，手下做的工作也不想去认真审查，结果导致很多工作没法高质量完成。

C：不擅长外事管理

和A相反，总体比较适合做内部系统化管理，但不喜欢做外事接待和文化宣传类的工作，结果每每出现外事接待和文化活动时，总是没人主动去做，或者是质量做得不尽人意。

从本例可以看出，所招聘的人才和该集团办公室所要求的素质模型和岗位说明书要求不匹配，不能有效地担当工作，结果导致离职或者调换岗位。这就给我们提出了问题，我们应该招聘什么样的人以及如何招聘到这样的人？

选对匹配的人才是人力资源管理的第一关。为了获得和企业当前和未来发展相匹配的人才，必须从选人才开始。在选择人才方面要做到三点：充分准备、缜密遴选和精准匹配。

3.1　选哪些人：确定人才标准要求

选人之前，一定弄清楚企业需要什么样（职位要求）的人。即第2章所讲的在对应环境条件下能如期完成预定工作任务的人，也就是人才与岗位应高度适配，如图3-1所示。

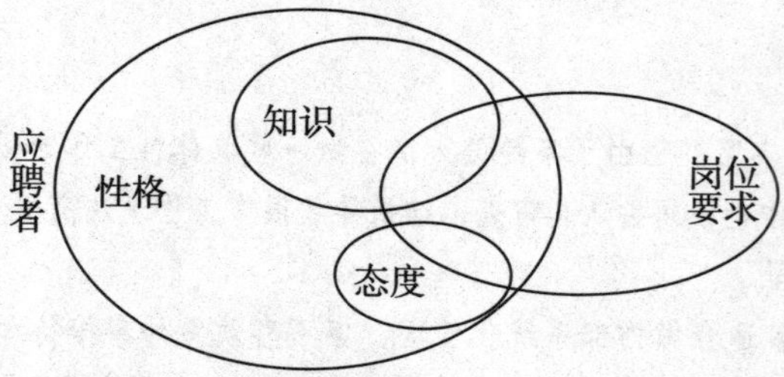

图3-1　应聘者和岗位要求匹配图

应聘者与职位要求在知识、性格、态度方面有很多重叠区域，即匹配度高时，其应聘成功的机会就会大。一流的企业需要不同层次的人才，招聘准备时不宜把人才要求定得脱离企业实际，应在对所招聘岗位进行准确岗位描述的基础上，拟订相应的岗位能力素养等综合要求，以避免岗位需求与人才类型产生错位，从而为之后的人才管理留下隐患。

一般情况下，在招聘人才时，通常会将岗位说明书和员工素质模型这两方面的条件作为挑选依据。但是，从本质上来讲，这两方面又有所区别。

——岗位说明书

是以“X”理论为假设，针对岗位进行系统的岗位分析工作，通常按照岗位分析格式进行，它考虑员工为什么做（目的）、要做什么（内容）、如何做（方法）所需的技术程度，以岗位为出发点，对岗位进行分析。尤其侧重于候选人过去的经验及知识技术，但缺乏对候选人未来的绩效预测，让“能做事的人做事”，关注的是短期绩效，以工作结果为导向。

——员工素质模型

是以“Y”理论为假设，对人内在素质（包括内驱力、个性、价值观、行为、技能、知识等要素）与工作绩效的关系进行研究，员工素质模型研究的对象是组织中一人，以人的素质为对象，研究素质与工作绩效的关系。以此为基础的招聘将企业的核心竞争力与个人能力结合起来，依据候选人的素质对未来的绩效导向选择人才，使之更加符合企业战略，让合适的人做合适的事，关注的是现在和未来的绩效，以能力为导向。

有了基于X、Y理论基础的一个基础依据，就为之后有效结合企业实际情况，设计组织中各个岗位的能力素质要求提供了一个很重要的框架。这里的能力素质要求综合起来可以概括为职业素养、专业知识和技能、经验经历、抗压能力以及对企业的熟知程度等等。

3.1.1　职业素养

良好的职业素养、品质是应聘岗位的第一匹配度，包括应聘者的职业道德、职业技能等，每个用人单位都想拥有具备良好职业素养的人才。以人力资源岗位为例，依据其素质模型可以获得六项职业素养，如表3-1所示。

表3-1 员工六项职业素养

序号	项目	项目定义
1	原则性	指以相关的规章制度、法律条文作为自己做事、做人的准则
2	自信心	指一种对自己的观念、决定、完成任务和有效解决问题的能力的自我信仰
3	诚信意识	指以诚实守信的心态行使工作权利、履行义务
4	服务意识	指在工作中善于站在对方立场思考问题，满足对方需求的意识
5	主动性	指在日常工作中不需他人指派，主动承担相应工作
6	亲和力	指个人形体上所具备的能让周围的人感觉其和蔼可亲，不受到职位、权威的约束所流露出的一种情感力量

在招聘新员工时，挑选那些能够适应和融入本组织文化的应聘者，特别是考查应聘者的发展目标是否和组织的发展目标处于一条线上。应关注招聘对象对企业文化、价值观的认可程度。对应聘者的退出倾向、工作参与度和积极性应进行必要的考查。对于那些过去曾频繁跳槽或无故离职的应聘者应加以关注，企业可从这部分人的以往经历中找出其跳槽的原因，从而帮助制定有效的反跳槽措施。

3.1.2 经验经历

岗位对素质的要求，尤其是那些层级稍微高一点的岗位，都会明确要求有一定的工作经验。

比如某企业人力资源部经理的任职资格基本要求，如表3-2所示。

表3-2 某企业人力资源部经理任职资格基本要求

项目	情况描述
教育水平	大学本科以上
专业	管理相关专业
培训经历	人力资源管理培训
经验	5年以上工作经验，3年以上管理经验，在部门经理岗位上工作1年以上
知识	精通人力资源管理知识，掌握行政管理、法律等知识
技能技巧	熟练使用自动化办公软件，具备基本的网络知识，并具备一定的英语应用能力
个人素质	具有很强的领导能力、判断与决策能力、人际能力、沟通能力、影响力、计划与执行能力

3.1.3　抗压能力

为了培养后继人才，某企业高薪招了大约30名大学生，将其分散到各个职能部门岗位。意想不到的是，这批大学生在不到两年的时间内几乎全部离职。这不，行政部里同批来的学生小张也向人资部提出了辞呈，理由是：父母都在南方打工，想和父母住在一块，能互相有个照应。难道这批学生一个也留不住吗？离职理由真的如她所说吗？人资部经理也着急了，便找个时间和她深度聊了聊。一番交谈后，经理终于弄清了小张离职背后的隐情。

原来是同事孤立致使工作氛围压抑。周边同事对刚毕业的学生拿高薪资都不服气，就联合起来疏远她，不和她交流，工作上也不配合。她也不能接受上级管理风格，当问到有没有向领导求助时，她说："主管很严厉，从不管工作氛围如何，没有工作结果就要挨批，根本没人愿意跟他交流，都躲着他走。"其实这批大学生当中，有很多还是愿意留下来的，但可能是因为刚从学校毕业到工作岗位的缘故，存在诸多的不适应，结果一个个都选择离开了，说出的离职理由千差万别，但都不真实。

当下，很多企业在积极创建和谐员工关系，营造"家文化"的管理氛围，但这不能仅停留在理念层面，要落实在切实的行动上。一般情况下，工作压力常由四种因素构成，如图3-2所示。

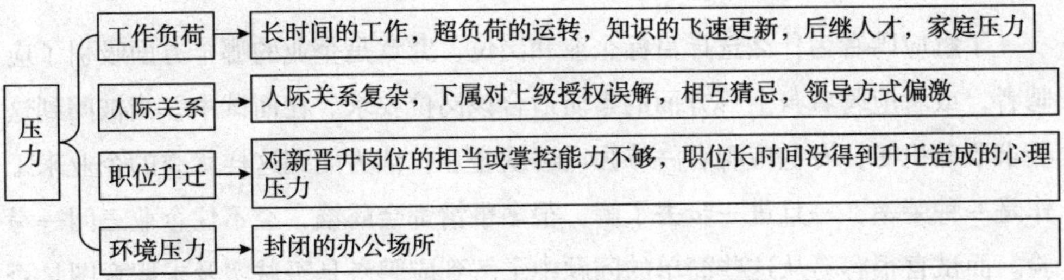

图3-2　构成工作压力的四种因素

有这样一则令人深思的企业故事，松下电器企业面试了一批员工，并将录取人员的信函发了出去。其中一位应聘者由于没有及时收到录取函，便伤心得自杀了，而这名员工实际上被录取了，只是信函由于一些其他的原因没有及时送达。

松下得知这样的消息后，很为失去这样的一位人才伤心，但在伤心之余，感觉该员工的抗压能力如此低下，即便有幸被录用恐怕也很难担负重任。

这则故事告诉我们，在竞争如此之大、工作节奏如此之快的时代，没有良好的心理抗压能力也很难使才能得到充分地发挥，甚至还会对个人生活造成冲击。据调查，结果显示中国十大职业压力排行榜（10表示压力最大，1表示压力最小），如表3-3所示。

表3-3 中国十大职业压力排行榜

序号	职业类别	压力指数	序号	职业类别	压力指数
1	公务员	10	6	农民	5
2	播音员	9	7	农民工	4
3	演艺明星	8	8	小摊贩	3
4	作家	7	9	下岗工人	2
5	运动员	6	10	矿工	1

作为矿工，在很深的不见阳光的深井中采煤作业，危险的工作环境会让人感觉十分压抑，高发矿难的悲剧更加重了这种职业的压力指数。而调查的结果显示公务员是十大职业中压力指数最低的，那种相对轻松安逸的“一张报纸一杯茶”的工作环境，使他们工作压力相对较小。

3.1.4 企业熟知度

了解应聘者为什么选择目标企业和岗位，究竟是企业的哪个方面吸引了应聘者，或者应聘者身上哪方面的素质适合该岗位要求。在面试中，当被问到这些求职动机时，有些应聘者一味强调喜欢企业，认为能到这样优秀的企业来工作是一种荣幸，一旦进一步去了解，很多事情都会露馅，经不住企业三问一考验。面试官很容易从这些简单的问题中了解到应聘者是否诚实及求职意图是否端正。

如应聘者将企业的大体情况谈得非常详细，说明面试之前已经做了很多功课，对企业比较熟悉，在此基础上再来谈企业的某个方面吸引自己的话，从某种程度上来说还是可信的，也更容易引起招聘企业的重视。

有一家著名的百货商场，在某一地区筹建一个新卖场，开业前期，在当地开始招聘新员工。老杨是位下岗女职工，今年40岁了，听到这一消息后，也信心满满地想进入该商场工作，但一想到自己的年龄，便心有退念，认为凭借自己当前的年龄，在当前这个强调年轻化的时代根本不具有竞争力，尤其在百货业方面，年龄更不占优势。但在家人的鼓励下，她决定去尝试一下，为了给招聘单位留下好印象，在面试之前，她做足了功课，通过各种途径收集到有关这家企业的海量信息资料，认真地去学习、了解，并根据自己的求职目标岗位要求，写了一个开展工作的思路方案，最后还煞有介事地写了一封独具个性的求职信。功夫不负有心人，老杨由于准备得很充分，面试过程非常顺利，每个问题都回答得很到位，贴近现状。恰巧那天老板亲临面试现场，对老杨的表现很是满意，尤其当他看过老杨的求职信后，现场就拍板决定录用老杨。

从这则案例可以看出，只要真诚并用心去为之努力，一切都不是问题，因为，机会的幸运之果永远垂青那些有准备的人。

值得一提的是，企业在发布招聘简章时，一定要结合企业实际，真实准确地显示岗位说明信息。一味为了广告宣传，没有客观全面地介绍组织及其发展战略前景，对岗位本身的宣传和承诺弄虚作假，片面夸大或哄骗员工，给应聘者过高的期望值，其结果将会导致人才迅速流失，企业口碑下滑，失信于人。

3.2　考查新员工的五个关键点

一般考查新员工可分为五个方面：审核简历、能力测试、个性测试、面试交流和抗压能力测试。针对其中的个项所包含的内容如图3-3所示。

审核简历	包括整体审查和局部审查
能力测试	包括基本能力测试和专业能力测试
个性测试	包括用于测量个人人格方面的自陈量表和用于测量人格和动机的投射测试
面试交流	通过观其行、听其言来了解应聘者过去以及面试过程当中的表现，了解其对企业和应聘岗位的熟知度和向往度
抗压测试	主要通过营造一些面试场景来了解应聘者承受工作压力的能力

图3-3　人才考查五面观

3.2.1　审核简历

第一关要确保应聘者简历符合要求并真实准确。常使用资格审查法，即审查求职申请表和有关证件是否符合规定条件的一种初步筛选方法。审查简历的主要是看应聘者是否符合岗位素质要求，通过简历审查来判断其真实性、可靠性。面试者在整体审查中重点看应聘者的态度和诚信度，局部审查主要看其学历和专业基础、证书真伪、证书含金量、目标协同性、经历复杂度和过往企业的性质及规模。

1. 整体审查

一般在对员工的简历进行整体审查时，至少要看“两眼”。

第一眼看态度。重点看填写内容是否完整，字迹是否潦草，有无错别字，以及工作经历的完整性。透过这些，可以看出应聘者的求职态度是否端正。

天津卫视求职类节目《非你莫属》中，在座的12位老板对应聘选手填写简历的态度格外重视，记得有好几次，老板们发现有的员工填写简历有漏填项现象，比如有的漏填“期望薪资”一栏，还有的漏填“证明人”、“联系方式”等项目；此外，还发现有的员工在填写简历时，字迹非常潦草，不易辨认……当发现这些问题时，一般情况下，老板们都会直接向应聘者提出来，态度不够认真、端正，甚至还直言：“如果现在不是在求职，提交的简历表是你的工作成果，那么可以直接说，这样的工作成果是不合格的。”这样一来，应聘者在老板们心目中的形象立马就打了折扣。

态度、潜力是老板们看重的第一要素。大家经常引用心理学家马斯洛说的“态度决定命运”的逻辑来说明这一问题：态度改变，习惯跟着改变；习惯改变，性格跟着改变；性格改变，人生就跟着改变，因此“态度决定一切”。也许应聘者现在的能力还不符合要求，但一旦具有积极向上的工作精神，锐意进取的斗志，该应聘者的能力很快就会因为其态度的改变而改变。

第二眼看诚信度。有的简历前后矛盾，说法不统一，问题百出。比如有的简历在时间关联度方面存在问题，因果关系矛盾，有明显的端倪，说明应聘者要么是笔误，要么就是不诚信，在伪造自己的简历。

2. 局部审查

面试者在对简历进行局部审查时，至少要看“五眼”，通过看这“五眼”来有意识地深挖简历相关的信息内容。

第一眼看学历和专业基础。学历方面不仅要看学历层次，还要具体看是哪个大学毕业的，是什么性质，是函授、成教、自考、电大还是全日制统招。专业基础这一块，主要看所学专业是否符合招聘要求。

有位应聘者来某企业面试，填写了一份简历，其中：学历/本科；毕业学校/复旦大学；专业/企业管理；证件/国际注册人力资源管理师。当真的看到其毕业证书时，才发现原来是自学考试。再看第一学历是中专，专业是音乐。然后又自考了一个本科，专业是企业管理。再看看这个国际注册人力资源管理师证，原来也就是一个培训机构组织的一个七天高价培训课，也没经过严格的考试而直接发的证书，然后这就成了这位应聘者到处炫耀的资本了。看到这种情况，从学历和专业基础这一块来看，打分相对就要低一些了。

从招聘经验来看，有良好的学历基础固然重要，但专业基础相对学历基础来讲会显得更重要，因为专业基础是其能否迅速掌握业务及融入组织团队的关键基础。

第二眼看证书真伪。延伸到企业内部招聘环节，企业管理者应学会通过一些科学的方法来辨识应聘者所持证书的真伪，借此来进一步了解应聘者的诚信度，对应聘者的品行进行综合判断。

在面试询问中来考查应聘者是否在说谎，比如可以询问所在大学的具体位置，所在学校的辅导员和老师的姓名，学习过哪些具体课程，甚至还可以就有关学习过的课程内容进一步询问、了解情况。如果应聘者连这些基本东西都回答得含糊其辞的话，那就可能是有问题，需要进一步去研究核实。

第三眼看证书含金量。为了避免资格证书泛滥的情况，据说今后国家还会逐步取消一些资格证书。这从某一个角度来看，说明这些证书对应聘者日常工作指导价值不大，关键还是要靠能力。

不是每个求职证书都有一样的含金量，也不是所有的证书都可以被认可。

2014年，国家发布了《关于取消和调整一批行政审批项目等事项的决定》（国发［2014］27号），在取消的11项职业资格许可和认定事项目录中，包括了房地产经纪人、注册税务师、质量专业技术人员、土地登记代理人、矿业权评估师、国际商务专业人员、注册资产评估师、企业法律顾问、建筑业企业项目经理、水利工程质量与安全监督员和品牌管理师。

那么，从哪些途径来了解证书的含金量呢？

一是看是不是获得经过国家统一考试颁发的证书。现在正规的资格证书都是在网上备案并且是可以查询的，查不到的证书一般可信度较差。

二是查询是通过什么途径获得的证书。有的人员到一个地方上了几天课，开卷考试发了张证书就到处炫耀，并且证书名头也挺大，如国际×××高级证书，实际上一钱不值，根本不具备竞争力。

三是可以通过该类型考试的通过率来侧面了解其含金量。有的证书通过率在80%以上，说明这类证书的含金量不高；而有些证书通过率仅仅在10%左右，比如注册会计师证、律师证和建筑方面的一些证书，通过率都相对较低，含金量就相对高些。

第四眼看目标协同性和经历复杂度。有的应聘者职业发展不协调，一会学这，一会学那；一会干这、一会干那，学习、工作的内容都不咬合在一条线上。对于干什么都不精、做什么都不能坚持到底的应聘者，用人单位一般也不是很喜欢。

小赵就是这样一个人，在求职时，说自己经验很丰富，在三年的工作时间内换了十几种工作，企业中涉及产、供、销、人、财、物岗位几乎都干过。但在求职时，面试官看到其简历表后，对其很失望，三天两头换企业，求职岗位还不在一个系统内，一会干生产、一会干销售、再一会又干行政，所处的产业又很杂，一些问题又不能深入地沟通交流。这种情况下，面试官就决定放弃了。

干任何工作，应尽量在一个系列上发展，或者换业不换行，学习也要在这个系列上学习。这样，就容易让自己的工作经历、学习经历能有效助推个人事业的发展，否则，往往会徒耗精力无所收获。当面试官看到非常复杂的经历时，往往会考虑是不是要另外选择了。

第五眼看经历企业的性质、规模。当应聘者在求职时，如果求职目标企业和自己以往所经历的企业的规模、性质不匹配时，无论经历多么丰富，也往往不受欢迎。一般情况下，在人才匹配时，管理者都喜欢寻求个人职业发展经历和求职目标岗位所在企业保持相对匹配的人才。

比如从规模上讲，一个做过中型规模水泥制造业财务岗位的员工，就要考虑找另一个同等规模或偏上的水泥制造业的财务岗位；一个做过大型商场服务业采购岗位的员工，就要尽可能的还在同类型、同规模的商场来做类似岗位的工作，也就是说，应聘者的求职意图是想在某个方面寻求突破，这是企业所支持的。如果求职意图是为了寻求更大的发展空间，为了更高的薪资要求，为了和家人团聚而返回故里工作，等等，这些都不是企业所在意的。从性质上讲，如果你以前在外资企业做过，就相应地还找外资企业，这样会容易适应目标岗位。这样相对比较匹配的职业经历往往对个人求职也是加分的。

第一步审核简历完成后，紧接着就进入考查阶段了，应针对简历表上所描述的内容进行验证，重点聚焦到个性特征和知识技能两方面。这里面涉及几个方面的内容，其中之一便是能力测试（如谈话、试卷考核和调查问卷）。

3.2.2 能力测试

能力测试主要分为基本能力测试和专业能力测试两方面，如图3–4所示。

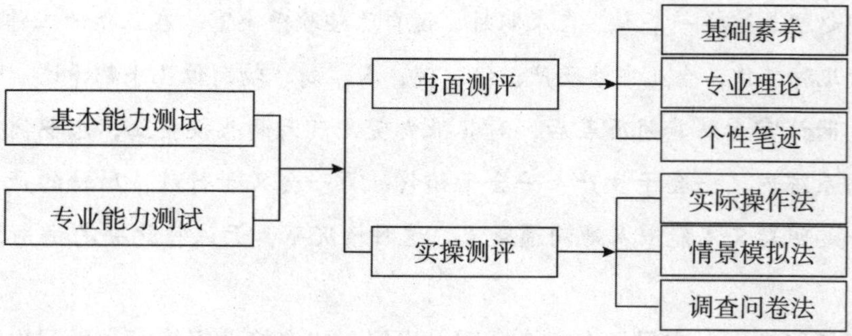

图3–4　能力测试模型图

1. 书面测评

书面测评题目一般由人资部门来拟订，主要测评员工语言理解、数字运算、逻辑推理、基础英语、计算机技术、理化常识、天文地理、体育娱乐以及历史时事等涉及多方面多学科的基础性常识。可以借鉴益智类电视节目（如中国教育电视台的《天才知道》等）上的题目来考查员工的基础素养。

企业一般可以采用大综合的方式来进行测评，也可以结合着应聘岗位的基本素质要求来灵活确定。比如，有家企业对新进统计岗位人员进行基础素养测评时，测试题涉及的内容及权重可能会更偏重于基本运算、计算机技术、逻辑推理、观察能力、应变能力等方面，而招聘文化专员可能就更侧重于语言理解、文字表达、创新思维等方面的内容。

下面是某家企业综合行政测试题库的一部分。

- 如果你口袋里的火柴盒中只剩下一根火柴。黑夜里你走进房间，房间里有蜡烛、煤油灯和煤气灶，那么，你先点燃什么？
- 一栋房子有6层楼，每层高度相等。问到6楼所上升的高度是到3楼所上升的高度的几倍？
- 桌子上点着10支蜡烛，一阵风把其中的两支吹灭了，过了一会儿，又有一支蜡烛熄灭了。为了不让风吹进来，关上窗户。如果其余的蜡烛没有一支吹灭的，你知道最后剩下几支蜡烛吗？

- 一个人打电话给他的女儿，要她买一些东西，他告诉她桌子上的信封里装着钱。他女儿看到信封上写着“98”，当她到商店里买了90元的东西准备付款时，发现不仅信封里没有剩下的8元钱，而且不够90元钱，问少了多少钱？为什么？

专业理论一般由专业用人部门进行测试，比如财务部门用人就出一套财务方面的题目，设备部门用人就出一套设备方面的题目，人力资源用人就出人力资源方面的题目等等。

个性笔迹分析，指在员工招聘、选拔过程中，以书写字迹分析为基础，了解应聘者的个性特征和心理素质，据此预测应聘者将来可能达成业绩的一种方法。笔迹是潜意识的直接流露，笔迹能反应人的内在个性，是心理投射技术的一个分支。看笔迹主要看两方面：

一是看字体全局、气势和运笔走势，通过字体全局、气势、运笔走势了解性格信息，如表3–4所示；

表3–4　字体全局、气势、运笔走势投射性格信息表

字体整体布局	投射的性格信息
龙飞凤舞	放纵自我、感情丰富、外向
工整拘谨	冷静内向、不爱自我表现
沉稳浑厚	智勇双全，一般是创业型管理人才
刚劲有力	行动力、生命力强

二是看笔迹字形，通过笔迹字形了解性格信息，如表3–5所示。

表3–5　笔迹字形投射的性格信息表

笔迹字形	投射的性格信息
正方形字	刚强、正直、固执、原则性强
圆形字	有忍耐力，一般避免正面冲突
扁形字	固执而不知变通，教条主义者
长形字	思考力大于行动力
梯形字	自以为是、固执、不灵活

（续表）

笔迹字形	投射的性格信息
倒梯形字	有野心且虚伪，实用主义者
流利而圆润的字体	从容不迫，具有灵活性
有棱有角的笔画	爱激动、爱批评、不安于现状

2. 实操测评

实操测评常用的方法有三种：实际操作法、情景模拟法和调查问卷法。

实际操作法主要是对应聘者在掌握理论基础上的进一步测评。比如，如果是应聘计算机程序人员，让其实际操作编制一个程序就可以知道其能力情况了；如果是应聘设备操作工，让其上机操作一下就很容易看出其究竟练过没练过了。

情景模拟法主要包括公文处理模拟测试法、无领导小组讨论法、商业游戏或角色扮演法等。

2013年，中央电视台推出几期《赢在中国·蓝天碧水间》节目，由12位明星企业家参与赢取千万公益基金的真人秀节目，以彰显人们对日益恶劣的生存环境的关注，号召社会大众行动起来关注公益、关注环境。阿里巴巴公益基金提供12期商业实战的公益奖金。获胜团队和总决赛冠军会捐赠千万公益奖金予阿拉善公益基金和大自然保护协会，公益奖金将会直接投入“大气污染防治项目”和“水源地保护项目”。在每一期，都分两个对抗组，每个组由每位老板轮换做组长。同时，还设定一个共同的活动主题任务，由两组分别来完成，根据规则进行评价，得分高的赢得本期公益基金。

延伸到企业内部的人才招聘管理，从某种意义上讲就有很强的借鉴意义，如果能通过这种方式给应聘人员布置工作任务，分配一定的资源，由其组织来完成，然后，根据完成情况进行评价，效果可能就很容易彰显出来。

对个人能力的测试，同样也可以以调查问卷的方式，但有时候会由于应聘者不能客观地填写导致面试官产生误判，可以先由个人填写，然后再由面试官逐项沟通，进行调整。通过本过程进行控制的话，就容易对应聘者情况有一个比较细致的了解，但可能就某个问题不能深入地交流，容易产生误判。

3.2.3 个性测试

个性特质是能力的载体，职业考查涉及的面谈中，个性测试也是关键的一项，它是个人能否施展才能和能否有效完成工作的基础。一个人如果在个性方面有缺陷，那么就会使其拥有的才能大打折扣。对组织而言，一个干劲十足、个性和心理都很健康的员工远比一个情绪不稳、缺乏精神斗志的员工更有价值。因此，很多企业在选聘员工的时候，非常重视个性及其相关因素。

在个性测试方面有很多种，个性测试主要用于测量人的性格、气质、态度等方面的个性心理特征。目前常用的测试方法有以下两种。

1. 自陈量表

自陈量表又称为自陈问卷，是测量人格最常用的方法，采用客观测试的形式，在量表中列出一系列陈述句或问题，每个句子或问题描述一种行为特征，要求被测试者作出是否符合自己情况的回答，通过这些问题的回答情况可以预知该应聘者内心的性格特质，其题目形式如表3-6所示。

表3-6 自陈量表示例表

类型	示 例
是非式	我无事可做时喜欢上街游荡。□是 □否
折中是非式	你喜欢单独去看电影吗？□是 □否 □不一定
选择式	下列哪个答案更加符合你的实际情况： □我经常批评那些有权威、有地位的人 □在长辈或上级面前，我总是感到胆怯
文字量表式	你对自己的工作满意吗？ □非常满意 □比较满意 □无所谓 □不太满意 □极不满意
数字量表式样	我喜欢唱歌。□5 □4 □3 □2 □1 注：5–经常，4–多次，3–偶尔，2–极少，1–从不

在职业指导中影响最大、得到广泛认可的职业人格测试量表是美国心理学家霍兰德的职业自我探索量表（如2.9节所述）。

2. 投射测试

投射测试主要用于对人格、动机等方面的人事测量。测试所用的刺激多为意义不明确的各种图形、墨迹或数字，让受测者在不受限制的情境下，自然做出反应，通过对其反应结果的分析来推断受测者的人格。这种测试分析方式比较困难，需要有经过专门培训的主试。因此，在员工招聘中运用投射测验一般比较少，只有在招聘高层次的管理人员中才考虑运用，不可能大规模运用。

当前最为著名的投射法是罗夏墨迹测验。罗夏墨迹测验是罗夏于1921年以心理诊断学为标题发表的人格测验，现已被世界各国广泛地使用。罗夏墨迹测验法的目的是通过对标准化的刺激的反应进行观察，来预测或推断被试者在其他场合的行为模式。它是以墨迹偶然形成的模样为刺激图版，让被试者自由地看并说出所浮想到的东西，然后将这种反应用符号进行分类，加以分析，捕捉人格的各种特征，从而进行诊断的一种方式。

投射测试有测试目的的隐蔽性、内容的非结构性和开放性、反映的自由性（对受测者的回答反应不作任何的限制）和整体性（对人的总体评估，而不是针对单个特质的测量），采用的方法包括联想法、构造法、完成法、表达法和选择排列法。

以构造法为例，所谓构造法是指要求受测者根据他所看到的图画等，编造出一个包括过去、现在和未来发展的故事，可以从故事中探测其个性。比如绘人测试，要求受测者在一张白纸上用铅笔任意画一个人。画完之后，再要求受测者画一个与前者性别相反的人。主试人可以通过面谈的方式向受测者了解他所画人物的年龄、职业、爱好、家庭、社交等信息。最后，测验者对受测者的作品进行分析，通过这些分析内容来了解应聘者的心理状态。

3.2.4 面试交流

面试是面试官与应聘者之间相互交流信息的一种有目的的会谈方式，通过良好互动，使招聘方得到充分的信息，有效考查应聘者的沟通和反应能力，以便在招聘过程中作出正确的决定。它是一门学问，更是一门艺术。通过面谈，面试官从应聘者处获取与其个人行为、工作相关的信息，以确定应聘者是否符合企业岗位需求，基于双方高匹配度的原则而决定是否录用。

一要观察了解应聘者的气质、长相，看其是否适合应聘目标岗位；二是要通过沟通、观察应聘者来了解简历表当中描述有疑惑的地方，进一步核实简历的真实度，了解其是否诚信；三是了解应聘者的沟通、反应、抗压能力；四是辅助面试官了解应聘者是否真的具备相关的知识技能。

把握面试交流有三大绝招，它们分别是看、听、问。

1. 如何看

重点通过外表打扮、肢体语言、面部表情、眼神等来判断应聘者是否符合应聘目标岗位。

观察外貌。从应聘者进入面试官的视线，外形面试就开始了，看五官是否端正，身体是否有残疾，肢体眼神是否灵活，衣着打扮是否得体。观察外形后，面试官在心里就要对照所招聘岗位要求，初步有个基本判断。

比如企业招聘有搬运任务的仓库管理员，日常工作肯定会经常涉及一些物料搬运的工作，身体不强壮或者四肢有残疾肯定不行，甚至年龄太大、身体太瘦弱了也不行；企业招聘服务员、前台接待或空姐，肯定要有一定的亲和力，并且个人卫生、形象气质要达标才行。有些企业不同的岗位有不同的着装要求，比如上班不允许穿凉鞋，戴夸张的首饰，文身，化浓妆，染彩色头发，穿带破洞的牛仔等等。这些要求在面试环节也要通过关注外形来了解。

观察动作。美国心理学家艾伯特·梅拉比安曾经提出过一个非常著名的公式：人类全部的信息表达=7%语言+38%声音+55%身体语言。而这55%则足以让一个懂得“肢体读心术”的人，可以在别人欲言又止或是沉默不语时看透他们真正想做出的表达。在面试过程中，可以通过观察应聘者的行为举止来分析其内心活动，判断其职业素养，如表3-7所示。

表3–7 肢体动作投射的个性含义

序号	动作表现	投射的个性含义
1	眯着眼	不同意，厌恶，发怒或不欣赏
2	不停走动	发脾气或受挫
3	扭绞双手	紧张，不安或害怕
4	向前倾	注意或感兴趣
5	懒散地坐在椅中	无聊或轻松一下
6	抬头挺胸	自信，果断
7	坐在椅子边上	不安，厌烦或提高警觉
8	坐不安稳	不安，厌烦，紧张或提高警觉
9	正视对方	友善，诚恳，外向，有安全感，自信，笃定
10	避免目光接触	冷漠，逃避，不关心，没有安全感，消极，恐惧或紧张
11	点头	同意或者表示明白了，听懂了
12	摇头	不同意，震惊或不相信
13	晃动拳头	愤怒或富攻击性
14	鼓掌	赞成或高兴
15	打呵欠	厌烦
16	手指交叉	好运
17	轻拍肩背	鼓励，恭喜或安慰
18	搔头	迷惑或不相信
19	笑	同意或满意
20	咬嘴唇	紧张，害怕或焦虑
21	抖脚	紧张
22	双手放在背后	愤怒，不欣赏，不同意防御或攻击
23	环抱双臂	愤怒，不欣赏，不同意防御或攻击
24	眉毛上扬	不相信或惊讶

管理者要通过一些动作来判断应聘者的内心活动，从而进一步判断应聘者的综合素质，为下一步用人决策提供信息依据。

2. 如何听

在针对简历问题沟通释疑的过程中，重点听音调、音量、音质、语速、顿挫，以及声音的吸引力和可信度等。

简历审查之后，需要通过面谈来进一步核定简历当中一些内容的准确度，同时为了进一步了解应聘者，还要延伸了解简历当中不能看到的一些内容。

比如下面是一位应聘者面试的例子。

一位曾在一家企业做行政总监的应聘者来某企业应聘办公室主任职位，其职业经历如表3-8所示。

表3-8　应聘某家办公室主任的应聘者经历表

时间	经历
2000.9～2003.8	X企业担任行政专员
2005.3～2008.8	Y企业担任部门经理
2009.9～2010.3	Z企业担任行政主管
2010.4～2013.5	F企业担任行政总监

面试官针对这些经历要追问一些问题：

“从X企业到Y企业之间有1年多的职业空白期，那么长时间是在家休息还是去干其他了？”

“水往低处流，人往高处走，你能解释一下你从Y企业高平台跳到Z企业低平台的原因吗？”

“你在Y企业一开始就是部门经理吗？还是最近才被任命为经理？”

“为什么你在Y企业刚被任命为部门经理不久就离开了？是什么原因促使你做了这样的决定？”

“为什么要放弃行政总监的职位来应聘办公室主任一职？”

面试官可以通过这些问话来进一步挖掘应聘者潜藏在简历表中一些没有表达出来的信息，从而进一步做出判断。

3. 如何问

通过问，了解应聘者过去，预测其未来。在能力面试中，作为面试官一定要注意：多问过去，少谈未来，多听少说。并采用引导式、行为式、开放式、应变式、压力式、动机式，一定要避免封闭式的交流方式。面试官要试图找到应聘者过去工作业绩中所反映出来的特定优点，依此来判断其能否担当未来岗位任务。

某企业招聘销售代表，某应聘者的应聘信中描述“在某家企业服务时，某年获得过该企业的‘销售冠军’称号，销售业绩过百万”，面试官应当怎么提问?

提问：业绩的取得是在什么样的背景下?背景包括销售产品的特点，市场需求情况，销售渠道，利润率等。

目的：全面了解该应聘者取得优秀业绩的前提，从而获知业绩的取得有多少是与应聘者直接相关，多少与市场状况、行业、产品有关。

提问：为实现业务目标，要完成哪些具体工作任务?每项工作任务的具体内容?

目的：了解工作经历和工作经验，以确定应聘者所从事的工作与获得的经验是否适合现在所空缺的职位，使工作更好得与人匹配。

提问：为了完成具体的工作任务采取了哪些具体的行动?如何完成工作任务的?

目的：进一步了解应聘者的工作方式、思维方式和行为方式，这是我们非常希望获得的信息。

提问：每项任务在采取了行动之后获得什么样的工作结果?结果是好是坏?好结果的原因?不好结果的原因?

目的：考查应聘者的工作能力和自我认知能力、总结能力、分析能力。

正如上所述，在招聘中采用能力面试，要把握关键的STAR四要素。

面试过程中，面试官往往要求应聘者对其某一行为的过程进行描述。如面试官会提问：“你能否谈谈你过去的工作经历与离职的原因”，“请你谈谈你昨天向你们企业总经理辞职的经过”等。

在提问过程中，行为描述面试所提的问题还经常是与应聘者过去的工作内容和绩效有关的，而且提问的方式更具有诱导性。如面试官会提问：“你与你同事有过摩擦吗?举例说明”，这一提问显然不如“告诉我，与你工作中接触最少的同事的情况，包括出现的问题是什么，以及你们之间关系最紧张的情况”更能激起应聘者真实的回答。

通过问答，可以了解应聘者对特定任务所采取的行为模式（包括思路想法），并将其行为模式与空缺职位所期望的行为模式进行比较分析，借此来进一步对他们的态度、能力进行判断。

综上，通过询问应聘者过去的工作经历，在什么条件下，做了什么事情，判断他选择本组织发展的原因，预测他未来在本组织中发展的行为模式，从而来推断其能否在未来新的工作岗位上为企业做出贡献。

3.2.5　压力面试

要在这个竞争异常激烈的社会里良好地生存，必须要具备一定的抗压能力。因此，在招聘员工时，对那些要承受较高心理压力岗位人员（如售后服务、调解员）的测试，压力面试尤为重要。而要说明的是，这类题目的设置大多具有欺骗性（好像是真的一样），因此事后应向应试者做出解释，以免引起误会。

何谓压力面试？压力面试是指有意制造紧张氛围，以了解应聘者将如何面对工作压力。面试官通过提出生硬的、不礼貌的问题故意使候选人感到不舒服，其目的是确定应聘者对压力的承受能力，及其在面对压力时的应变能力和人际关系能力，如图3-5所示。

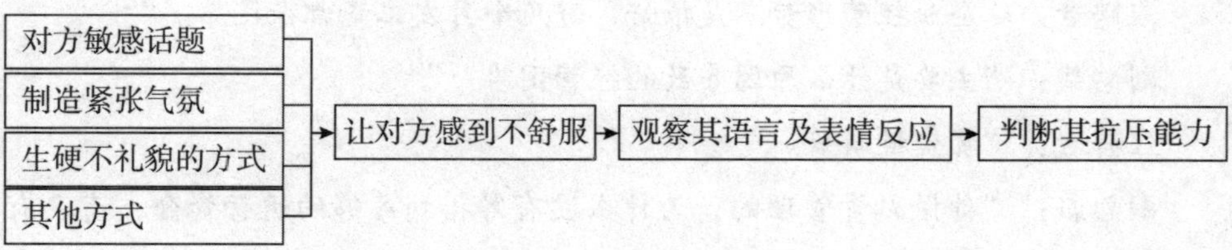

图3-5　压力面试方式方法图

测试时，针对某一事项或问题突然做一连串不礼貌甚或有点冒犯的发问，打破砂锅问到底，让被面试人员感到很突然，无法回答的同时承受较大的心理压力。

这种情况下，心理承受能力较弱的应聘者的反应可能会较异常，甚至不能承受。而心理承受能力强的人员则表现较正常，能较好地应对。这样就可以判断出应聘者的心理承受能力。

一位顾客关系经理职位的候选人有礼貌地提到她在过去两年内从事了四项工作时，面试官可能告诉她，频繁的工作变换是不负责任和不成熟的行为。如果应聘者对工作变换为什么是必要的做出合理的解释，就可以开始其他的话题。相反，若应聘者表示出愤怒和不信任，就可以将此看做是应聘者在压力环境下承受力弱的表现。

另外，压力面试也可以用来证实对一些信息的怀疑。因为，人在一些突发问题上的反应更真实、更客观。而应聘者在准备个人求职资料时会不自觉地、不同程度上美化自己，甚至造假。

原来面试过一位资金部长，一面时，总体感觉比较不错，对方温文尔雅，自称在金融系统干了很多年，对融资渠道和运作程序都非常得清楚，对当期的金融系统非常熟悉，而且在当期一些银行系统里也都有自己丰富的人脉资源。二面时，当进入压力面试环节时，问题出来了。

副总裁：“你条件那么好，你为什么要离开那家单位呢？”

应聘者：“企业经营形势不是很好，好几个月发工资都很困难。”

副总裁：“主要是什么原因导致的经营困难？”

应聘者：“资金链断裂。”

副总裁：“你做融资管理的，为什么没有筹措到足够的运营资金，有没有采取什么措施？”

应聘者：“融资关系主要是老板在维系，我的资源也都是老板介绍给我的。”

副总裁：“你不是有丰富的金融系统的人脉资源吗？

应聘者：“……”表情很难看。

副总裁：“就你之前所在企业的状况，你怎么说服我们录用你呢？”

应聘者：“我们彼此都在选择！”话语当中有明显的恼怒情绪。

见此情景，副总裁微笑着解释刚才是压力面试的一个内容，下面转移到另一个问题……

通过这一段面试对话，副总裁基本明白了应聘者的抗压能力，面试目的已经达到了。再比如，类似下面的面试问话。

"我们觉得你太年轻/年纪太大了，不太适合这份工作，你怎么看？"

"说说你的缺点，好吗？"

"应聘这份工作，你认为你还欠缺什么？"

"你的专业不对口，我们为什么要录用你呢？"等等。

面试官提出质疑，是希望应聘者陈述理由并加以反驳。此时此刻，如果应聘者情绪激动、针锋相对的话，会给面试官留下一种不好的印象；如果是彬彬有礼、心平气和、耐心解答的话，则又是另外一种印象。

以"您的话有一定道理，但也不尽然"等比较委婉的话作为开头，可能会给面试官留下好印象。

在陈述理由时要注意言之有据："看了贵企业的招聘广告，我发觉你们最看重的是……而我……（努力过程，业绩证明）"，"其实判断一个人是否适合工作的标准不是年龄，而是经历。我曾经……"，"我不会说自己的缺点是工作太投入，不注意休息（笑，缓和面试气氛）。"

就压力面试而言，一方面，是界定高度敏感和可能对温和的批评做出过度反应（喜怒和辱骂）的应聘者的良好办法；另一方面，使用压力面试的面试官应当确信厚脸皮和应付压力的能力是工作之需要。面试官还需具备控制面试（如应聘者歇斯底里）的技能。

值得注意的是，压力面试在于考查应聘者的应变能力和人际交往能力，需要应聘者具有敏捷的思维、稳定的情绪和良好的控制力，切不可使得场面失控，适得其反。

3.3 背景调查：员工过往能力的展现

3.3.1 背景调查的内容

一般的背景调查就是学历、学位证书认证、证书认证、工作经历核实等等，财务金融方面的还要进行犯罪和诉讼记录核实、仲裁记录核实、资产和信用记录核实等等。由于背景调查技术的成本较高，操作难度较大，企业一般在确定了目标职位的候选人之后才使用。

背景资料可以有不同的来源：权威数据源并合法授权使用；必须具备被核查人的相应授权；来自校方的推荐材料；有关原来工作情况的介绍材料；关于申请人财务状况的证明信；关于申请人所受法律强制方面的记录；来自推荐人的推荐材料；面试者的简历。

另外，基层岗位、中层岗位和高层岗位背景调查的内容有所不同，一般层级越高，调查得越深入、越详细。对基层员工，还是身份及家庭背景的调查为主。调查结果必须要形成报告，供面试官对人才进行综合分析评定。具体如表3-9所示。

表3-9 各层次应聘人员背景调查内容表

岗位层级	调查内容
基层员工	身份信息调查、学历信息调查、家庭背景调查等
中层干部	除以上信息外，还需添加工作考核结果调查、收入调查等
高层干部	除以上调查内容外，还需调查企业经营业绩、社会影响力等

3.3.2　背景调查的手段

背景调查一般可以分为用人单位受应聘者委托直接向原单位进行调查，或是通过第三方企业经多种途径进行调查两种形式。其中直接调查包括陌生电话按行业规则进行拜访、熟人关系了解；企业正规调查主要是针对应聘者直接到其工作过的企业进行调查访问以期获得应有的信息。

用人单位直接调查，陌生电话拜访。具体操作流程：一是要收集人才信息，企业需要提供关于调查信息、人才证件信息、人才工作经历信息等完整资料；二是要查找有效证明人，根据企业需求确定调查思路，设计沟通问题，通过一览资源搜索、查找有效的证明人；三是要开展访问及记录，根据已设计问题，通过电话等方式开展对证明人的访问，并及时、准确做好沟通记录工作。具体背景调查电话交流记录表如表3-10所示。

[××]已向我企业提交求职申请书，我代表本企业人力资源部想向您了解以下情况：

表3-10　背景调查电话交流记录表

请您确认[××]在贵企业的工作时间：	从[××]至[××]
请问贵企业的规模/网站：	
[××]在贵企业任职期间的职位：	
[××]工作职责的简单描述：	
[××]的最终薪金水平：	[××]元/月　[××]元/年
[××]的品行?	
[××]的工作表现是否令人满意?	
[××]与同事、上司的关系?	
离职原因：	
非常感谢您与我交流。您是否还有其他情况要补充?	

记录人：　　　　　　　　记录日期：

整理并审核报告。整理沟通记录内容到人才报告中，提交报告的初审、终审工作，并作为对应聘者的评价依据。

熟人关系了解。如果应聘者所在企业就在本地区，一般可以通过人力资源系统的业界熟人或者其他方面的一些对该员工所在企业情况了解的人员进行了解。比如说人资部经理和应聘者过往所在单位的人资部经理是熟人，那么就可以通过这个途径去了解应聘者概况。一般情况下，会得到一个比较中肯的评价。如果有这个途径能说得通的话，总体来讲，是个比较好的方法。

当然也不能排除，应聘者和该人资部经理很熟悉，在单位建立了比较良好的工作关系，也可能私下就告诉对方有可能接到背景调查电话，事先通融说明，要多加美言，这就要考量面试官有没有这方面的判断能力了。

企业正规调查。在中国这样一个讲究关系的国度，如果陌生人来做员工背景调查，往往难以获得真实的结果。

某企业人力资源招聘主管小许背景调查时遇到的问题：

近段时间因为企业技术总监要离职，需要从外部招聘人员来填补空缺，因为职位比较特殊且比较重要，所以比一般招聘流程又多了个背景调查。我们经过简历筛选、笔试、初试、复试，最后选出两个候选人做背景调查。我和同事小李分别对这两位候选人所服务过的最近两家企业做了背景调查。经过两次电话后，我们发现背景调查存在的问题还真不小。我负责的那位候选人总体没有太大问题，两家企业的HR回答的大体一致，而且态度相对来说也不错，比较配合。但是小李负责的那两家就有问题了，其中一家的HR主管评价得比较适中，优缺点都说了，也把用该应聘者该注意的地方都说了，让小李很满意也很感激；而另外一家的HR负责人表现得却很让人失望，该企业因为这位员工的主动辞职对他们造成了负面影响，导致他们在评价当事人时用了很多负面的词语，甚至是有意的诋毁，打第一次电话时说因为工作忙没时间接待，第二次打过去的时候，他们就说了一些无任何价值的话，然后就出现了诋毁候选人的情况，真是让人难以想象。

上述小李遇到的背景调查情况比较常见，对方企业要么敷衍了事，不负责任地胡乱表扬一通或者说一通表示对此人很失望的话，然后就把电话挂掉。

作为HR专业人员，应该配合其他企业（包括同行业竞争对手企业）的同行的调查，同时也应该跟他们进行约定，本着对企业对应聘者负责的态度，承诺必须是真实地反映当事人的情况，这是一种职业道德，并不能因为这个人离开了我们企业，或者说这个人是我企业炒掉的而带着一些负面的评价，而应该从客观事实来进行评价。假如社会各个企业里做HR的人都具备这样的职业素质，那将会大大减少社会人力资源的损失，也对人才流动市场的良性发展起到监督作用，避免企业用工成本的增加，同时，让一些关于“整容”的应聘者没有市场，减少企业的人力成本，这样不仅对企业自身的人力资源工作有帮助，同时对中国的整个人才市场都是非常积极有利的。

3.4 常被淘汰的五类人

俗话说“人上一百，各形各色”。同样，面试官在招聘管理过程中会遇到形形色色的人。作为面试官，他们普遍对下面五类人比较不喜欢，分别是伪造经历者、频繁跳槽者、职业不系统者、满腹牢骚者和夸夸其谈者。

3.4.1 伪造经历者

小焦计划应聘一家当地知名企业做司机班长，但不会填写简历，写字歪歪扭扭，让面试官一看就不想再面试下去。就是由于这个原因，在应聘上一家单位时，小焦被面试官当众批评了一顿，没有通过。这次，为了避免这种情况再上演，他让一个在一家单位做人事工作的熟人帮忙写一下简历，期望在简历上给面试官留下一个好印象，并拜托要好好“润色”一下。果然，经“润色”

之后的简历，真是有了很大改观，字迹规矩、漂亮、没有空项，问题是经历这一块也“润色”了，无中生有，居然出来个“在某企业干了3年司机班长的经历，还荣获了年度先进个人”。从这来看，小焦心里想，应该是稳操胜券，十拿九稳了。但万万令其没想到的是，有一位面试官对其曾工作过的企业很熟悉，三问两问马上露馅。面试官合议后，当场委婉终止了面试，搞得小焦后悔不堪。

此类人涉及诚信问题，常常是一票否决，诚信是企业招聘人才的首要基本条件。一是面试过程中，一旦发现应聘者存在有伪造经历现象，比如伪造学历、经历、工作成果等等，不管多么有才，给面试官的印象会一落千丈，一般都会被立即叫停面试，应聘者会立即被淘汰。二是在面试过后，通过背景调查，发现应聘者经历不实，这种情况下，不管应聘者是处于待入职状态或者是已经入职状态，企业一般也不会再继续聘用。

3.4.2 频繁跳槽者

应聘者老陈，今年42岁，做监理很多年，先后在两家房地产企业和三家水泥企业做过。经询问，跳槽原因也都是薪资过低或不适应新环境。尽管每次面试都很成功，而且每次跳槽岗位工资都有所见长，但仍然还是感觉自己的能力和薪资不够匹配，不适应新企业的经营管理理念，于是就毅然选择跳槽。面试官询问：“如果将你录用后，在工作的过程中，有其他企业给你抛来橄榄枝，给你更高的薪酬，你是否要接受？”老陈回答：“那是肯定的啦。”“真够诚实的”，面试官笑了一下，顺势结束了本次面试。

此类人员也不受企业欢迎，这里面一般有两种现象：一是求职目标不明确，思维飘忽，不知道自己要干什么，长时间找不准定位，一直处于职场尝试状态，搞不清楚自己究竟适合干什么，有很强的盲目性；二是“这山望着那山高”，吃着碗里的，看着锅里的，干工作不够专注、认真，没有定性，高估自己，总喜欢通过跳槽的方式来赢得更高的薪资和平台。

3.4.3　职业不系统者

一个农业专业的本科毕业生，由于不喜欢自己当前的专业，但又不知道自己究竟适合做什么，于是，先找了一个清闲的工作暂且干着。为了之后能更好地就业，他趁闲暇时间，先后考取了财务证、文秘证、人资证、心理咨询师证、报关员证、化验员证等十多个证书，心想，凭借这一大堆证，肯定能找到不错的工作。令其没想到的是，由于他平时工作不专心，很快丢了自己第一份工作。再去找其他工作时，这些证书并没有帮助他获得好的工作。更为关键的是，由于工作期间他把精力都用在了考证上，没有积累下具有核心竞争力的资本，于是只能又去找了一份闲差，继续自己的考证生涯。如此三番，让自己的职业生涯变得很不稳定，这个过程里，一会干生产，一会干销售，再一会干行政，工作之间却都没有必然的关系，不知道自己究竟要干什么。证书满天飞，考的证书之间也都缺乏关联性，他也一直没有找到自己的职业发展方向。

证书是要为工作服务的，不围绕着职业发展目标去盲目考证，如干人资的去考会计证，搞生产的去考秘书证，干财务的自学考试学习人资专业……这些证书越多越会给面试官造成不良的印象。

建议应聘者在前期要尽快在变动中找到自己的位置，并以这个位置为基础，设定自己的人生目标，去开发自己的能力并去努力实现这个目标，在这个过程当中，一定要围绕着自己的职业发展方向去补充自己的能量，“缺铁补铁，缺锌补锌”，让自己拥有职业发展所需的核心能力。

3.4.4　满腹牢骚者

此类应聘者通常一味地抱怨组织，从来不检视自身，一有问题就归罪于外。比如，面试官经常会遇到下面这类应聘者。

面试官问：为什么要离开原来的企业呀？

应聘者：原来的企业平台不适合我的发展了。想找一个更大的平台闯一闯。

面试官问：为什么没有做出好的业绩，仅仅是平台问题吗？

应聘者：我不喜欢那个企业强压式的管理文化，我的主管一直在排挤我。

面试官：还有其他原因吗？

应聘者：在主管的影响下，我的下属也不太合作。

遇到这种情况，面试官一般都可以认定，即便把这样的人招聘到企业，也很难有什么价值贡献。工作没干好，目标没达到，不首先做自我解剖，检视自己身上的问题，却总是把问题归罪于外，自我认为所有失败都是外围环境造成的，从没考虑自身主观能动性方面存在的问题。长此以往，该应聘者就会变成失败专业户。

在这里，管理者一方面要适度引导应聘者。凡事必有因，应聘者在探索问题本源时，一定要本着凡事操之在我的态度来检讨：是什么原因导致这么糟糕的结果？这些原因为什么自己没有及早发现？为什么没有及早找到措施并及早防备？是自己的能力问题还是自己的态度问题？让应聘者对自己有一个清醒的认识，自己以外的东西都是外因，自己才是内因，是一切问题的本源。另一方面，管理者当及早做出判断，对那些比较严重的外部问题专业户，一定要在得出结论后适时中断面试。

3.4.5 夸夸其谈者

据说，从前有个小国的使臣来到中国，向皇帝献上了三个一模一样的金人，皇帝看后自然是高兴。但是使臣也同样出了一道难题：在三个金人中，究竟哪个是最有价值的？皇帝与满朝大臣绞尽脑汁，还特意请来珠宝匠来检查、称重、看做工，结果是三个金人一模一样。泱泱大国，怎能连这个小问题都不能解答？面对使者，正在满朝文武束手无策时，一位早已退位的老臣要求觐见，说自己有办法。皇帝闻言大喜，只见那位老臣胸有成竹地拿出了三根稻草，并且依次插入了三个金人的耳朵，却得到了三种不一样的结果。稻草从第一个金人的另一边耳朵出来了，第二根稻草却是从第二个金人的嘴巴里掉了出来，而当第三个金人的稻草进去之后便直接就掉进了金人的肚子里，甚至连个声响也没有。老臣转身自信地对大家说："最有价值的，当之无愧应数第三个金人！"此时使者默默无语，答案自然是正确的。

这个小故事说明了一个道理，最有价值的人，往往会是那些善于倾听而绝不会夸夸其谈的人，因为倾听是人成熟的最基本素质。

夸夸其谈的人有一个显著特点，即偏重于形式上的东西，善于弄虚作假，故作玄虚。现实证明，能说不见得能做，能做不见得能说，相反，越是夸夸其谈者，甚至还越是不干实事者。就像你手中存有一副好牌，任凭你如何叫嚣，却不亲自动手打牌，有再好的牌也只是"空谈"。

在日常招聘过程中，常常会看到那些口沫飞溅、夸夸其谈、自以为是的应聘者，他们似乎总怕面试官不清楚自己身上的能力，于是极力将自己描绘成专家。事实上，越是夸海口描述得仔细的地方，还真不见得具有突出的能力，说不定还恰是他的薄弱项。职场上，经常看到这种空降兵现象：拍拍脑袋决策，拍拍胸脯保证，拍拍屁股走人。

"语言上的巨人，行动上的矮子"，这类应聘者在初次沟通时很容易吸引住面试官的眼球，但好景不长，一旦进入组织，当需要真枪真炮地去战斗时，往往经受不住考验，不是技能不过硬，就是态度不端正，结果很快拍屁股走人。这类人干不好、干不长，企业招聘人才时当尽可能规避。下面给管理者一些建议，如图3-6所示。

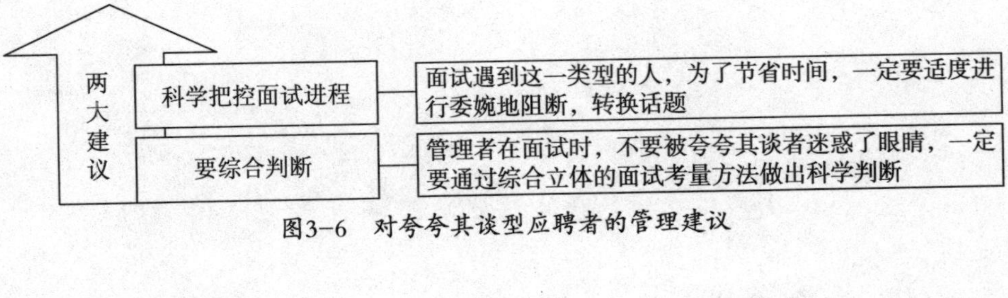

图3-6　对夸夸其谈型应聘者的管理建议

第4章 过渡好：磨合和适应是关键

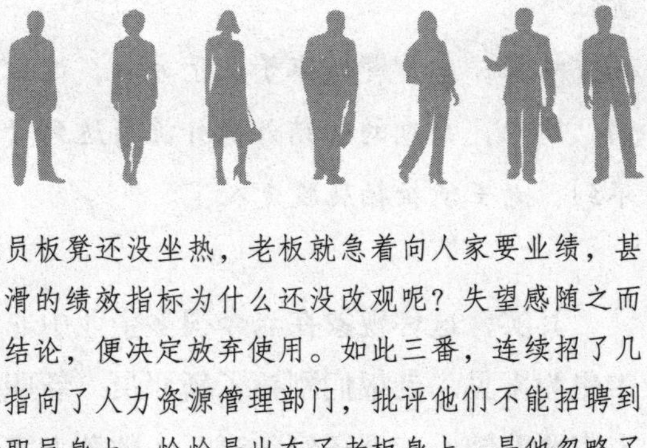

有位企业老板刚招了一名新职员，新职员板凳还没坐热，老板就急着向人家要业绩，甚至还责问：这些问题为什么还没解决呢？下滑的绩效指标为什么还没改观呢？失望感随之而来，于是乎，匆忙扔下一个“不能胜任”的结论，便决定放弃使用。如此三番，连续招了几个人，结局都是如此，于是，老板又把矛头指向了人力资源管理部门，批评他们不能招聘到能用的人才。实际上，这个问题不是出在新职员身上，恰恰是出在了老板身上，是他忽略了新入职人员都有一个过渡期，更没有对整个过渡期加以有效地管理。

4.1 绕不开的过渡期

A企业市场销售业绩连续一年来的表现都非常差，企业老板对营销总监的能力产生质疑，于是指令人资部通过猎头高薪招聘到营销总监老王。老王刚一到位，老板便急不可待地给其下达了年底前工作任务目标，要求其在一周内将该目标分解到每个月份和各部门，并制定执行方案。这样一来，老王犯难了，他觉得自己的屁股还没坐热，对整个营销队伍和市场形势还没摸清，便如此仓促地拍脑袋下达高任务目标，有些不够科学，而且很难完成。于是，老王便谨慎地谈了自己的看法，老板听后很是不悦，认为老王缺乏魄力，不够果断，坚持己见。由于初来乍到，老王也就很无奈地认同了任务目标，并签订了责任书。

结果，由于营销班子底子太薄，过往积累的问题太深，一下子很难扭转局面，所以，前期的营销效果并没有达到老板预设的阶段性目标，很快，三个月不到，老王便拍拍屁股走人了。

其实，这种现象在当今很多企业中非常常见，尤其在快速发展的民营企业中更为多见。老板们刚招了新职员，新职员到企业上班还没两天呢，就急着向人家要业绩，甚至还经常责问、数落人家：这些问题为什么还没解决呢？下滑的绩效为什么还没任何改观呢？失望感随之而来，匆忙草率地扔下一个“不能胜任”的结论，便决定放弃使用该职员。这种违反管理规律的做法，必然会导致这种情况：老板不断地招人，但同时又在不断地流失人。这还不算完，人员流失后，老板们还会把问题的根源指向人力资源管理部门，批评他们不能招聘到能用的人才，人力资源部门真是叫苦不迭。问题出在哪？很简单，不在新职员身上，也不主要在人资部门，而出在企业整个人才系统化管理方面，忽略了新员工的过渡期管理。

4.2　新员工过渡期走势特点图析

新员工入职后都有一个试用期，也可以说是应聘者和用人单位之间的进一步考查期或文化理念磨合期，这一时间段，员工离职率相对比较高，因为，供需双方仍处于进一步的双向选择过程中，管理者一定要慎重做好这一阶段的管理。一般情况下，在试用期当中，时常会有一个业绩下滑的过渡期，即新员工到一个新岗位后，会有一个适应过程，在这个过程中，有时候业绩不升反降，期限长短和下降幅度往往和新员工个人性格特征、从事业务类别、工作风格及业务能力等多重因素有较大关联。即便偶尔发现在任职后有短幅上升的表现，也是上一任业绩的惯性导致，绝不能盲目地认为是新任职员的能力表现，如图4-1所示。

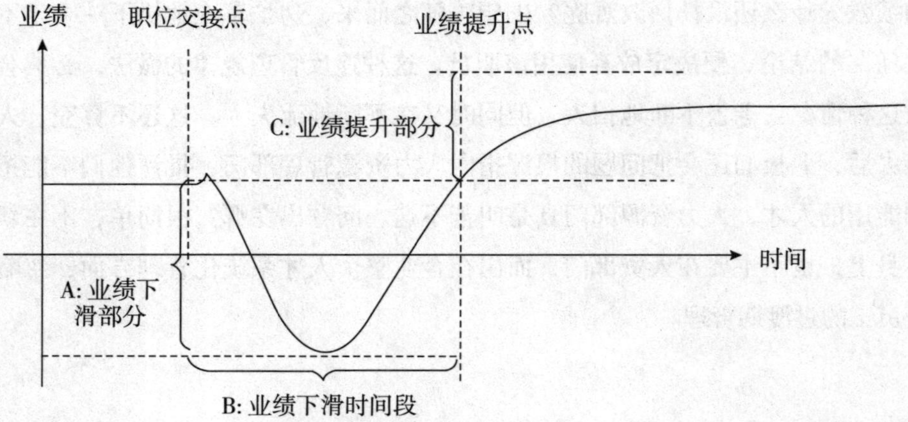

图4-1 新员工职位适应期业绩表现图

4.3 影响新员工过渡期的五个因素

影响新员工过渡期的原因基本可以概括为五个因素，如图4-2所示。

图4-2 影响新员工过渡期的五个因素图

4.3.1 个性特点

有的人性格是慢热型的，熟悉新岗位的工作情况和进入工作状态的速度较慢，但这类人很有可能在一旦熟悉了工作之后，就会以恒久的耐心持续做下去；有的人属于快热型的，能比较快地进入工作状态，但可能就三分钟热度，一时性的，反而干不长久。

4.3.2　工作方式

有的管理者基本属于按部就班、稳扎稳打，采用渐进性管理方式，态度严谨、不妄出招，瞅准问题，一旦出招，则招招制胜。这类人的工作方法往往是在入职前期，先俯下身认真观察了解情况，吃透问题，认真研究对策，然后再逐步蚕食式地去发现一处问题就解决一处问题。有的管理者的工作方式则不同，喜欢结合其自身的经验，从监督检查入手，发现问题，马上整改。甚至有的管理者到一家企业之后，把自己以往的管理方法一下子切换过来，进行颠覆式的变革，一旦问题吃不准，就一败涂地。

4.3.3　从事业务

文化管理、规范化管理和营销类职位常常属于业绩增长较慢的类型。比如文化类、管理类岗位，原本所经历企业的文化和管理状况就和新到企业有很大的差异，肯定不能简单地采用“拿来主义”，必须要先融入、熟悉新企业的环境，对其进行分析调研以发现问题，然后针对问题采取有效的对策，才能在形神两方面进行有效地管理；营销类岗位要在分析产品、研究市场前提下，逐步去开辟新市场、稳固老市场，这必然也要有一个较长的过程；而后勤事务类、技术类等等，过渡期面临的情况往往就有所不同，后勤类可能事情繁琐但相对比较简单，员工进入状态快些，技术类也会可能由于技术水平的匹配度较强而迅速进入工作状态，如水泥制造技术员从一家水泥厂到另外一家工艺水平相近的水泥厂一般就很容易进入状态。

4.3.4　基础能力

这个就很容易理解了，不同新员工有不同的业务能力、工作经验、个人悟性、学历基础，所以，往往对入职企业的工作情况掌握的速度和质量也会不同。有经验、有能力、有悟性、学习能力强的人能快速掌握工作情况，进而也能快速进入工作状态。

4.3.5 融合能力

就像生物体对外来移植器官都有排斥反应一样，一个组织体对外来人员也都有一定的排斥。这种情况下，有的人适应能力小些，抗压能力弱些，就会容易受伤或要很长时间才能适应，不能很快全身心地投入工作中；有的人却不同，到一个新组织后，懂得去积极融合、适应新环境，那么就容易得到组织的接纳。

作为企业管理者，应综合考虑上述诸因素的影响，从而科学判断人才能力和潜力，并通过有效管理，使他们尽快转化为企业所需的高绩效人才。倘若在没过磨合期的情况下，管理者就不分青红皂白地对新入职人员妄加定论，这样往往会违背客观规律，在浑然不觉中扼杀了人才。不仅会加剧人才流失，还可能让人才带着不满、懊恼离开，认为企业管理不规范，将这些负面情绪向外界散布，影响到企业社会声誉，进而影响到企业魅力指数，削弱企业对外界的吸引力。为降低这种业绩下滑幅度并减少其存在时间，关键在于加强入职过渡期的管理，促使新入职员工尽快进入工作状态，进而为企业创造效益，降低人员变动成本。

4.4 构建“过渡期”管控流程

为保证新员工尽快融入团队，快速转变为企业急需的德才兼备的优秀人才，新员工进入企业后，相关管理工作必须要有科学合理的管控流程机制来做保障，管控流程可分为三个阶段，如图4–3所示。

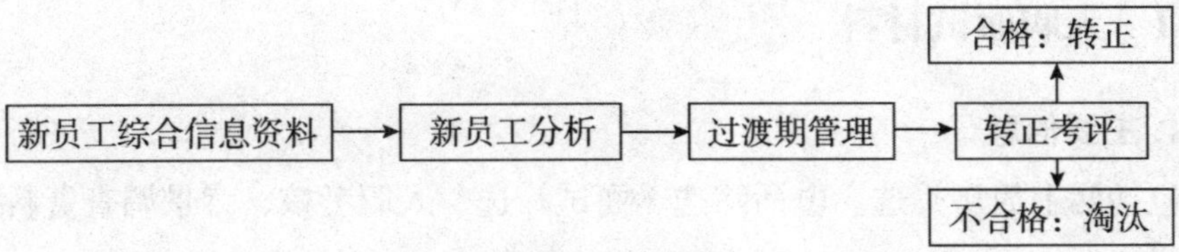

图4-3　新员工管控流程图

如上所述，过渡期管理阶段也称工作岗位试用期管理阶段，一般情况下，新员工和企业双方在招聘环节都带有较强的感性认识，进入企业后，随着双方了解的加深，一些情况可能越来越清晰，理性认识往往会随之占上风。管理者为了让新员工逐步在企业制度流程的导引下，有机地融合为企业稳定的成员，必须要从新员工入职管理做起。

基本过程：管理者综合收集、分析新员工资料，得出新员工入职点的实际基本状况，结合不同岗位需要的基本能力、组织要求，识别、确认每个新员工的个性化管理需求（优缺点），好的发扬，差的改进，然后综合制定出有针对性的过渡期管理计划并组织实施，最后进行考评，员工合格转正签约，不合格淘汰。这一阶段，管理者应密切跟踪具体落实情况，使新员工的知识、技能、理念、态度尽快和企业融合，从而尽快成为适应新岗位所需的德才兼备的优秀人才。

4.5　综合收集信息，解析新员工

个体信息输入是对新员工个体进行岗位培训需求分析过程。信息输入涉及两部分：入职面试材料和个体综合分析。

4.5.1 入职面试材料

1. 主要信息

包括网上简历筛选、电话筛选、面试筛选、入职考核、背景调查资料和初步测试，根据这些过程所产生的记录证据进行分析，如入职简历表（基本信息）和面试评价表（如表4-1所示）等，其中面试时人资部门和专业部门的面试评价分析表以及入职时的综合测评成绩最为关键。

表4-1 面试评价表

考查目的	考查项目	行为要点记录	评 分				
团队文化适应性	团队合作		5	4	3	2	1
	创造性/创新性		5	4	3	2	1
	独立工作能力		5	4	3	2	1
	学习能力		5	4	3	2	1
教育背景与素质	教育背景		5	4	3	2	1
	计算机/外语能力		5	4	3	2	1
	沟通能力		5	4	3	2	1
	应聘意向强烈程度		5	4	3	2	1
专业水平	专业知识		5	4	3	2	1
	专业技能		5	4	3	2	1
	专业经验		5	4	3	2	1
	专业业绩		5	4	3	2	1
注：请按照能力高低依次打分，5分为最高水平，1分为最低水平							
总体印象：							
HR面试意见	□ 推荐用人部门录用　□ 作为储备　□ 不合格						
用人部门面试意见	□确定录用　□ 作为储备　□ 不合格						
面试人签字		日期					

2. 相关入职评价信息

如当面试管理阶层使用了无领导小组讨论、现场情景模拟以及路演实战等考评方法时，这些过程的评价结果可能更有价值。比如，某企业在招聘营销主管时，就设计了一个营销课题，让几个应聘者单独在密闭的空间一起针对这一课题进行头脑风暴，合作产生一方案，全程有摄像录音监视跟踪，面试官从他们的言谈举止和谈问题的见地作为选择合适人才的依据。在此基础上，还可以进一步来了解他们将方案落地的能力，比如让他们根据讨论内容设计出具体的策划文案，再让他们根据策划案尝试着组织落实。

3. 岗位能力素质胜任模型和岗位说明书

岗位素质模型，重点说明胜任某一岗位应具备的素质，以及每项素质的权重和具体标准说明。岗位说明书是关于企业期望员工应该做些什么、应该怎么做和在什么样的情况下履行职责的总汇。下面是某企业人力资源部经理在任职资格基本要求情况，如表4–2所示。

表4–2　某企业人力资源经理任职资格要求一览表

项目	情况描述
教育水平	大学本科以上
专业	管理相关专业
培训经历	人力资源管理培训
经验	5年以上工作经验，3年以上管理经验，在部门经理岗位上工作1年以上
知识	精通人力资源管理知识，掌握行政管理、法律等知识
技能技巧	熟练使用自动化办公软件，具备基本的网络知识，具备一定的英语应用能力
个人素质	具有很强的领导能力、判断与决策能力、人际能力、沟通能力、影响力、计划与执行能力

4.5.2　个体综合分析

对照素质模型和岗位说明书要求，分析每一位员工身上存在的差距，并列出问题顺序，其中差距最大的那一项，就是我们尤其应该给予关注并第一时间进行改善的地方。

了解员工本身的优势和薄弱环节，包括个性特质、素养、组织文化适应性和了解企业的兴趣点等情况，重点匹配过渡期容易受影响的因素。对新员工进行二次分析，分析结果要形成清单，清单中除一般性说明外，主要描述每个员工的职业化水平差距，编制新员工情况一览表，里面涉及“四看”，如图4–4所示。新员工一览表应重点记录需要改进的地方，这也是下一步岗前训练中需要关注的重点。

“四看”		
	看工作技能	主要看做事是否内行，知识是否丰富，技能好不好
	看工作形象	主要看员工的素质与这一行所要求的基本素质是否相符，行事作风合不合乎此行的规矩
	看工作态度	主要看做事情的时候是否认真，凡事力求完美就是好的工作态度
	看工作道德	主要看是否具有良好的团队协作精神和职业道德品性

图4-4 “四看”判断新员工综合素养

4.6 岗前训练是新员工正式上岗的前提

有人认为：“工作潜力大的员工不用安排岗前培训，让他们直接上岗边工作边培训就可以了，这样可以让企业少些薪酬和培训方面的成本，早些得到收益。”其实，这种认识是极其错误的。下面是某家企业在面试一位企管部负责人时双方的一段对话。

面试官：“你在上一家企业为什么待了不到两个月就离开了？”

应聘者：“我做了很多工作，不知道他们是怎么想的。”

面试官：“做了些什么？”

应聘者：“我用了20天时间，完成了对这家企业所有制度流程的修订完善。”

面试官：“你了解这家企业吗？”

应聘者：“不太了解，面试时，老板提到企业管理制度不健全，让我入职后第一时间做这个。”

面试官：“你具体怎么做的？”

应聘者：“我带了一些规范企业的文件范本过去，然后在原来文件的基础上做了些调整。”

面试官：“后来效果怎么样？”

应聘者：“我认为不错，领导也都签字了，但执行层认为所定文件没法操作，后来就不执行了，又回到原来的老路上了。”

不管应聘者职位高低，以往工作经历多么丰富、显赫……只要是新入职或是转岗员工，都要进一步学习，时间长短因人而异。否则，就没法卓有成效地开展工作，并让企业对其能力产生误判，导致人才流失。

有人调查，40%潜力大的员工在企业工作的第一年并不顺利，人际关系不顺畅，不适应新环境，而且由于其缺乏对企业的了解导致实际工作能力不能得到高效发挥，对企业文化传统不认同，甚至对抗。问题在哪儿？根本原因就是企业没有进行卓有成效的岗前训练。具体岗前训练结构如图4-5所示。

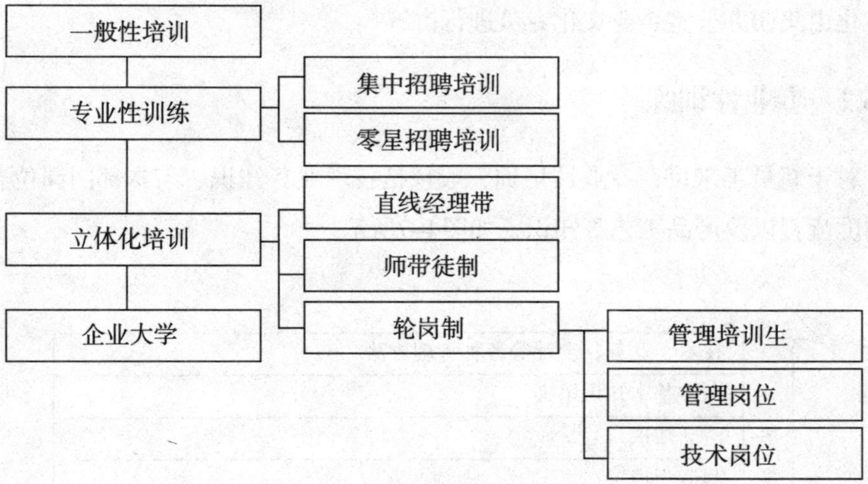

图4-5　岗前训练结构图

4.6.1　一般性培训

对于新员工来讲，一般性培训不仅包括对组织使命、愿景和经营方向的完整了解，还包括对决策制定时所依据的价值观、法律法规适用的领域及相关管理文化系统化的详细了解。一般情况下，培训内容如图4-6所示。

一般性培训	
一般性培训	公司历史、传统与基本发展方针、目标，公司风气、理念与价值观，本行业现状与公司市场地位
	就业规则、员工薪酬与晋升制度
	劳动合同、培训协议
	安全、卫生、福利与社会保险制度
	公司利益与员工行为规范（保密制度）
	企业组织结构与相关治理制度
	其他方面

图4–6　员工岗前培训一般性内容

因为一般性培训的内容基本属于每位员工都应掌握的知识，为保障培训的一致性和效率，一般采用集中培训的方式进行，有些企业借助企业大学、培训中心等机构来做文化宣传，开展培训。担任这些培训的老师一般都是企业职能部门的管理人员，比如劳动合同由人力资源部门的劳动关系专员讲解，企业文化由集团办公室企业文化专员进行讲解。

4.6.2　专业性训练

对于新员工来讲，专业性培训一般包括技术业务知识、与本部门岗位相关的制度流程以及产品工艺等知识，如图4–7所示。

专业性培训	
专业性培训	技术、业务、会计等各种管理方法
	岗位基本知识培训
	产品知识
	制造与销售
	采购知识
	与本部门相关的制度流程
	企业各种角色定位，以及风险承担与各种工作配合要求
	了解公司在能力和行为上对员工所提出的期望
	其他方面

图4–7　员工专业培训内容图

具体培训方式可以根据实际情况灵活调整，比如可以采用下列两种方式：集中招聘培训的方式和零星招聘培训的方式。

1. 集中招聘培训

如果一次性招聘人员数量较多时，报到的新员工人员规模较大，可以采用集中培训的方式；如果专业类别不同，那就针对不同专业进行分层训练。

某旅游企业为开业前做人员配置准备，在人才交流会上一次性招聘了10名保安，8名导游，7名检票工，20名保洁和10名大巴车司机。招聘到位后，首先是集中进行一般性培训，培训了一周后，开始进行专业知识方面的训练，这种专业训练内容要根据所在岗位的不同而不同，因此根据需要讲课的内容进行分岗位集中培训，比如要讲产品知识时，可能要大家都聚集在一起统一集中培训，但如果要讲到具体岗位基本知识时，就要进行分岗位集中培训了。通过这样的统一集中和分岗位集中相结合的培训的方式，让每个新入职员工都符合其岗位要求并按时上岗。

采用这种方式进行培训，方便、快捷、高效、有的放矢，能保障每个员工都能掌握到自己应掌握的岗前知识、技能，从而让每位员工为正式上岗做足准备。

2. 零星招聘培训

有的企业错误认为，平时新员工零星入职就不要对他们进行培训了，挺麻烦的，直接让他们上岗边工作边学习就是了，尤其对那些关键的中高层岗位，让他们每天带薪培训个不停，简直就是一种浪费，这种想法就是错误的。正如前面所说，任何人在入职前都必须进行适度地岗前培训，即便采用单体培训，一个也不能放过，并要留下详细的培训记录。

某企业的一个车间里的一位新员工由于家里有事最近一段时间不能来单位上班，由于平时没有储备这样的人员，就临时招聘了一个岗位工来接替该新员工的工作，不幸的事情发生了：该员工上岗还不到一个月，便由于操作不当引发了严重的工伤事故，当地安全管理机构对该企业事故进行调查时，发现该企业根本就没有对该员工进行必要的岗前安全操作培训，也没有按法规要求对其进行三级安全培训，更不用提有相关的培训考评记录了。问起原因，企业的理由是，对这些零星招聘岗位，再按程序进行这么复杂地培训，太费劲，没必要，更何况这么多年都没有出过事。但这次就真出事了，企业只能认倒霉了。

这种“侥幸”思想貌似在给企业节约成本，实际上，一旦发生问题，对员工、企业甚至对社会造成的影响都是无法估量的。因此，对新入职人员，哪怕是一个人，在其上岗前也都必须按要求进行培训，之后还要进行考评，合格后才能上岗工作，否则一旦出现问题，不仅员工痛苦，企业也受损失，更关键的是企业还要承担相应的法律责任。

4.6.3 立体化培训

另外，在专业化训练时，因为每个企业的专业岗位类别比较多，受训新员工相对较少，属于分层培训的范畴，采用的形式也就比较灵活。一般采用集中训练和单体训练的方式进行。

1. 直线经理带

管理者要营造一种“育人”的大环境，要求每个新员工的上司不仅要担当起辨才识人的“伯乐”角色，更要承担起育人责任，要让每位管理者都能认清自己的角色定位：从“考官”转变成“教练”。

新入职场的员工要逐步实现阶梯型成长和进步，一般应有个老师来带，这个至关重要。谁来带比较合适呢？一般来说，直线上级或直线经理带更容易让他们有比较快的成长进步，因为新员工每天都在直线主管或直线经理的眼皮底下，他们对新员工的思想动态、学习情况、工作技能以及存在的问题都非常清楚，因此，懂得如何对症施治，有的放矢地与新员工进行沟通交流，辅导更易切中要害，更易产生效果。

2. 师带徒制

由职业经验比较丰富的员工来担任师傅。某企业建立有内训师队伍，将企业的日常业务分割成若干个模块，而在每个模块方面都有自己顶尖的业务精英，再将他们训练成每个模块的内训师，由他们担当起企业内部新员工的培训任务。由优秀的业务高手来训练新员工更能让他们迅速成长。

无论是师带徒方式，还是直线经理带下属，这两种方式可以一对一，同样也可以一对多，直线经理和师傅可以采用沟通、指导等方式帮助新员工了解自身定位、工作流程和工作方面存在的问题，使其在具备相应知识、技能、经验的基础上，加深对企业的了解，使其能尽快投入企业的工作当中。

3. 轮岗制

管理培训生。管理培训生岗位一般用在一些大企业自主培养中高层管理人员的人才储备计划。通常是新员工先在企业各个不同部门实习，一般为一到两年，当了解整个企业运作流程后，再根据其个人专长和喜好进行安排，最后通常可以胜任中高层管理人员或分企业的负责人。

小靳是复旦大学企业管理专业的一名应届毕业生，毕业后应聘到一家企业工作，企业给他的岗位就是管理培训生，要求其依次在销售部工作3个月，生产部工作6个月，技术质检部工作5个月，采购部工作3个月，行政管理部工作3个月……这个时间安排不是绝对的，可根据在这些部门的工作情况的考评适度缩短或延长时间，当按轮岗计划流程完成轮岗后，再根据其表现进行综合评定，最后结合其自身情况将其定位到生产部经理助理岗位上，结果一上岗就很快上手，进步很快。

通过这种方式，可以让应聘者系统掌握企业整体运营情况，更有助于企业复合型人才的挖掘和培养。

管理岗位。也可以在试用期阶段进行轮岗，主要在求职目标岗位的上下游岗位进行轮岗学习，通过轮岗学习实践，可充分了解岗位上下游的工作流程和其中存在的问题，为之后自己顺利入职和担当任务打下基础。

小肖被录用为某企业采购部经理，入职企业后，企业并没立即安排其到采购部经理岗位上工作，而是先安排其到经常和采购部门打交道的生产部门进行学习，了解生产过程材料需求情况，然后再到技术部门学习每种材料的技术标准要求，最后再到质量检验部门学习如何来判定原材料的质量好坏。经过这样一轮岗位学习后，小肖才正式到采购部经理岗位上工作，工作整体比较顺手。

上岗之后再去学习相关联岗位的业务往往会显得力不从心，会影响之后工作的顺利开展甚至岗位威信的建立，将工作中可能遇到的问题消除在学习中而非工作中是比较明智的做法，这样企业成本会比较低。

技术岗位。必须要进行轮岗培训，比如技术部新聘的工艺员，在正式上岗之前最好到各个车间工序进行轮岗学习，对车间工艺有基本了解之后再正式到技术部门工作就会很顺手。

技术岗位轮岗比管理岗位轮岗还重要，一般情况下，技术中前后的工序都存在密切的关联，出现的技术问题往往需从相关工序上找答案。比如方便面袋子印刷厂，工序一般分为彩印——复合——分切——制袋四道工序。复合工序的工艺师，在处理“复合不牢/容易撕裂”的质量问题时，很有可能是印刷工序中“色墨附着力不够”问题导致的，如果复合车间的工艺师根本不清楚印刷工序和复合工序质量因果关联问题，就很难发现并解决复合工序不当所引起的复合不牢的质量问题。由此可见，技术工更应重视关联性岗位的轮岗学习。

4.6.4 企业大学

一位卓越的领导人在职业生涯发展中往往会得到很多顾问、导师、专项教导员和引导人的帮助。组织中的新员工，作为一名职场菜鸟，更需要这样一些人“集众智”来辅导他们分析工作当中遇到的一些困难问题，帮助他们解决或指明方向。

企业大学或培训中心是当下一些比较有实力并注重员工学习的企业常采用的一种人才培养方法，他们有和自己企业关联非常紧密的培训团队，由各方面的精英人才来担任讲师，通过他们周期性地对学员进行指导，使其快速融入企业文化，在知识、技能、经验、工作方法、思想素养等各方面得以提高。

他们的任务包括：帮助学员熟悉企业环境、文化、规章制度、部门职能，引导学员按流程操作；根据学员情况实施技术辅导，指导正确的工作方法，解难释疑，保证创造性地开展工作；关注学员思想动态，引导学员理解、认同企业文化并融入团队；协助学员规划内部职涯发展道路等。

为达成上述任务，组织者还要整理、提炼相关的知识、经验和技能，有针对性地制定、落实指导计划，与学员共同解决计划实施中存在的各种问题。

万科和华为两个大企业都不惜巨资筹建自己的企业大学或培训中心，对新员工进行连续数月的岗前培训，主要针对企业愿景、宗旨、价值观和发展历史、团队精神、企业基本管理制度和专业知识技能等方面的培训。他们认为，这是让新入职员工掌握岗位业务技能和理解企业的最佳途径，是统一员工思想、统一方向和统一行动的最好做法。通过这一系统性的管理举措，使企业员工在踏上工作岗位之前，能非常清楚企业的基本情况，也都能够自然而然地融入到工作团队当中来。

企业大学提供的是一种培训流程和培训环境，它将员工学习和组织战略紧密联系在一起，进而形成学习型组织。员工、客户和供应商等都可以通过参与企业大学的学习来改善工作业绩和提高企业影响力。

4.7　新员工教育是文化融合的首道关口

小王为了得到更多的就业机会，在大学期间，非常勤奋地考了很多证书。

原以为有了这些证书就业就会有保障，没想到的是，毕业后找工作时，他才知道用人单位似乎都不太认可这些证，只能降低求职标准，随便找了个自己并不喜欢的工作，心想先混个工作经历，再出去找更好的。就这样，干着自己不想干的工作，一天到晚难受得要命，想到自己一个堂堂大学生，沦落到如此地步，心里便感到发酸。在这种状态下，小王干了几个月，也没干出个样子，经常受到上级的批评。小王并没有正视自身的问题，还心生不满，便又离职再去找工作。没想到的是，由于职业经历不匹配问题，小王屡次碰壁，在半年内找了十多份工作，但一直没找到合适的。他感到很迷茫，不知道自己究竟该干些什么。

本案例中，应聘者小王对自身缺乏明确定位，就业心态不成熟、不端正，工作不专注，找工作跟着感觉走，目的不明确，将工作当成跳板跳来跳去，导致恶性循环，行为表现往往让企业极度失望。

对于那些新入职者，存有下列心理者居多：一是不愿俯下身踏实工作，自我感觉良好，就想拿高薪干轻活，这山望着那山高，一有机会就开溜，让企业失望；二是不能正确对待批评，人际关系不和谐，适应和抗压能力差，爱抱怨，未融进企业中来，纯粹把自己当成“游客”。作为企业，为避免新员工不稳定，应对其进行分类，并针对不同类型的员工开展不同的管理活动，如图4–8所示。

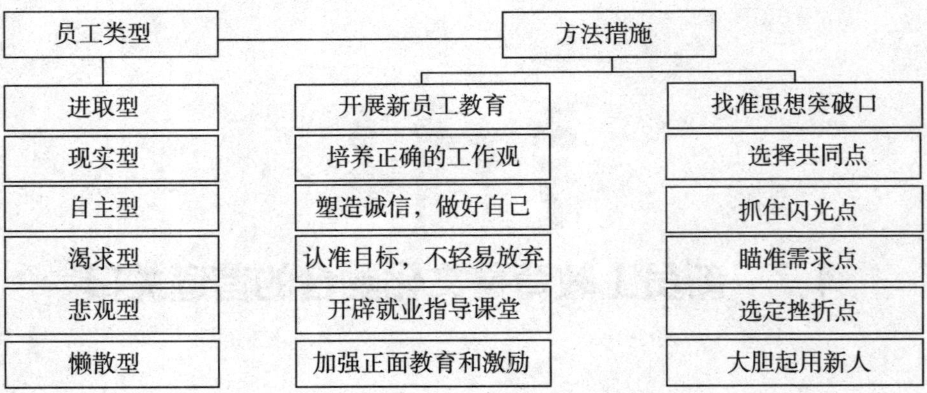

图4–8 新员工类型及管理方法措施

作为企业人力资源部门，应结合用人部门，定期对企业的员工进行评价对比，根据此前新员工分析结果的资料清单进行上述类型分类，分类完毕后，再基于企业实际情况进行有效地指导。

4.7.1　开展新员工教育，培养正确的工作观

成功=态度+能力+机会，要干成一件事，这三个要素一个不能缺。管理者应时刻帮助员工树立正确的工作观念。让每位员工都清楚：能不能做好工作，外因并不占主导作用，关键还在于自己，在于自己是否具有积极进取的观念，是否有能力抓住机会。

Y企业为了持续给企业员工在精神上鼓足干劲，让大家培养正确的工作观念，时刻保持足够的干劲往前冲。老板每周二都要用两个小时的时间给全体员工上一堂文化理念课程，风雨无阻。该老板时刻掌握员工的思想动态，并将近期员工在工作中的积极进取和消极悲观的表现情况进行剖析、诊断，然后形成课程，站在老板的角度和大家沟通交流，让有不良思想动态的人能马上收敛并找到自己的发展坐标。这样一来，整个企业一直保持充满激情、活力和干劲的创业氛围，业绩不停地往上蹿。与此同时，每个骨干都非常优秀，几年后，都逐步成长为企业的中高层管理人员，成为企业发展的顶梁柱。

外因条件再好，若内因不发挥作用，依然是白费。同样，即便外因很糟糕，如自己拥有改造这些糟糕外因的能力和心态，也同样能够让自己变被动为主动，让劣势成为优势，最终使自己成功。

4.7.2　塑造诚信，做好自己

诚信教育是第一教育，脱离了这个本元，其他方面有再多价值，也没有丝毫作用。有些企业中的年轻员工，缺乏正确的思想观念，缺乏担当，唯利是图，当涉及自身利益时，总喜欢讨价还价，一旦工作中出现问题，从来没有检讨自身原因，更没想过为自己的诚信买单。

小郭是C企业的司机，入职一年来总体表现尚可。有一次和家人闹矛盾，一气之下，便打电话给部门领导说不想干了，态度很坚决，甚至第二天就去办理手续。考虑到小郭以往的表现，部门领导想加以挽留，但对方依然很坚定，一再说自己“认真考虑过了”。无奈，部门领导就同意了，并向上级领导报告了这一情况，同时抓紧时间招聘，避免影响到正常工作。就在新司机报到的同一天，小郭突然打来电话，说自己不想辞职了。部门领导说：“企业不是旅店，不是家，每个人都要为自己说的话负责，为自己做的事买单，承担起自己应承担的责任。即便在你决定要离开企业的那一天，也要按照规则进行。”

家庭中，感性大于理性；工作中，理性大于感性。家里可说的话，工作中就不能乱说。企业规定离职人员须提前一个月提出离职申请，就应遵章执行。而小郭这种“说走就走”的离职方式，实不可取。即便自己对企业有意见，也一定要分清“职场”和“家庭”关系，家庭是私，职场为公，公私一定要分明。

新员工一旦被企业相中并签订了合约，就一定要秉持良好的职业品质，扎实履行本职工作，不能我行我素，把企业当旅社，来去自由，即便有“良禽择木而栖”的想法，也要按企业政策行事。千万不要看到别人工作单位好或薪水高，就放弃现在的工作。

4.7.3 认准目标，不轻言放弃

小周从名校毕业，对自己未来充满信心，并立志一定要在自己的专业财务管理领域有一番作为，所以在大学期间就一直为这个职业目标做准备，广泛涉猎有关财务方面的书籍及相关的法律法规。在校寒暑假期间，为获得更多的实战经验，小周到一些会计师事务所做一些与财务相关的实习工作，积累了丰富的实战经验。凭借名校学历和在校实践经历，他毕业后顺利进入一家当地知名上市企业工作，并在两年内获得了注册会计师证书。小周良好的业绩表现深得企业领导赏识，在不到五年的时间内便被提拔为财务部副部长职位，又在该企

业工作两年后，被另外一家知名企业相中，被高薪聘用后担任该企业财务总监职位。

新员工做事情要认准目标，持之以恒，一定要相信自己，既然选择了，就不要轻言放弃，就一定要做好。当真正铆足了劲并最终发现目标选择是错误的时候再放弃。

有些应聘者工作几年下来，成了换工作“专业户”，每个工作都浅尝辄止，体会不深，很不专业，搞得自己极度疲惫，在社会上走了很多弯路，让自己越来越贬值，越来越没市场。

在职场上，一定要坚持“换行不换业”的原则，唯有如此，才能让你的每一个动作、想法、经历都不脱离你的职场主目标线，这样，才能让你的能力变得越来越强大，成功便会离你越来越近。

4.7.4 开辟就业指导课堂

对于年轻的应聘者来讲，刚进入社会，很多职场上的规矩不太懂。这种情况下，作为企业，一定要设立专业课堂，为员工补一补“步入社会，踏上工作岗位”这一课。必要时，还可以请一些优秀的职业发展导师和一些成功人士来校讲课，让新员工从身体到心理两方面都实现快速过渡。

那么在这个课堂上究竟要讲些什么呢？我们一起来看一看下面一则案例。

电视上播放的一些求职类节目中，老板们在招聘面试提问环节提出的问题和给出的建议很值得新入职者借鉴，具有一定的代表性。建议可以找时间聆听一下现场应聘者对主持人和在座老板所提问题的回答情况，然后针对这些问题自己尝试着做一下回答，最后依照老板对求职选手回答问题的点评情况，自我评析一下自己回答这些问题的差距，并进行自我改善。同时可以借此机会了解一些现在企业对应聘者的基本素质要求，对比自身评价一下自己是否具备。他山之石，可以攻玉。别人的经验教训，通过学习，同样可以让自己变得优秀起来，使自己成为职场无敌手。

如上所述，就业课堂必须要能帮助即将入职的新员工来不断分析自己、认清自己、找出个人优势、劣势，建立良好的职业心态，同时规划好自己，并据此做好相应的入职准备工作。

4.7.5 加强正面教育和激励

对于新入职员工，一定要以正面教育、激励为主，不要给员工“下马威”，高高在上会让新员工感到一种巨大的压迫力量，让他们感到不自在。相反，要想法消除对方在陌生环境中的警戒心理，使他们快速融入团队中，并与同事打成一片。

国外出版过一本叫《一分钟经理人》的书，书里谈到经理人应学会“一分钟目标”、“一分钟称赞”、“一分钟批评”。这三个简单实用的秘诀告诉我们：目标须明确具体，奖惩须及时到位。正如作者所言，人们总是愿意重复那些为自己带来赞扬的动作，没有谁愿意被人从人格上彻底否定。日常工作管理的关键在于：确立明确的目标，再通过表扬与批评相结合的方式来稳定执行者的行为方式，从而使其行为变得更加符合预期，更加值得信赖。

优秀的管理者，总能够根据入职者的特点和要求，满足其合理的物质和精神需要，为他们创造良好的成长环境和心理氛围，以此把新员工的积极性引导到本职工作的轨道上来。具体地讲，就是管理者在思想品德上要关心员工进步，在生活上关心他们遇到的困难，让他们能感受到组织的温暖。

4.7.6 找准思想突破口，选择共同点

寻求共同关切的话题，这是沟通思想工作的一个前提条件，而共同关切话题当中彼此间认同的话题又是开启思想工作的钥匙，从这进入，往往可以打开入职者封闭已久的心门，收到意想不到的良效。

小王是一个在单亲家庭长大的小伙子，性格孤僻内向，一直以来缺少关心缺少爱，后来参加工作，做事踏实认真，但缺乏激情和活力，平时喜欢独处，闲暇时唯一的爱好就是看书，不愿和人沟通交流，不愿参加团队活动，生活很封闭。了解这一情况后，分管领导想通过组织的力量来改变这一情况。找了个时间，这位领导将小王找来谈话，一开始就从其喜欢看的某本书开始，寻求彼此认同的书中所述的“狼群文化——团队协作的力量”这个观点来谈，小王一听到这一话题，马上眼里放出了光芒，并从自我认知的角度谈自己的观点，慢慢地引申到团队生活中，一直谈到每个人都要为团队奉献才能达到“众人拾柴火焰高”的效果。通过这一番谈话，小王从思想认识上已经接受了这个团队，也产生了积极参与团队生活的想法。之后没几天，恰逢小王过生日，这位领导又领着团队成员为小王举办了一个小型生日会，把小王感动得热泪盈眶。他长这么大，还没有人为他过过一个像样的生日呢，这还是头一回。从这天起，小王像变了一个人似的，团队活动总是积极参与，也喜欢与人打交道了。

思想是管理沟通的桥梁，目标是连接思想行为的纽带。管理者和新员工在思想和目标追求上有着共同利益和共同关心的话题，管理者在做新员工的思想工作时，如能找准了思想和目标上的一致点，进行正确引导，就能增强整个组织凝聚力，进而形成团结奋进、改革创新的局面。

4.7.7　抓住闪光点

当员工有闪光点闪现的时候，管理者一定要紧紧抓住，并及时、准确予以表扬，这样，就能有效消除员工的自卑感，激发其自身蕴藏的进取心。

某企业强调“走动式管理”，要求所有中、高层管理人员要经常到基层一线岗位上去了解情况，近距离观察员工的具体工作表现，收集第一手信息资料，及时发现他们实际操作中的一些问题，对表现好的，及时给予表扬和鼓励；对表现不良的，及时给予批评指正。在这个过程中，要多表扬、鼓励，让他们切身感受到管理者不仅是他们的上级，同时也还是和他们在一个战壕里的战友、同志和兄弟，通过实际行动让他们感受到企业营造的“家文化”。通过这一活动的开展，企业全员上至总经理，下至保洁工，变得更加团结、高效。

马斯洛的需求层次理论中的第四层次为尊重的需要，即人都有被尊重、被肯定的需要。管理者应紧紧抓住这一需求点，并及时给予适当地满足，这样员工才会爱自己的企业、爱自己的岗位和工作，从而不断创造，使顾客满意，同时也满足企业需求。

4.7.8 瞄准需求点

管理者应针对员工需求做工作，把思想方面和实际工作中的问题结合起来解决，如可根据新员工活泼好动的特点，开展一些文体活动，借此增强集体观念，激发其工作热情。对家境困难的员工，要想法帮助他们解决生活中的困难，使他们安心工作；同时通过德、能、勤、绩等全面考核，对优秀员工进行表扬和奖励，激发其爱岗敬业精神。

有家企业老板在很多方面都很抠门，但在员工文化生活方面显得很大方。企业规定：每月份集中组织开展一次员工生日会活动，将凡是生日在这月的员工组织起来一起开个生日聚会，为员工买生日蛋糕和生日礼物，让他们在这一天尽情地玩乐；为解决员工生活枯燥的问题，企业每周六晚上在礼堂为员工演一场电影，让不能回家的员工能看看电影；每季度为员工举办一次唱歌比赛；春秋两季分别开展一次外出旅游活动，并分别组织一次体育比赛活动；中秋节和元旦分别组织一次庆中秋和元旦的文艺汇演；元宵节还开展一次猜灯谜活动；每季度在全企业范围内组织一次知识竞赛活动；每季度组织开展一次为家庭困难员工送温暖活动……

这样一来，员工的生活一下子丰富多彩起来，上班时间为工作忙碌，闲暇时间为娱乐活动忙碌，到处充满了正能量。整个团队忙并快乐着，以前经常看到的那种打架斗殴、无事生非的现象也极少发生了。

4.7.9　选准挫折点

当某些员工在工作岗位上受到挫折后，企业要具体情况具体分析，并进行善意劝导，促使其向积极的方面转变，挫折进而成为前进的动力。

一家企业最近招聘来两个管理培训生，管理者发现那两个管理培训生到工作岗位上之后，有些在岗员工不配合他们的工作，尤其在他们向一些老员工了解企业概况时，他们总是爱理不理地给人家脸色看，搞得人家不知道自己做错了什么，诚惶诚恐、无所适从。管理者后来才知道，原来那些老员工都害怕这两位新员工进来后抢了他们的饭碗，于是大家都极力疏远他们，给他们制造一些问题和事端，让他们工作不舒服，使之最后忍受不了而选择逃离，从而提升自己岗位的安全系数。

对于新入职员工，刚到一家企业，人生地不熟，加上企业中存在的小团体或多或少的排异性，前期肯定会遭遇一些挫折和压力。对于抗压能力较弱的员工来讲，可能还会产生一些退缩想法。这种情况下，管理者一定要充分发挥组织优势，适当加以交流和引导，帮助他们排除前行当中的阻碍，让他们逐步变阻力、压力为前进的动力。

4.7.10　大胆起用新人

小周是企业刚入职的新人，竞争的是西北市场的经理这一岗位，其任务是开发西北这一区域的市场。他入职三个月了，一直由一名经理带领着在南方市场跑销售。尽管他在南方市场有较出色的表现，但凭借他这么一点营销经验，大家还是担心他不能将西北市场工作做到位，都提出了各种各样的质疑或看法。小周看到大家对自己如此不信任，尽管自己踌躇满志，意气风发，想一展才华，但总感到无可奈何，也不好意思为自己解释什么。在这种情况下，营销副总经理力排众议，非常肯定小周的能力，大胆提出让小周正式挂帅出征西北，去开发那边的市场。果不其然，小周主动出击，大胆开拓，提出各种新想法、新思路，很快便在西北市场打开局面，得到领导的高度赞赏。

按“用人不疑”的原则，大胆起用年轻人。每个员工都有上进心，青年员工尤其如此，作为管理者，应该掌握青年员工的思想状况，了解他们在想什么，从而把他们的思想引导到正确的轨道上来。要为青年员工创造条件，鼓励他们奋发学习不断成长，营造“比、学、赶、超”的学习氛围，塑造爱岗敬业的典型，发挥优秀青年员工的示范带头作用。

4.8 及时考评转正以激发员工干劲

三个小伙子毕业后同时应聘到某个企业，分别签订了三年的劳动合同。在试用期三个月当中，三个人表现各有不同，但相同的是他们都离职了，情况是这样的。

小王态度诚恳，表现积极，岗前训练很是认真，很快掌握了岗位应知应会的内容，刚过一个月，便提出转正，但单位以不到一个月为由没有同意其转正申请。

小张在学校学习成绩不错，连续几年拿了奖学金，但到单位工作后发现工作环境和校园环境完全不同，于是，学习态度发生了很大变化，很是厌倦自己的工作。企业也没有细致了解这种情况，简单认为小张态度不端正。于是两个月不到，小张便离职回校园读研去了。

小李家庭条件不是很好，禀赋不是很聪慧，但很是吃苦，做事踏实，平时也很配合相关部门的工作。部门主管比较认同小李的工作精神，但就是不太认同其工作能力，于是过了6个月也没有批准其转正。

从这家企业新员工考评转正这件事上来看，企业总体上运作得不够规范，也正是这种不规范才导致企业流失了三名员工。

4.8.1　遵守法律是底线

在企业人才管理过程中，一个最基本的要求就是遵守国家法律、法规要求。按照国家法律规定，劳动合同一年以内，试用期一个月；劳动合同一至三年，试用期二个月；三年以上劳动合同，试用期最长不能超过六个月。一般情况下，企业都会在试用期内，对员工进行岗前训练并进行岗前考评。本案例中，小李干了六个月都没有转正显然是不太合乎要求的，企业领导一定要了解一些人力资源管理相关方面的法律法规知识。

4.8.2　站在员工的角度思考问题

企业要节约成本，有很多可着手的节约点，不要死死盯着员工挑他们的错，那样做的结果只有一条，就是伤员工的心，并且，所获得的那一点点微不足道的“金钱”完全弥补不了员工“伤心”所导致的巨大成本，在这成本当中，更包含了员工伤心的负面辐射影响而造成的巨大代价。作为企业来讲，一定要站在员工的角度来思考问题，比如，刚入职的员工之所以那么努力地表现，就是为了尽快得到企业的认可，符合企业转正的要求，让自己尽快转正。有的企业则采用一些拖延手段让合格员工不能按时转正，这不仅会让员工心里不舒服，还会导致企业形象受损。

4.8.3　正向考评激励：企业应遵循的原则

1. 制度保障让人心安

一般情况下，企业人事管理制度方面都要做明确规定，即经过试用期后，是否适合企业需要，要进行一次综合考评，来进一步验证过渡期管理效果，合格员工转正，不合格员工淘汰。为激发新员工的学习热情，使得一次性考评合格率均达标，建议以制度流程的形式将其固化下来，比如编制试用期转正制度，让大家了解到转正考核的大纲内容、标准和具体考核方式方法，并严格按照制度进行公开、公平、公正的考评，让真正合格的员工转正。

2. 延期考评转正，让人心寒

有的企业为了眼前的蝇头小利，在员工试用超过法定期限，员工反复提出转正要求后，却仍提出种种理由（比如太忙，再观察观察，感觉不太符合企业要求）延迟转正，让员工大失所望，甚至愤然离去。结果企业可能会因此失去了一位人才，甚至还要投入更大的成本去招聘、培训新员工，而之后的企业声誉所造成的隐形成本却也没人去认真计算，形成恶性循环，常常导致企业招聘工作陷入僵局。

3. 激励性考评

一般情况下，新员工到新岗位后，都希望尽快得到企业的认可并迅速转正，这是有上进心的员工的常态心理。因此，建议每个企业都要通过制度来鼓励这种行为，如规定新员工在试用期表现优异的话，可以提前给予转正。

某一新员工根据法规要求试用期有三个月，并在合同中进行了约定。那么企业就可以在每个月对其进行一次评估，如发现新员工在进入工作岗位不久，就展现出了超出预期的出色表现，很快能胜任工作，那么，企业完全可以提前为该员工办理转正手续。这样做，可以充分激发新员工的干劲，使其更加努力去熟悉工作岗位情况。切不可非要死板地等到约定的试用期过完之后再考虑转正，这样会打击大家在试用期的成长和进步的积极性。

争先恐后是一种上进表现，企业千万不可无意识中将这种现象给抹杀掉，相反，还要积极地通过制度去顺应、激发这种现象，让企业整个团队都生机勃勃。

4.9　为过渡期保驾护航

试用期员工进入企业后，绝对不是说简单地走一下流程就能解决所有的问题，辅助这个流程的管理者还要充分发挥自身能动性，才能使得这个流程落实得更加高效完美。这里有三个关键点需要管理者多加关注。

4.9.1　谈心：适应新环境

美国家庭与工作协会在全国范围内访问了有代表性的400名员工，调查他们在决定接受当前工作的决策中，什么因素最重要？并发布了一篇名为《2007年工作环境改善情况全民调查》的调查报告，其结果显示，前三大原因分别为公开的沟通（65%的受访者认为非常重要），平衡工作与生活（60%的受访者认为非常重要）和这是份非常有意义的工作（59%受访者认为非常重要）。他人能否倾听并接受自己的意见是受尊重和有价值的表现。

小王刚从一家企业离职，主要原因是不适应工作环境，所在部门的同事冷落他、孤立他，部门有什么活动很少邀请他参加，直接领导只是简单地让他跟部门元老小高学习，就很少再管了。小王应聘的是部门副经理，而小高是原初拟任副经理，但最终由于一些其他原因否定了，因此，小高心里很不舒服，从内心里就没有想教小王熟悉部门情况的意思，不仅如此，还故意结合其他一些同事疏远他。小王一直在这种紧张局面下工作，天天如坐针毡，感觉很多矛头都在对着他，让他很不舒服，心里有些话想说也找不到对象，忍无可忍之下便离职了。

任何组织都像生物体一样，都具有排异功能，只是程度不同而已。因此，当新员工进入组织后，仅有新员工管理制度还不行，更多的还要通过一些其他管理手段将新员工融合进来，让他们逐步适应新的组织。其中一个很好的方式就是沟通交流，求同存异，逐步引导融合，充分发挥管理者“牧师”功能。

小孙是一位工作很踏实、认真的员工，深得企业领导赏识，但唯独就是不爱说话，尤其不爱和上级领导沟通，见了领导总爱躲着走，部门开会时总是闷声不响坐在角落里，即便心里有很多想法，也总不喜欢说出来，当领导点名让他说时，也总是红着脸说不了两句就没下文了。但当小孙和自己比较信任的朋友在一起时，就有说不尽的话。部门领导了解到这种情况后，才知道小孙是“心里有货倒不出”，属于压抑型的社交恐惧类型的人，可能是平时给他的压力太大了，于是领导总想方设法在适当场合对小孙给予表扬，并和他主动交流，让他内心渐渐地建立自信，并敢于尝试着去表达，即使他刚开始表达不顺畅，但仍然给予鼓励，逐步让他克服内心的恐惧和压力。这样一来，小孙慢慢地改变了许多，对自己的领导由原来单纯的畏惧变成了敬畏，彼此间的交流也变得顺畅多了。

新员工到一家新企业后，周围环境会一下子变得陌生，前期会感到孤独、空虚，摸不清同事的脾气、资历、背景等情况，沟通起来也总是小心翼翼，有时还会感到很敏感、忌讳、不安全，这种现象很正常。担任“牧师”角色管理者，此刻应主动去了解他们在企业的日常工作、生活情况，遇到了哪些困难，在人际关系方面是否适应。主要以聆听为主，让新员工在倾诉中充分释放内心的不安，然后再用管理者的智慧来抚平其内心障碍。其中的重点环节是，充分了解影响他们自身能力发挥的因素，并尽力去帮助他们改善，让他们尽快全身心地融入组织中来，如图4–9所示。

良好沟通的作用	树立管理者威信，“威”很难生“信”，但“信”绝对能生“威”，“信”是信任，信任是一种个人品牌和文化，是一种无可替代的能量
	减少员工不舒适度，聆听新员工内心真实的感受，了解他们在适应新环境过程中遇到的实际困难，并适度地根据公司倡导的精神文化加以引导，帮其尽快打开心锁、拨开谜团
	认清组织自身问题，提升组织管理者“牧师”教化水平可以让管理者认识到自身的薄弱环节

图4–9　良好沟通的作用

很多企业领导喜欢和下属间划一道鸿沟，面对下属的膜拜，总会有优越感。这种方式能防止员工在管理者面前失去秩序，但又会让员工敬而远之，不愿向管理者敞开心扉，让管理者掌握不了最真实的一线信息。但如果能和员工建立良好的沟通交流关系，就能恰当弥补这一缺陷，可以让新员工在沟通中感受到管理者的关爱和温暖。这一过程中，即便新员工谈的观点和企业所倡导的精神有出入，管理者都要鼓励他们去诉说，“不识庐山真面目，只缘身在此山中”，说不定还真有管理者未发现的问题。对于在这过程中发现的问题，管理者须要认清并积极想法去解决，否则不利于新员工成长。

4.9.2　“家文化”——营造让员工安心工作的地方

“家文化”代表着平等和心灵的自由，代表着大多数人在马斯洛五个需求层次都得到一定的满足，它可不是随随便便叫出来的，唯有扎扎实实做出来才能说是“家文化”。某企业提出这样一个假设：100个人里面，有5个是非常聪明的，还有5个是较笨的，剩下的90人能力都差不多。他们认为：不奢求5%非常聪明之人去带动企业发展，只要管理好90%的员工，提高他们的忠诚度，激发他们的主观能动性和创造力，企业的竞争力就会得到提升，就能创造奇迹。

根据马斯诺“人都有被尊重、实现自身价值的需要”理论，培养员工忠诚度，提高员工满意度，给予员工富有挑战的工作和舒适的工作环境，推行人性化管理，其根本是培养员工归属感。

A企业认为，要让员工能够安下心来工作，就必须免除员工的后顾之忧。

所以该企业在建设每一个工业园的时候，都在员工的生活规划上倾注了很多心血。只要条件许可，工业园就会建设住宿区、食堂、超市、娱乐设施和运动场所，甚至还有图书室、电脑培训室和洗衣房，进一步方便员工的生活。为了满足员工住房需求，企业还投资兴建了现代化高档小区。企业的中高层管理人员大多数都住在这个小区里，小区里有幼儿园、健身房、超市、露天泳池，环境静谧清幽，成为企业“家文化”建设的经典案例。近些年进入企业的大学毕业生，绝大多数正处在结婚、生子的年龄，房子对他们的吸引力是不言而喻的。

早在2003年，A企业就与当地最好的中学合作，创建了A企业学校和幼儿园，可为员工子女提供从幼儿园、小学到中学的全套学校式服务。经过八年发展，这所学校已经成为当地最知名的民办学校之一。员工子女可以在这里得到一流的教育。对于A企业的绝大部分员工来说，子女教育问题也已经或者即将成为他们生活中的重点，但只要他们选择留在A企业，这一切就都可以放心交给企业处理。企业也非常骄傲地将其作为吸引和保留骨干人员的又一大法宝。另外，A企业在各工业园之间还有免费的班车，以方便员工的工作和生活来往。但对于企业的很多年轻人来说，更为吸引他们的是拥有属于自己的小轿车。近几年，企业的停车场已经不得不一再扩充。这得益于企业的两个政策：零首付购车政策和私家车补助政策。在这两个政策的影响下，企业员工拥有私家车的成本是很低的，因此尽管企业僻处关外，员工出行还是很便利的。这些政策都是非常受员工欢迎的。

对于很多员工来说，家和企业的命运已经密不可分。住企业的房子，开企业的车，小孩在上企业的学校，同时，在工作中又能感受到企业的团队氛围和远大梦想。在这样的基础上，我们有底气说，企业提供给员工的，不仅是一份前程远大的工作，同时也是一个温暖的家园。

营造企业大家庭文化，绝对不仅仅是一句口号，要真正营造得像个家。对待新员工，不仅要求管理者主动去和他们交流，老员工更要学会敞开怀抱接纳他们，用自己的文化理念影响他们，让他们真正感受到家的温暖和力量，从而快速融合进来，如图4-10所示。

培养员工三种感觉	
	依赖感：让新员工充分感受到公司对他们的关心和重视
	归属感：营造“平等、开放、轻松、包容”的“家文化”，经常沟通、交流、谈心，缩短雇主和农民工之间心灵的距离，让他们感受到“家”一样的幸福
	信任度：经常组织举办一些活动，为共同的目标建言献策，为组织团队活动贡献自己的力量，这样，通过彼此交流合作，可以增强团队成员间的信任度、凝聚力

图4-10　培养员工三种感觉

4.9.3　大胆起用，逐级授权

新员工刚进入工作岗位，他们对企业还很陌生，当企业内部开展各种管理、技术、文化活动时，有的管理者总不喜欢安排他们参与，怕他们添乱子，说等新员工熟悉情况了再说，这种做法不值得提倡。对待新员工，当坚持“大胆起用，逐级授权”的理念。这样做有何益处呢？下面，我们对这两点分别解释一下。

大胆实践：用人不疑。积极地让新员工实践，鼓励他们发表观点和看法，在他们进入企业开展工作过程中，提供指导、帮扶。这样可以避免新员工由于一些问题吃不透给企业造成损失，进而影响企业公信力。通过这种实践方式，有三个作用：一是让管理者了解新员工身上的能力，印证企业在招聘阶段对他们的综合判断；二是让新员工尽快熟悉企业的管理运作模式以及部门之间、岗位之间的业务协作关系，让他们充分感受企业的管理文化和风格，有助于其尽快适应企业当前和未来发展；三是让新员工能尽快和团队成员熟悉，打成一片，为之后团队合作打下基础。

逐步授权：在逐步平衡中授权。为避免一步到位所产生的能力和位置不匹配导致人才流失的职场风险，建议管理者安排新员工先由低一级岗位或助理做起，可以按这样的流程：有限参与→全面参与→局部主持→全面主持。如应聘车间主任的员工，可先让其从车间领班做起，然后再逐步放到副主任、正主任的位置上。

下面是某企业总裁助理逐级进入预期岗位的四步走做法，非常值得借鉴，如图4-11所示。

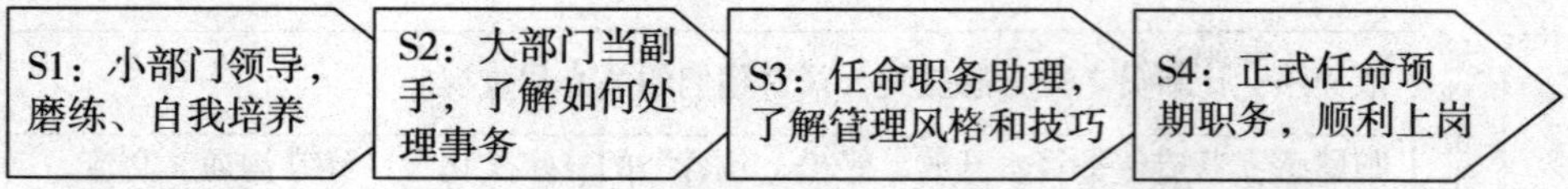

图4-11　某企业总裁助理逐级进入预期岗位的四步走做法图

4.10　校招大学生不稳定因素解析及避免方法

新员工群体中，其中一个主流群体惹人注目、不可忽视，即每年成千上万的校招大学生。

正式调查地处某县区的五个制造类企业在某年春季大学校园招聘的大学生一年内流失率的情况：一共招聘大学生40人，流失31人，流失率78%，仅剩下9位中的三位也都公开在做着离开的准备，一人准备考公务员，一人在专升本，还有一人准备回家乡找工作。具体情况如图4-12所示。

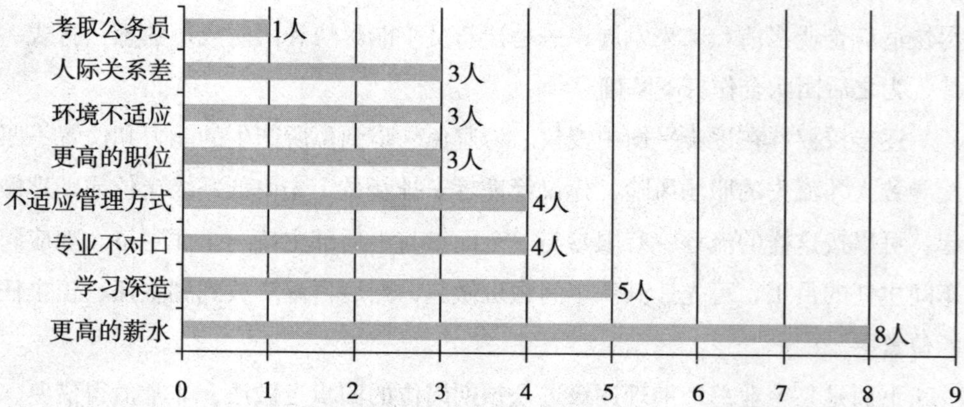

图4-12　某县区五个制造类企业春季大学生1年内流失原因对比图

大学生从毕业开始到找到比较稳定的工作岗位之前，这段时间一直处于“骑马找马”的状态，离职率非常高。从上述离职分析表当中可以看出，排在前四位的离职原因分别是期望更高的薪水（占26%）、学习深造（占16%）、专业不对口（占13%）、不适应管理方式（占13%）。从这可以看出大学生对自身的定位不是很准确，在“骑马找马”这一阶段对自身职业重新梳理并进行了重新认定。

4.10.1　大学生“骑马找马”动机分析

大学生“骑马找马”现象非常普遍，具体分析其原因，大致包括五个原因，如图4-13所示。

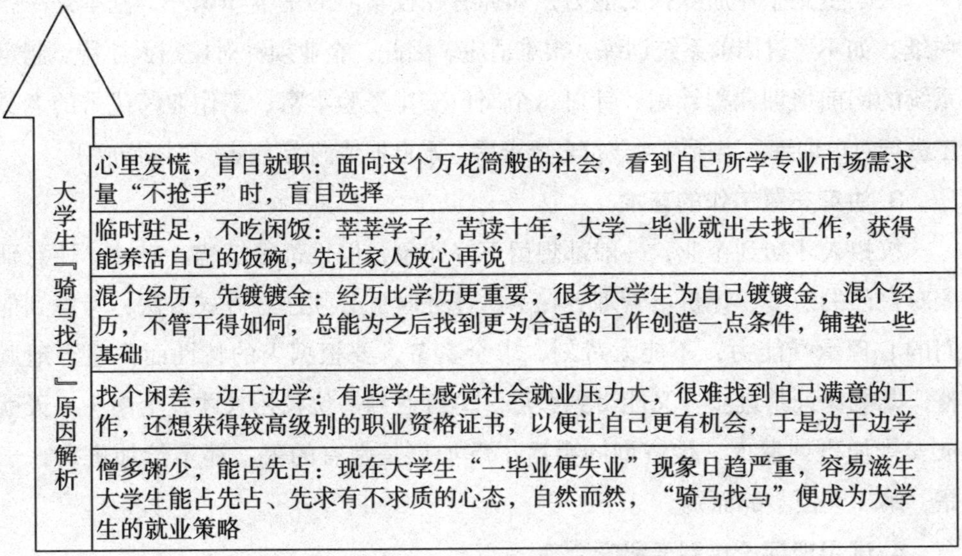

图4-13　大学生“骑马找马”原因解析图

入职后常遇到的问题：上岗后不适应工作岗位，角色转换困难，不能有效履职，不能正确对待上级批评，人际关系不和谐，对企业缺乏归宿感。如果在这一期限内单方面感觉不符合自己的要求，一般都不会耗费太多的时间，快刀斩乱麻，迅速做出自己的决定。

这一阶段人员流失较正常，时间较短，给企业造成的损坏主要是对企业形象口碑的影响。如顺利走过这个阶段，意味着近期内一般不会有离职现象。在这一时期，刚上岗的校招人才面临着心理、工作、生活三个方面的快速适应，企业应帮助他们顺利实现从学生时代向工作岗位的稳定过渡。

4.10.2 从“心”开始综合施治求落实

1. 心理辅导活动

大学生踏上工作岗位，心理会有一些不适应，企业要积极介入，参与心理辅导。比如，不定期谈心；组织大学生集体座谈会，了解他们工作、生活中的问题，需企业提供什么样的帮助；了解他们对企业发展的意见和建议。通过这些方式，加深彼此了解，更有助于对刚入职学生的管理，提升其稳定性。

2. “扶上马、送一程”

大学生到企业后除接受能力强和拥有在校学习的基本知识外，基本是一张白纸，如不经过岗前系统训练，很难适应。因此，企业须针对校招人才特点制定系统的岗前培训课程计划，针对每个岗位安排经验丰富、工作业绩优秀的老员工进行对口训练，当所有考核符合要求后，亲自把他们带上岗，再逐步放手。

3. 讲究布置工作的艺术

校招人才初到企业，一般都想留下好印象，但也都很敏感、谨慎，注意别人对自己的态度、评价。管理者在下达任务时，必须注意方式方法，考虑到他们的心理承受能力，不能太苛刻，求全责备，要根据人的特性而作适当地调整，既能保证其进步，又能得到磨炼。笔者遇到一位校招人才，上岗头一天就被安排加班到深夜，他咨询同事后了解加班是常有的事，还不给加班费，于是，第二天便不辞而别。

4. 试用期评价机制要科学合理

试用期表现并不能完全客观展现出一个员工的全貌，因此，企业在设计试用期评价制度、标准时，要把评价眼界放高、放远，不能仅限于员工当前表现，还要看员工发展潜质，确保能通过评价体系发掘出员工的真正能力、潜力。千万别拿一些芝麻小事来做文章，影响对员工能力的判断，比如某一校招人才到一个企业后，由于他不会用相机给领导拍照，就安下“此人不合格”的断语。

5. 构建平等交流信息的渠道

企业要建立畅通的沟通渠道，营造一种自由开放、信息分享、人人平等的氛围，不要人为地把校招人才和其他员工割裂开来，导致他们之间滋生隔阂，企业要建立各种自发的、非正式的交流沟通渠道，如集体活动、联欢会、集体旅游等加强员工之间的联系。在这些活动中，无论是最上层的管理人员还是基层员工，都可卸下工作担子，恢复最真实的自我，轻松平等交流，形成一种积极和谐的人际关系。

4.11 农民工有机融入为企业发展添活力

农民工，他们的身份也同样堪称一个阶层，在社会主义建设中发挥着极其重要的作用。近几年，无论是内地，还是经济较发达的沿海地区，无一例外，均遭遇到前所未有的“招工难”及“短工化”现象，这也在不同程度上影响到打工者自身发展，给社会稳定、企业发展及产业升级形成了不良影响。

从雇主管理的角度审视这一现象，发现对农民工的管理失当才是问题之源，那么如何进行有效控制呢？建议从下面几个方面入手，如图4–14所示。

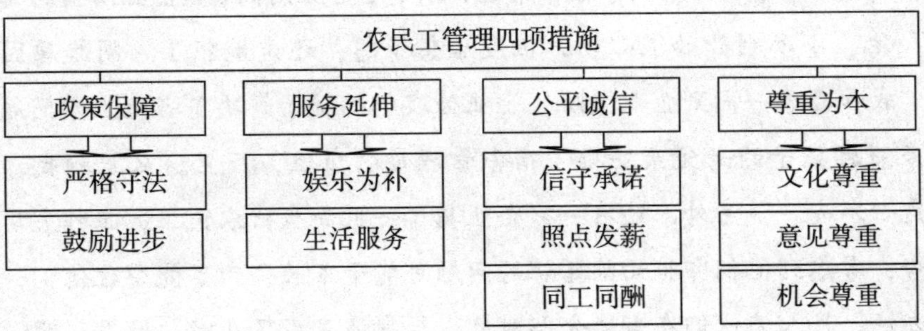

图4–14　农民工管理四项措施图

4.11.1 政策保障

一是严格守法。在制定政策时，管理者一定要充分依据国家劳动法和农民工相关政策、规定，让每个员工都享有相同的政策保障。比如规定基本的应缴纳的各种劳动保险，享有的休假制度，针对农民工出台的一些优惠政策以及职业病防治法规定相关的体检制度等。

二是鼓励进步。工作之余，管理者应多鼓励农民工去参加一些社会举办的学历教育补习班和一些业务技能训练班，通过这种方式不断增强他们的个人素养，使他们有足够的能力应对挑战。比如对获得一些资格证书、学历证书或进步较快的农民工给予一定额度的奖励。

4.11.2 服务延伸

一是娱乐为补。为解决农民工精神文化问题，管理者应组织策划一些集思想性和趣味性于一体的文娱活动，比如常组织节日联欢会、歌手大奖赛、书法比赛、运动会、扑克牌比赛等一些喜闻乐见的活动，免费开设企业舞池、球场、健身房、书屋、电子阅览室等，为农民工提供文体娱乐场所。此外，还要鼓励他们培养业余爱好，积极参加社会上举办的各种文化活动，比如，这些年在媒体上相继看到的一些农民工街舞团、歌手比赛和合唱团等都是农民工热爱生活的例证。

二是生活服务。为农民工打造“幸福港湾”，用心打动人，才能留住人。

农民工小李在A企业从事技术管理工作，B企业用高出A企业两倍的工资来“挖”他，小李刚开始很心动，但最后想了想，还是婉拒了。问起原因，他说：“我和妻子一同到企业上班，企业为我们的孩子解决了当地上学问题，还为前来照顾孩子的老父亲安排了宿舍管理员的岗位，厂里这么照顾我，我走了，良心不安。”另外，还有一家企业招了一批新生代农民工，工作表现都非常优秀，考虑到他们即将面临婚嫁的问题可能干不长，为了能留住他们，就想了个办法，托人为他们在当地介绍对象，后来还真成了几对，结果证明，凡是在当地找对象的都留在了企业，而其他人在干了几年后都先后离开了。

士为知己者死。东西有价，人心无价，职场留人也是同样的道理，人毕竟是有感情的，比钱更让人心动的是情，企业一旦能很好地抓住这个情，甚至会发挥出比用钱留人还更好的效果。

4.11.3 公平诚信

一是信守承诺。要按照能做到什么程度就承诺到什么程度的原则来办事，为他们提供一个准确的职场预期，以免最后伤感情。

二是按时发薪。绝对不能拖欠工资，秉持“自己再难，也绝不在员工身上打主意”的理念来做事。如真的由于一些特殊原因需要短时延发，也要提前诚恳地给大家解释清楚，征得谅解。

三是同工同酬。凡是被录用的农民工，在薪酬方面不应显失公平，须保证干同样的工作拿同样的薪酬和福利。

有些企业经常无视这一法规条款，常常忽略一些层次比较低的岗位的个人利益需求，比如保洁工、保安等，不但不按规定给他们缴纳保险，而且所定的薪资和企业内同样岗位的人有明显差异，当发放企业福利时，常常忽略了这一群体。

4.11.4 尊重为本

尊重是前提。企业要重点了解农民工的思维习惯和行事风格，尊重他们的观点和态度，不要自我定义，擅自给他们贴标签，更不要人云亦云，妄加评判。这里面包括文化尊重、意见尊重和机会尊重三方面的内容。

一是文化尊重。农民工来自全国各地，每个地方都有各自不同的风俗习惯，雇主首先要看看他们是从哪里来的，了解这些地方的风土人情，有的放矢地开展人性化管理。积极开展一些与其民族相关的文化娱乐活动，让他们感受到企业对他们的文化生活习惯的尊重，这都是很好的做法。地域不同，往往生活习惯也不相同，企业也应尽可能地将伙食做得多样化一点，满足员工多样化的需求。尊重是双方的，你尊重了员工，员工才会从内心深处对你怀有敬意，而也只有让员工受到了尊重，他才会感恩，才会通过努力工作来回报企业。

二是意见尊重。走进农民工群体，才能得到最基层的信息，才能看清企业的管理效果。

一家建筑公司，要求各级管理者常深入到农民工群体中，去了解他们在一线施工中遇到的问题。通过这一举措，农民工很乐意和管理者谈一些隐藏在一线施工中的问题，譬如原材料、工程质量、原料掺加比例……农民工通过和管理者热情地交流，聆听相关意见和建议，找到了很多解决问题的办法。

管理者当避免把与农民工的沟通变成单纯地说教，应当主动走到农民工中间与其沟通、交流，了解他们的工作能力，了解他们的思想情感，说他们说的话，干他们干的活，体会他们的苦乐，让他们信任管理者，主动向管理者敞开心扉，提出基层最真实的声音，从而帮助管理者来完善管理。

常采用下列两方面的措施：一是设立意见箱，管理者制定相应规则，鼓励大家积极参与其中，管理者要定期开启这个箱子，统计分析意见箱中提到的每一项意见和建议，并一一给予回复；二是设立专门的农民工合理化建议奖，对被采纳的合理化建议，根据其价值含量情况给予不同奖励。需要特别提出的是，颁奖方式一定要隆重、公开，必要时可以请他们的家属一同领奖，让他们感受到他们的意见真正地被重视。

三是机会尊重。不管农民工以前是做什么的，只要他有某方面的突出能力，企业有这方面的人才需求时，就当给他平台。

某商场某年例行组织元旦联欢晚会，在按程序选拔节目主持人时，有很多人报名，其中还包括很多刚入公司的新员工。经过层层选拔，最后剩下四位进入决赛，一位是本商场历届元旦联会主持人小王，一位是公司的新员工保洁员小张，一位是营销部的小李，还有一位是组织举办晚会的行政部文员小钱。经评委总体评价，一致认为最优秀的是保洁员小张和营销部小李，立马就确定了两人作为今年元旦联欢晚会的主持人。小张没想到自己竟然能被选中，非常珍惜这个机会，比任何人都很用功，结果这次晚会主持得非常成功，得到了领导的赏识，小张亦获得了调岗奖励。

企业必须树立机会均等观，为每个员工提供均等的、明朗的晋升通道，让每个员工都能凭能力拾级而上，展现自我。

第5章

育得优：让员工和企业共同成长

有道是：授人以鱼不如授人以渔。培养人才不仅对企业发展有利，同时对员工发展也有利，管理者要很清楚自己应扮演的教练角色。

由于市场形势好，A企业由5年前一家不足30人的企业，发展到当下一百多人规模的企业，产值翻了两番，但管理水平却停滞不前，致使成本提升，质量下滑，客户抱怨，企业利润率很低，企业发展举步维艰。老板看到这种情况，开始顶住压力在企业范围内带头开展系统培训活动，并组织员工到一些优秀的企业去学习经验，去感受差距，甚至不惜重金进行技术和管理升级改造。企业全员看到老板带头这样做，也都不敢懈怠，生怕落后跟不上企业步伐而被淘汰出局。一时间，企业整个团队形成了浓厚的“比、学、赶、帮、超”的学习氛围，很快使企业走上了良性发展的道路，经营业绩两年内持续翻番。

对员工来讲，培训是最大的福利，对于企业来讲，它是企业发展的发动机，可以促使企业成功。作为一名管理者，能认真地为企业制订战略、规划未来，但未必会将员工的未来放在心上，这种想法、做法都不合适。无论现在你的员工处在什么位置，作为你的追随者，你都要为其考虑到十年甚至二十年后，这些员工会是什么样子，他会怎么想，是庆幸这段不断让自己跟随企业成长的时光，还是为这样一段没有进步的岁月而追悔莫及？联想集团总裁柳传志说：人才是利润最高的商品，能够经营好人才的企业才是最终的大赢家。随着企业不断地经营发展，员工的能力素养也必须跟上步伐，否则就会落伍或被淘汰。如果企业经营发展是左脚，员工能力素养提升就是右脚，左脚往前走一步，右脚必须紧跟着往前迈步，而要做好这一步，培训则是最佳方法。

5.1　培训是为经营服务

通过持续不断地动态教育、培训和学习，企业形成了健全的育人机制体系，继而全方位打造企业经营发展所需的优秀员工，确保员工和企业一起成长进步，时刻符合企业要求。如图5-1所示。

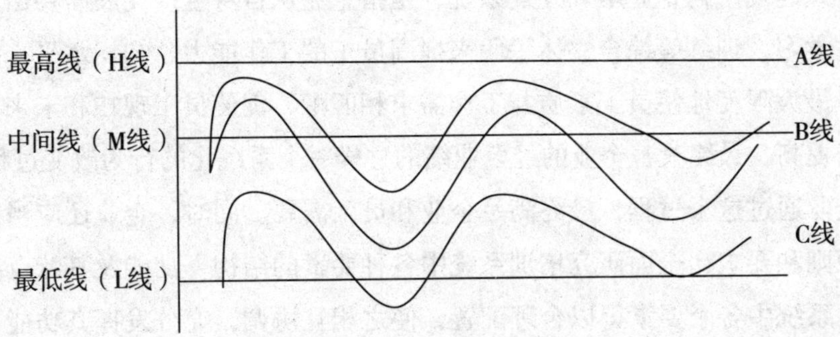

图5-1　企业经营和人才需求曲线

B线：企业经营发展需要的岗位人才质量需求线，基本在中间线上下浮动。

C线：企业内部岗位人才的实际质量线，远低于B线。

A线：企业经营发展需要的最佳人才质量线，随着企业经营发展变化而一直处于B线之上。

教育、培训加管理，三位一体，企业要根据自身实际情况来建立育人体系。

什么是教育？这里主要是指思想教育，其目的是让人“不愿而愿意去做”，解决的是思想和态度问题。

什么是培训？培训指的是技能训练，其目的是让人“不能而能”，解决的是能力问题。或者说是由“不会做”变为“我会做”，解决的是知识问题。

作为企业来讲，就是要通过不断地教育、培训等管理手段，使员工的精神状态、态度和能力始终和企业的发展经营相匹配，最基本的要求也必须要员工达到B线的水平，最佳状态是略高于B线的A线水平。

要使企业培训能够有效地促进企业经营目标实现，企业应建立一套系统、有效、完善的现代企业培训开发系统。企业在设计与运行企业培训开发系统之前，必须先回答下面的问题。

企业业务发展究竟需要什么样的培训？在此基础之上，进一步了解培训目标是什么、需要开展哪些活动才能实现这些目标以及采用哪些验证手段才能有效证明目标已达到。

有效的现代化企业培训开发系统，是指企业从自身生产发展需要出发，积极通过学习、训练等综合立体手段来提高员工的工作能力、知识水平，挖掘其潜力，最大限度地使员工素质与工作需求相匹配，促使员工现在和未来工作绩效得以提高，最终改善企业的经营业绩的这样一个系统化的行为改变过程。

企业通过这个过程，最终满足企业和员工需要。同时，企业还应当按系统论的原则和要求，全面研究培训系统中各种要素的结构、功能及其特点，让培训开发系统中各个要素得以合理配置，使之相互协调，充分发挥其功能，在良好的内外部环境支持下，实现培训开发过程最优化。

正如之前相关章节所述，企业发展环境是不断发展变化的，相应的，企业对人才的能力素养要求也是不断变化的。比如说，随着企业规模的不断发展壮大，产业链逐渐延伸，生产工艺流程的不断升级改造，由原来作坊式的企业经营方式发展为标准化、规范化的企业集团化运营方式，现有员工的综合能力素养也就可能会落伍，和企业要求不再相匹配了。

5.2　培训的一般性分类

对于企业老板来讲，在外围环境成熟的情况下，肯定会想方设法将经营发展放在第一位，绝不会长时间停下来坐等员工成长了才去搞发展。那么，在这种不匹配的情况下，企业该如何做呢？

大多数企业都会考虑培训教育这种方法。培训内容和方法多种多样，不同的方式关注点也不同，图5-2所示的是几种常见的培训方法，下文将通过对这些方面的内容介绍，重点讲述实施过程中应注意的问题。

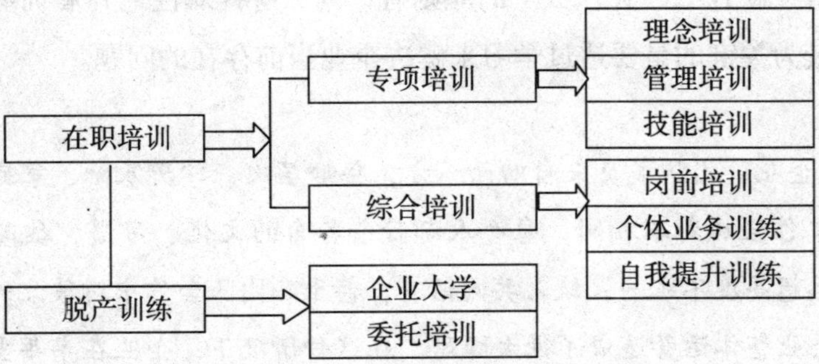

图5-2　企业在职培训和脱产培训图

5.2.1　在职培训

企业依据业务目标对员工进行在职培训，开展不脱产学习，努力培养在职员工，让他们的综合能力素养发展和企业的发展速度相匹配，确保他们和企业同成长、同进步。主要包括专项培训和综合培训两个方面。

1. 专项培训

一般是指短期不脱产培训，常常有理念培训、管理培训和技能培训等。具体方式一般包括：根据企业实际情况选择专家录制的光盘进行培训，特聘专家现场讲解和专项技能培训。此处简单介绍一下前两种培训方式。

之前，一家印刷企业，要求所有的中高层管理人员，在每天早上7点40分到企业报到，统一参加企业组织的光盘课程讲座，节假日除外，凡是正常工作日，一直坚持着这种光盘训练活动，并且整个活动过程由人资部进行严格考勤，对凡是不能按时到的人员按规定进行处罚。问题是，尽管如此，企业的工作一直没有得到有效改善。为什么？经认真研究发现，原来，这种光盘培训仅仅是听听而已，由于没有适时进行训练，因此并没有给大家留下很深刻的印象，企业对员工的学习效果也没有考评，所以光盘训练活动没有在组织当中有效发挥作用。

任何培训活动都必须从需求分析着手，查出企业当前究竟在哪些方面需要提升，本着“缺什么、补什么”的原则有计划、有针对性地开展训练活动。这还不够，最为关键的是要透过学习来解决企业当前存在的问题。

新建L企业，团队成员来自四面八方，年龄层次、学历基础、家庭背景、生活环境、工作经历都不相同，每个人都带着各自的文化、习惯，彼此之间也都不熟悉，思想高度不统一，缺乏共同语言，甚至在团队合作中对彼此的言行都看不惯，对企业整体运营造成了很大障碍。在这种情况下，企业在半年当中，先后组织了几次企业文化理念的训练课程，与此同时，为了提高员工认知度，还特聘专家讲师专门开授员工职业化和协作、配合方面的专题讲座。通过这一系列培训活动的开展，企业整体精神面貌焕然一新，团队活力得到进一步的增强。

一般情况下，能通过组织自身力量得以解决的问题，可先由企业内部进行解决，否则就要借助外部力量来解决。比如，变革职务第一时间会产生变革之痛，往往会让习惯按部就班工作的人员产生抗拒变革的心理，当某家企业组织机构调整、岗位权限再分配时，可能会遇到这种内部阻力而难以实施；或者，当组织内部人员的整体素养急需提升时，就要寻找优秀的管理或者培训专家来协助企业进行管控，尤其在能力培训这一块更要引起高度重视。

不管是光盘培训，还是专家培训，必须要遵循下列流程，唯有如此，才能让培训效果更加明显，共七步。

第一步：分析企业当前情况，进行需求点分析。

第二步：针对性地寻找对应的光碟和外聘专家进行讲解。

第三步：自己先仔细地看几遍或了解一下外聘讲师将要讲解的内容，判断这些内容是否与解决企业现有问题有契合之处，如有，一定要把相关内容记录下来。

第四步：在组织员工参看视频课程或者外聘专家讲课之前，一定要提前对讲课内容作简要解说，并说明组织本次视频讲座以及外聘专家讲课的目的与要求。

第五步：培训活动结束后，请接受培训的人员进行学习分享。（值得注意的是第一个分享者很重要，这个人的分享内容一定要具有正能量，这关系着其后分享者的发言方向，太多负面的内容势必影响学习的效果。因此，作为组织者要慎选第一发言人，如果第一个发言者分享的内容出现了偏差，作为组织者就要引导其他人到自己需要的方向上。）

第六步：组织者进行总结与点评。

第七步：讲座结束后，最好在工作之余与员工进行互动，交流心得，并请同事推荐自己认为较好的学习视频供下次学习。

2. 综合培训

综合培训包括岗前培训、个体业务训练和自我提升训练这三种。岗前培训一般为员工上岗前的培训，涉及各个方面的综合培训。个体业务训练（OJT培训）是指上司或有较高理论水平和实操技能的老员工通过日常业务工作，对下属或新员工进行有计划地指导，提高其职业道德、理论知识和实操水平，从而使其具备独立进行生产加工能力的人才培养方式。日本松下电器多用此方法进行在职员工训练，通过此种方法开展训练后，让每个员工都能胜任工作并完成目标。这种训练方式对象是具体到每个员工的单体训练，也是基于业务目标的在职训练；师带徒培训也是个体业务培训的好方式之一。自我提升训练主要是员工针对自身存在的问题而开展的自我学习提升计划。

以下主要介绍业务训练方面的内容。

（1）三个本质。更新思维观念并改变行动，强调管理者和下属共同改变；围绕一切以开展工作为基础，强调在工作中以不断指导和培养员工为基础。个体业务一定要有计划性、目的性，确保整个过程有条不紊地开展落实。其中，管理者对下属的关爱较为重要。

（2）七大步骤。第一步：对下属任务目标进行解析。管理者安排下属应完成什么样的任务目标，应非常清楚地将其展示出来。

第二步：对下属现有能力进行分析。对员工工作技能水平、工作态度和职场上遇到的诸多烦恼等情况要准确地把握。

第三步：沟通谈话，了解员工短板。把目前员工的工作状况（现有能力、必要能力）和交给他的工作任务进行科学合理地对照，进而加以准确把握，不足的地方要通过之后的努力进行改进。这就是所谓的个体培训需求解析，存在的差距也就是之后要通过在职个体训练重点解决的地方。

第四步：制订计划。要明确记述是针对下属中的哪一位（Who），要做什么（What）。这两个“W”是制订计划的最大要点。要抓住课题项目、起止日期、期望目标、效果测评这几方面，对员工进行细致入微地把握，进而有针对性地制订计划。

第五步：确认上下级之间方针的一致性。在个体业务培训计划书的基础上，要事先就实施过程与自己的上司达成共识。只有上司从旁边提供有力支持，才会让每个员工都积极往前努力推进工作，不会出现扯后腿现象。

第六步：按计划实施。管理者要有意识地行动，如果不痛下决心，那么繁忙的工作就会把个体业务培训的计划挤得无立足之地，要最大限度地利用课题、机会来实施个体业务培训计划。

第七步：评价、迈上新台阶。按照计划书上定好的日期请进行测评。包括初见成效的项目、下属的现状、不顺利的项目及其原因、对策等，都要认真地回顾，要以这些情况为参考，制定下一阶段的项目目标。

（3）十大评价项目

如何才能说在职培训是合格的？下列评价项目值得参考，如表5–1所示。

表5–1 培训评价项目一览表

序号	评价内容	评价结果	
1	下属适时地汇报、联络、商谈	是	否
2	有管理下属工作进展的手段	是	否
3	观察下属工作进展的手段	是	否
4	预先定好日程，和下属面谈	是	否
5	工作开展顺利时，给予评价赞扬	是	否
6	工作不顺利、有矛盾时，及时提供建议和帮助	是	否
7	把调整任务放在心上	是	否
8	对下属提出的愿望等作出迅速反应	是	否
9	对必须自己亲力亲为的事不宜迟，及时出手	是	否
10	经常和员工探讨，纠正目标和方针的偏差	是	否

说明：全部10项均为“是”，判为合格；7–9项为“是”，判为基本合格；6项以下为“是”，判为不合格。

5.2.2 脱产训练

脱产训练又称回炉训练。这里面往往有两个方面的意图：

（1）对不能胜任工作的员工进行脱产训练，让他们胜任工作。当通过在职培训之后，仍然不能跟上企业步伐，影响到企业发展的员工，企业就会暂时让他们离岗，这里的离岗不是直接回家，而是进入企业专门为他们办的培训班（如企业大学），让员工进行全身心地学习提升，这样或许会让他们进步更快。

（2）对即将升任更高层次工作的员工进行脱产训练，让他们有足够的能力胜任未来的工作。比如，企业委托相关的大专院校帮助培训即将升任高层岗位的中层管理人员经营管理方面的相关知识，其中包括学位学习和专业资格培训等等。

如通过上述努力仍不能让他们的能力素养符合企业要求，最后的人事选择就是将其调离原岗，尽量让他们在相匹配的岗位上工作。企业不是福利院，如员工在企业内部找不到特定的工作，就要做劝退处理，必要时，可以推荐他们到适合他们的企业去工作。

5.3　明确规划部门和岗位

明确必要的组织保障是做好培训规划的大前提。

首先必须要建立培训责任主管部门，明确具体分工。在这里，要求开展培训规划的人一定要有相当的知识、技能、经验和热情，具有强大的说服动员能力，让企业领导批准培训规划、预算，要善于协调与其他职能部门的关系，以确保培训规划的实施。具体企业培训规划工作，如图5-3所示。

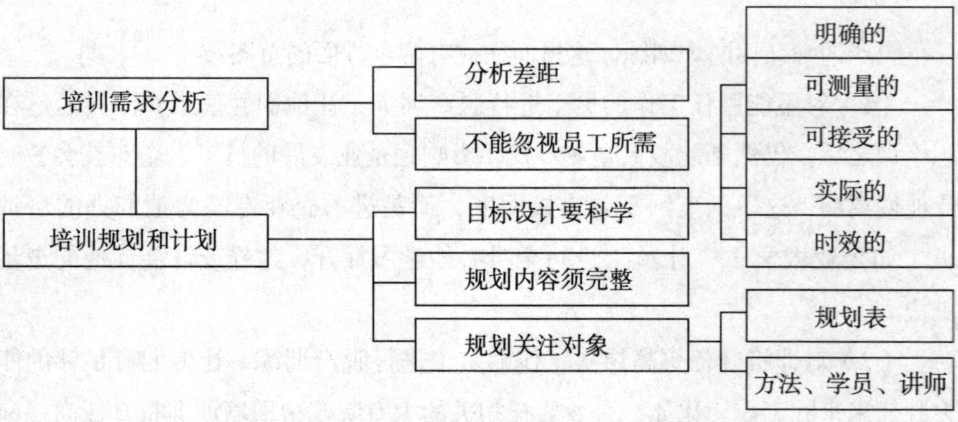

图5-3　企业培训规划要素关联图

5.4　需求分析是培训规划的准备阶段

“培训”一词近些年叫得很响，上至国家机关，下到企业社区，都在大喊要创建学习型组织。也正由于需求如此庞大，一时间，催生了一大批的培训机构，各种培训方式轮番上场，热闹纷呈。但一直令人费解的是，员工岗位能力、素质并没有提升多少，业绩也没见多大成效。

R企业总经理非常重视员工培训，天天大会讲、小会喊不学习就赶不上社会发展新形式，跟不上企业发展步伐，强调只有加强学习和企业一同成长，才不会被企业淘汰，同时，坚信只要参加培训就会有效果。基于这种理念，他常挂帅参加企业内外部各种类型的培训活动，学习氛围一直搞得很浓厚，尤其是参加外部培训机构举办的培训班，更是积极，不管工作再忙，费用再高，也要带着自己的管理团队去参加。但一直令他感到不解的是，自己企业在培训方面下了这么大的功夫，怎么就是看不到一点效果呢？一分析，原来没搞清应培训谁、培训什么。就像看病，没诊断清，盲目下药，不仅不能治病还会害人，只知道随培训潮流“盲动”，往往是徒劳无功的。

在开展培训之前，要先自问一番下列问题：这次培训的目的是什么，关键是要解决什么问题，必须要通过培训解决吗？千万不能盲动，要事前诊断清楚。否则，光凭一腔热血，为培训而培训，脱离企业和员工所需，于员工无益，于企业无助，何苦呢？

培训需求分析是确保培训正确的关键。企业管理层尤其是中层人员，更要掌握培训需求分析技术，这样才能确保培训主管部门基于此编制出切合企业实际的整体培训计划，让每个培训都基于培训需求开展，自然就会达到相应的效果。

培训需求分析技术应从企业现状入手，发现绩效差距或薄弱环节，从而纳入培训改善计划。

有一位企业培训师在一次企业高层公开课上以逐步推导的方式给听课的企业高层管理人员提出了几个问题，分别如下：企业盈利最大困惑的三个问题是什么？如果解决了，你的企业有几倍的增长？这些问题该由谁来解决？他们能解决吗？为什么？是才能不匹配还是思想、态度不匹配？

最后，参加培训的中高层管理人员七嘴八舌，将企业内的不良现象一个个都抖落了出来。比如说上班时间的员工活动："倒杯水，看报纸"、"长时间上厕所"、"刷微博"、"男士聚众抽烟"、"女士聊化妆品"、"班中吃早餐"、"看网络新闻"、"网络扫货"、"聊天"、"发呆"、"布置的工作干不完"、"工作质量上不去"。

综合这些反馈的情况可以看出，这些企业不仅存在桶壁（能力）方面的短板，更重要的还存在没底（思想、态度）方面的问题，这些都会严重影响到日常工作成果的达成。

那么，如何来解决上述问题呢？很简单，就是要靠培训和教育，确保每个员工都能在最大程度上符合岗位能力、素质要求，使他们和企业共同成长，不掉队。

5.4.1 分析差距：持续改进

管理学家德鲁克说："管理就是通过众人把事情做好。"其中众人就是普通人。一个团队的综合实力不取决于"明星员工"的多少，而在于"普通人"

的多少。这些“普通人”就是许许多多构成木桶的板子，这个木桶盛水的多少，并不在于最长的板子，而在于最短的板子。这就是管理学家经常所说的“木桶原理”，又称为“短板效应”。根据这一原理，可有两个推论：一是桶壁上的所有木板都足够高，才可以盛足够的水；二是只要这个木桶有一段木板不等高，木桶里的水就不可能盛满。

随着短板效应应用的场合越来越广泛，它已由一个单纯的比喻上升到了理论的高度。不管是教育、培训，还是其他管理，首先要本着让“短板”得到足够成长的目的来有效开展工作，人力资源当中的重要模块——培训也同样如此。

企业应通过组织目标、绩效和人员短板分析来查找、比较差距，依此来了解企业应培训的内容。如表5-2所示。

表5-2 组织目标、绩效和人员培训分析表

分析	目的	具体方法举例
组织目标分析	决定组织中哪里需要培训	考查组织长期目标、短期目标、经营计划来判定知识和技术需求 将实际结果与目标进行比较 制定人力资源计划 评估组织环境
绩效分析	决定培训内容应是什么	分析个人工作的业绩评价标准、要完成的任务、成功完成任务需要的知识、技术、行为和态度
人员分析	决定谁应接受培训和他们需要什么培训	通过业绩评估，分析造成差距的原因 收集和分析关键事件 进行培训需求调查

由此可知培训可以实现企业的三种功能。

一是配合实现企业战略任务目标。掌握企业长、中、短期任务目标和完成目标需要的经营计划、措施，让这些计划、措施实践的话，需要的每个岗位人员学历、年龄、专业、职称、性别等人力资源结构和岗位工作时间、劳动强度、责任大小、劳动技能和职业品质等要求，判断其中存在的差距，然后通过培训消除差距，进而达到企业目标。

二是持续改进企业绩效。影响企业绩效的核心绩效指标（KPI）包括质量、成本、效率、安全以及交货期等。哪个部门、岗位的业绩较差，差在哪个地方，从企业绩效KPI分解至部门绩效KPI，再分解到岗位绩效KPI，由大到小逐层解析导致企业绩效差距的原因究竟发生在哪个环节？这些问题是人、设备、原材料、方式方法还是环境导致的？如果是人的知识、技术或态度短板问题，那么就可以通过各种培训让其得以改善。

三是优化企业战略管理。平衡记分卡是一种革命性的战略评估和业绩管理体系，包括财务、客户、内部营运、学习与成长四个层面，其中学习与成长的目标为其他三个层面的目标提供了实现基础，是驱使其他三个方面获得卓越成长的源动力，而其他三个方面为学习与成长提供了依据。也可以说，只要确保学习和成长这一面的指标实现到位了，其他三个方面的指标就会在一定程度上得到优化改善。而培训即是企业学习与成长的方式之一，培训良好，则可以促进其他三个层面的良性发展，既而实现企业管理的优化。

5.4.2 不能忽视员工所需

本阶段主要工作是确定企业的培训开发需求和培训内容，制定目标及衡量评价培训效果的标准。这里面有两个需求都要加强关注，即企业成长和员工成长。这两个方面就像是拧在一起的两根绳索，偏废任意一方都不会让培训之路走得更远。

很多员工到一家企业工作几年后，常会有被榨干的感觉，自己原有的东西被不断掏空，却没有新能量补充进来，眼看着外面世界不断变化，自己的知识结构、经验、社交群却与社会越来越脱节，这让员工对自己当下的状态产生怀疑。于是，员工一旦有了机会，要么选择离开企业继续深造，要么选择更有成长空间的企业。在这种情况下，即使员工没有选择离开，也会让企业无法适应日新月异的变化。

因此，建立企业的人才培养生态系统，不断培养符合企业要求的人才成为每个企业最重要的工作之一。如果一名管理者能帮助员工实现个体生命的价值，相信他的追随者会越来越多。

海底捞作为一家餐饮企业，其员工大多来自偏远的农村，没有太高学历，在很多人眼中，这些人可能算不上人才。但在老板的带领下，这些人却创造了餐饮界的奇迹，端盘子或当门童的服务员一个个都成长为海底捞的高管。像海底捞北京和上海大区总经理袁华强，管理着3000多名员工，但一样也是从门童、服务员干起来的。这种做法，让每一个海底捞员工看到了希望和未来。海底捞员工能把服务做得如此彻底，让每个客户都记忆犹新，把一份本来很辛苦、很多人不愿干的工作做得有声有色，又充满欢乐。原因就在于每一个进入企业的人，都设置了自己晋升的通道，大家都清晰地知道，只要在这里好好干，自己就一定有一个不一样的未来。

企业设计培训方案时，如只关注是否和企业合拍，却不考虑是否和员工职业发展合拍，也不充分征求员工意见，强势推行，结果会导致员工学习和企业培训内容不一致的现象。这样既增加了员工学习压力，又未能为企业业绩带来好的效果，背离了企业培训宗旨。

所以，企业培训须将企业战略发展和员工发展有机地融合在一起，唯有如此，才能充分发挥其推动企业经营发展的作用。

5.5　系统规划是做好培训的前提

培训能否有效推进企业发展主要取决于培训管理链的管理质量，具体包括系统规划、实施、执行、检查、考核等环节，其中系统规划是首要环节，在整个培训管理体系中发挥着决定性作用，而很多企业在开展培训工作时往往在这个环节出现了问题。

5.5.1 目标设定要科学

当企业已经明确了究竟需要哪些培训内容后，下一步就要基于此来设定企业的培训目标，在设定培训目标时有一个很关键的黄金原则，即SMART原则，如图5–4所示。

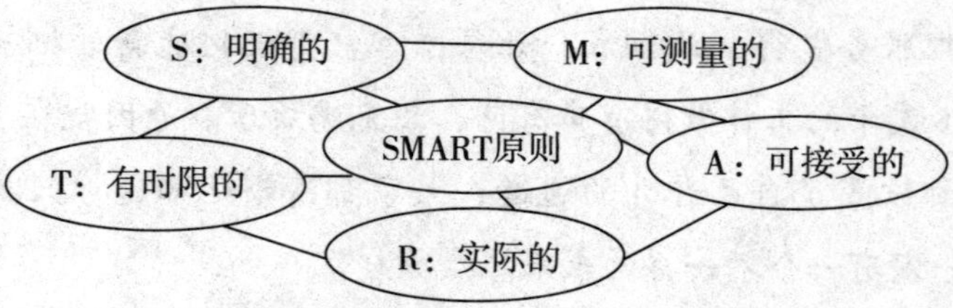

图5–4 SMART原则五要素图

1. 明确的

要具体、清楚地说明企业要达到的行为标准。明确的目标几乎是所有成功团队的共同特点。很多团队没有成功的重要原因之一就因为目标定得模棱两可、不能量化，或没有将具体目标有效地传达给相关成员。

比如，某企业某车间近期由于员工工艺操作不规范导致产品质量合格率偏低，企业要针对这一活动开展专项培训活动，就要基于此制定清晰的目标，即工艺操作达标率达100%，工艺操作不当导致的不合格率降低2.5%。

2. 可测量的

可测量的是指目标有衡量性，即指目标应该是明确的，而不是模糊的。企业应该有一组明确的数据作为衡量目标是否达成的依据。

制定的目标没有办法衡量，就无法判断这个目标是否能实现。比如领导有一天问“这个目标离实现大概有多远？”团队成员的回答是“我们早实现了”。这就是领导和下属对团队目标所产生的一种分歧，原因就在于没有给他一个定量的、可以衡量的分析数据。但并不是所有的目标都可以衡量，有时也会有例外，比如说具有大方向性质的目标就难以衡量。

比方说，为所有老员工安排进一步职业发展的管理培训。其中“进一步”是一个既不明确也不容易衡量的概念，到底指什么？是不是只要安排了这个培训，不管谁讲，也不管效果好坏都叫“进一步”？改进一下，准确地说，在什么时间完成对所有老员工关于某个主题的培训，并且在这个课程结束后，学员的评分在85分以上，低于85分就认为效果不理想，高于85分就是所期待的结果。这样目标就变得可以衡量。

3. 可接受的

目标是要能够被执行人所接受的，如果上司利用一些行政手段，利用权力性的影响力一厢情愿地把自己所制定的目标强压给下属，下属典型的反映是一种心理和行为上的抗拒：我可以接受，但是否完成这个目标，有没有最终的把握，这个可不好说。一旦有一天这个目标真完成不了的时候，下属有一百个理由可以推卸责任：你看我早就说了，这个目标肯定完成不了，但你坚持要压给我。

某生产副总经理对其分管的某车间主任说，你必须让你的部门员工每人每月读五本书，车间主任认为车间员工没必要这样学习，也完不成这样的任务目标，于是，提出自己反对的理由，拒绝来完成。但生产副总经理认为车间主任讲得没道理，于是各执一词，唇枪舌剑来对阵，但车间主任毕竟官小一级，最终还是败下阵来，被动接受，最后结果必然是这个目标还是流于形式了。

4. 实际的

目标的实际性是指在现实条件下是否可行、可操作。可能有两种情形，一方面领导者乐观地估计了当前形势，低估了达成目标所需要的条件，这些条件包括人力资源、技术条件、系统信息条件、团队环境因素等，以至于下达了一个高于实际能力的指标。另外，可能企业花了大量的时间、资源，甚至人力成本，最后确定的目标根本没有多大实际意义。

比如，B企业业绩不佳的主因是由于其他因素造成的，而老板错误地归结为是员工素质低下导致的。于是，老板不结合自身实际，在年利润不到100万元的情况下，就拿出10%的费用用于员工培训，让员工到处参加学习班，结果到头来，对企业的整体推动并没有发挥出多大的作用。

5. 有时限的

目标的时限性就是指目标是有时间限制的。这一点很好理解，没有时间限制的计划是没有任何价值可谈的，更没有可执行性。

5.5.2 规划内容须完整

通常来说，要想制定一个合理的培训规划，每次培训的具体内容主要包括以下方面。

——培训目的、目标及要求。

——培训时间、地点、对象、讲师及培训负责人。

——培训方式：内容讲解、实地培训、实地模拟还是其他方式。培训方式比较多样化，具体方式的选择在本章有具体的描述。

——培训内容：具体内容要在规划当中必须有清晰地描述，让相关人员有一个清晰地认识。比如员工培训销售技巧、产品知识、营销策略以及其他内容。

——明确培训评估方式。通常培训评估方式主要有：学员的评估方式（口试、笔试、实地模拟、学员对培训的建议、学员培训后工作表现等）；培训师的评估方式（观察、测试、学员表现）；培训负责人的评估方式（培训目标达成度、培训资源利用情况、学员总体表现）。培训管理者在培训之初就应该明确本次培训的评估方式和手段。

——奖惩措施：明确对培训成绩优秀的员工采取晋级、提薪、奖金还是采用其他的方式进行奖励，而对培训不合格的员工又该怎样管理等问题。

以某集团总部“周二课堂”课程表为例，如表5-3所示。

表5-3　某集团总部“周二课堂”课程表

序号	培训月份	项目分类	培训项目	培训范围	培训目的及主要培训内容	培训方式	培训地点	学时	评估方式
1	1月	周二课堂	《企业战略》	集团总部所有人员	集团企业发展战略	视频+授课	总部会议室	6	心得体会
2	3月	周二课堂	《非人力资源经理的人力资源管理》	集团总部所有人员	了解人力资源管理不仅仅是人力资源部的事情，而是全企业各个部门的事情，要了解集团化运作，人应该怎么样来进行管控	视频+讲义		6	心得体会
3	4月	周二课堂	《非财务经理的财务管理》	集团总部所有人员	了解财务管控、成本管理、预算管理等的相关规定与流程，要了解集团化运作，财务管理我们每个部门应该怎么样来做	视频+讲义		6	心得体会
4	5月	周二课堂	《经济法》	集团总部所有人员	了解国家经济法的相关条款，跟自己的实际工作相结合，了解合同的签订，条款的设置应该注意的事情	讲师教学		6	心得体会
5	6月	周二课堂	《高绩效团队建设与员工激励》	集团总部所有人员	了解在团队的建设中，各级主管应该怎么样来做员工激励，激励的种类有哪些，何种情况下选择何种激励方式	讲师教学		5	心得体会

说明：每个培训项目结束后，经过测评不能实现预期目标者，扣除当月绩效奖金。年度培训测评结果在前三名者，给予工资晋一级奖励；后三名者，给予薪资降一级处理。

5.5.3　规划关注对象

1. 方法

一般来讲，每家提供专业培训的机构都是根据自身情况来提供培训服务的，各家培训方法都不尽相同。此时此刻，企业必须要保持清晰的头脑，根据自身实际情况来选择适合的培训方法。每种培训方法都有不同的侧重点，因此，必须要根据培训对象的不同，选择适当的培训方法。方法的选择除了要考虑人员特点外，还要考虑企业客观条件的可能性。培训方法选择适当不仅可以实现培训目标，而且还可以迎合企业发展的需要。

如P制造企业，一线生产员工的基本工艺操作方法不规范，导致产品废品率较高，效率低下，成本居高不下，而大部分员工的学历基础又比较低。这个时候，在选择培训方式的时候，就要尽可能地少选择讲空头理论的课堂讲授法，而要选择辅以容易理解的现场语言讲解的实际操作法，这样较容易被员工接受。当然，如果该企业高层管理人员的管理理论水平较低，而学历基础相对较高，此刻，急需补充管理知识来弥补这方面的短板，那么就可以选择外聘管理专家来企业进行讲课，或者将管理人员送出去委托培养。

2. 学员

对那些德行不符合企业要求者，除普遍轮训外，参加培训学员须经适当地挑选。因为培训要花钱，这笔钱应当用在对企业未来发展有帮助的人身上。

如G包装袋彩印厂，通过内部人才选拔的方式，挑选出两个员工到南方一家企业去学习彩印印刷包装技术，期望他们学成之后能为企业提供技术服务。当时也没有签订什么协议，结果，经过一年左右时间的学习，其中一个人如约回来继续为企业服务，为企业创造了不菲的业绩。而另外一个人，却经不住外部世界高薪和位置的诱惑，被另外一家印刷包装企业挖走了。此时此刻，企业恰恰正在用人之际，但没办法。

当然，对那些经过反复培训仍达不到企业要求、可塑性较低的员工，或根本就没有强烈进步意愿的员工，其跟不上教学进度，态度懒散，行为不端，不仅达不到培训的目的，而且对这些员工的投资将大大增加企业的经济负担，那企业就不必在他们身上继续花费精力了。

3. 讲师

选择教员对于培训能否顺利进行非常重要。国内外一些企业的经验表明，聘请企业内各级管理人员当企业内训师是一种有效的办法。企业人资部门可以对企业内训师进行培训，让他们掌握相应的培训技巧、方法和艺术，确保他们对企业内员工有效地开展培训活动。这样一来，管理人员因掌握了培训方法而更加关心员工，与他们共同工作，共同成长和进步，从而获得他们的信任和拥护。当然也可以聘请外部专职教员进行培训。

制作培训规划的目的是明确培训的内容、时间、地点、方式和要求等，使人一目了然，同时也便于企业安排其他工作，确保培训工作和其他工作不产生冲突，能顺利实现培训预期目标。

5.6　让培训变得有声有色

培训工作千万不能受限于形式，若过于呆板、无趣，就不能产生培训效果。相反，一定要结合受训人群特点，比如年龄、学历层次、工作内容等，采用不同的培训方法。除上述比较经典的固化的培训方式外，还有很多其他方面的培训方式。

5.6.1　经验分享：构建知识信息平台

有专家说：“当人们觉得网络学习能够带来绩效的提高时，就会使用这一工具。”

在当今信息技术日新月异、高度发达的今天，每天信息量处于几何级的增长，仅企业内部数据增长就超过100%，其中80%以文件、邮件、图片等非结构化数据形式存放在企业内部计算机系统中。然而，当用户需要某个方面的内容时，却又很难准确地找到有效的信息。这是因为夹杂在其间的垃圾信息很大程度地影响了使用者查阅知识信息的效率与速度，耗费了宝贵的时间与精力。因此，大家都更希望从有价值的信息中去寻找关心的内容。

企业应构建一个集知识信息加载、审核、发布、查阅、检索、系统管理、即时通信等功能于一体的知识信息共享平台。本平台通过将内、外部信息抓取、整理，储存在服务器中，供企业内部共享使用，是用户储存、查阅、共享知识的重要工具，帮助用户对企业资料、核心数据、专家经验、行业信息等进行科学地管理和使用，轻松应对不断变化的市场形势。

当前，尽管围绕网络学习有效性进行研究的文献还未证明其对行为技能培训的价值，但是网络学习已经在大大小小的企业中占据了重要的地位。网络学习为快速成长型人才提供了可以在任何时间和地点获取大量免费资源的便利。

某企业为了让企业内部知识信息得到流动、共享，采取了三种方法：一是构建自己的知识信息库，将企业内相关专业的知识技能信息都分门别类地储藏进去，比如，人力资源管理知识库，营销管理知识库，工艺管理知识库，生产管理知识库，财务管理知识库，质量管理知识库等等，并适时进行知识库更新；二是由各职能部门负责从外界搜索相关的知识信息，并及时进行更新，确保相关人员及时能从知识库中获取自身需要的最新的知识点；三是构建自己的内训师队伍，让那些在单位工作了很多年经验丰富的资深老员工或中高层管理人员担任内部讲师，组织他们对企业员工进行讲课，通过这种方式来共享知识和经验。

企业内部有很多能力素养和经验都很高的人，他们身上蕴藏着丰富的“宝藏”，一定不要浪费这些“宝藏”，要想办法让它为广大员工服务，为企业注入可持续发展的活力。这也就是时下较流行的“知识管理”模式。比如有些企业设置了首席知识官，专门请能力素养高、经验丰富的员工来组织开展这方面的工作。上述案例说明企业如果能对他们进行适当地知识管理，将他们纳入人才档案中，使得企业对相对分散的知识技能能进行系统化地管控，再由点到线及面进行辐射，让每个员工的能力都向企业内部最高水平看齐。

5.6.2 一分钟培训

一旦发现组织存在问题，千万不可以隐藏、搁置或刻意回避，将问题积累到一定程度之后才通过培训解决。这样一来，往往会让一些工作没法有效推进，甚至还会影响到企业日常经营管理活动。

某家企业老板要求各级管理人员要经常到各个工作现场去了解情况，发现做得好的地方要及时进行表扬，表现差的地方要及时做记录，在进行批评的同时，及时现场指导改进。这种方法让各种问题及时得到发现和处理，让其负面影响降到最低水平。

杰克·韦尔奇比较崇尚“走动管理法”，当管理者发现现场一些管理问题后，要及时做记录，并将意见和建议传达到相关人员，现场进行及时有效地培训、辅导纠错，确保现场问题都能够及时改进。

5.6.3 头脑风暴法

头脑风暴法是一种通过会议的形式，让所有参加者在自由愉快的气氛中畅所欲言，自由交换想法，并以此激励与会者的创意及灵感，以产生更多创意的方法，会议时间一般不超过30分钟。

参加对象一般包括员工、管理者、监督人员和领导干部，并根据需要，从各阶层人员中各抽几名代表。此方法主要是培训参加人员的创造性能力，激发他们的创造性思维，以得到创造性的构想，培训内容主要是根据各企业的需要来确定，如给产品命名、创造新产品等需要大量构想的课题。头脑风暴法的基本程序如下。

确定议题：在会前确定一个目标，使与会者明确通过这次会议需要解决什么问题，同时不要限制可能的解决方案的范围。

会前准备：收集一些资料预先给大家参考，以便与会者了解与议题有关的背景材料和外界动态；会场可作适当布置，座位排成圆环形的环境往往比教室式的环境更为有利。

确定人选：一般以8～12人为宜，与会者人数太少，不利于交流信息，激发思维；而人数太多，则不容易掌控，并且每个人发言的机会相对减少。

明确分工：要确定一名主持人，1～2名记录员（秘书）。主持人的作用是在头脑风暴畅谈会开始时重申讨论的议题和纪律，在会议进程中启发引导，掌握进程。

规定纪律：根据头脑风暴法的原则，如要集中注意力积极投入，不消极旁观；不要私下议论；发言要针对目标，开门见山，不要客套，也不必做过多的解释；与会人员之间相互尊重，平等相待等。

头脑风暴法成功16字口诀：自由畅谈、延迟评判、禁止批评、追求数量。具体解释如表5-4所示。

表5-4　头脑风暴成功16字口诀

口诀	解释
自由畅谈	从不同角度、层次、方位大胆地展开想象
延迟评判	防止评判约束积极思维，避免把应在后阶段做的工作提前进行，影响创造性设想
禁止批评	批评对创造性思维无疑会产生抑制作用
追求数量	设想的质量往往和数量呈正相关关系

至此任务只完成一半，更重要的是对已获得的设想进行整理、分析，以便选出有价值的创造性设想来加以开发实施。这个工作就是设想处理，头脑风暴法的设想处理通常安排在畅谈会的次日进行，在此以前，主持人或记录员应设法收集与会者在会后产生的新设想，以便一并进行评价处理。

5.6.4　知识竞赛/技能比武

知识竞赛或技能比武，同时辅以有效的激励手段，这种形式从某种意义上来讲更能激发起大家学习知识、技能的兴趣，更能让大家在短时间内掌握更多的知识、技能信息。

为有效促进员工知识、技能提升，掀起全员的学习热潮，某企业计划在每季度全企业范围内组织一次知识竞赛活动。为确保每人都有机会参与其中，避免个别单位为了取得好名次，提前选定参加人员，失去了搞知识竞赛的原本目的。组织单位在方案中重点强调，提前十天由组织单位随机抽取人员参加竞赛，并对前三名给予适度的奖励。除此之外，企业还在生产系统内部大搞技术比武练兵活动，这项活动要求车间一线员工必须全员参与，根据练兵的结果，评出等级，跟年度评先、工资评级挂钩。上述举措极大地激发了全员的学习高潮。

企业通过搞这些知识竞赛或技能比武活动，让大家在准备竞赛的过程中，获得了更多的知识、技能信息量，从而提高大家的知识、技能素养。

5.6.5　让指令和训练融合起来

作为管理者，平时在安排工作时，一定要记住，不要总是冷冰冰地布置工作任务，不妨尝试着将任务指令以培训的方式下达，以这种方式能让接受任务者很清楚地知晓工作标准，以及在执行过程中可能会存在的问题细节。同时，这种实战案例更能让大家在接受指令的过程中获得更多的知识信息量。作为管理者拥有的牧师或教练员的角色来讲，千万不要有像有些讲师说的外包思维，任务一说出去，就要让员工都能很清楚地领悟到，并像一名超级战士一样，高水平地运作出高质量的结果来。现在很多人提出员工在职训练一说，其实，这种训练从发布到落实贯穿任务整个过程。

5.6.6　外培分享

当企业出资安排部分员工外出参加某个专题培训活动时，一定要想法让未参加培训的相关人员也能获得参加培训者所获得的知识，怎么办呢？方法有二：一是收集参加培训者所获得的相关资料，如培训教材，将其分发给未去参加培训的人员，让他们通过学习资料了解到相关知识；二是让参加培训者回到企业后进行知识、技能分享，专门安排相关讲座，让大家共享相关的知识技能信息。

H企业外出培训的人员回来后竟然不知道学习了什么东西，再一了解，原来外出学习者当中有不听课去游玩的现象。为了杜绝这种现象，企业在外出培训制度中设定了几项约定：要求凡是由企业出费用外出培训的人员，学习归来后，一是要将相关学习材料交企业档案室归档；二是要检查学习笔记；三是要将学习到的知识信息转换成课件和企业相关岗位人员进行现场分享，并评出名次，对前几名还要额外奖励。否则，培训费用不予报销。这样一来，情况大变，外出受训者一个比一个认真，记的笔记一个比一个完整，回来分享的内容一个比一个精彩。

通过外出培训分享，可以让分享者学习的知识更加扎实，有成就感，并能让相关岗位受益。

5.6.7 其他方法

培训辅助方法还有很多，比如基本研讨法、案例研究、角色扮演、模拟训练法和参观访问等等。如图5-5所示。

基本研讨法	由指导教师有效地组织以团体的方式对工作课题或问题进行讨论，并得出共同结论，分为课题讨论法、对立讨论法、民主讨论法和讲演讨论法
案例研究	由参加者依据背景材料来分析特定问题，提出解决问题的方法
角色扮演	参加者在模拟环境中，按拟分配角色和职责，模拟性地处理工作事务
模拟训练法	将参加者置于模拟的现实工作环境中，让参加者反复操作装置，解决实际工作中可能出现的各种问题，为进入实际工作岗位打下基础
参观访问	有计划、有组织地安排职工到有关单位参观访问，也是一种培训方式

图5-5　培训辅助方法图

基本研讨法是让研习人员在讨论过程中互相交流、启发，以提高研习人员知识、能力的一种教育方法，目的是为了提高员工研究能力，培养其工作意识；案例研究是为了培养参加者分析、解决实际问题的能力；角色扮演的关键问题是排除参加者的心理障碍，让参加者意识到角色扮演的重要意义，减轻其心理压力；模拟训练法与角色扮演类似，但更侧重于对操作技能和反应敏捷的培训，这种方法一般运用于飞行员和井台工人的训练；参观访问可以让员工从其他单位的运行方式中得到启发，从而巩固自己的知识和技能。

5.7　准确评估是培训持续改进的基础

这一阶段重点要做好培训跟踪管理工作，对参加各种培训的员工进行跟踪分析，特别是对具有发展潜质的员工，更应该时刻了解他们的学习成长情况。

5.7.1　谈心得体会

心得体会主要是讲给自己听，心得的深度往往能反映领会的程度，属于验证自我提升的层面，而不是为了教育别人，谈学习心得体会要注意下面几个方面。

一要锁定本职不错位。在谈心得体会时，一定要聚焦本职工作来谈。如，培训岗位就谈培训，生产岗位就谈生产，财务岗位就谈财务，切忌偏离轨道。

二要拷问内心常自省。对照专家所讲内容，认真回想、解析、检讨自己以往工作所秉持的心态和获得的成果：工作态度端正吗？知识、技能符合岗位要求吗？工作结果客户满意吗？执行力到位吗？还有多大的改进空间？唯有如此，才可能引起内心深处的共鸣，唯有真正引起了共鸣，才能产生自我改造提升的动力源。

三要引发共鸣，找交集。哪方面内容引发了你的共鸣、触动了你的内心，引起了你对现实工作的联想、思考或感悟。一方面，说自己的心态和以往工作应加强改进或提升的地方；另一方面，说自己以往工作做得较好需进一步坚持的地方。但有一点，不可讲和自己工作或与本次讲座无关的内容。

四要秉承实际要客观。一定保证所举案例实事求是，不要夸大，也不要缩小，更不要避实就虚，无病呻吟，或者无中生有，故弄玄虚，要求真务实，实事求是。

5.7.2 评估层次

常见的培训评估层次分为反应、学习、工作和绩效四大层次，它们之间属于逐步增强的关系，如表5–5所示。

表5–5 培训评估四大层次

层次	测评内容
反应	可以通过观察坐姿和记录动态反应来获得信息： 个别学员行为不端正判断为个别学员的问题； 超过40%学员出现问题，可理解为讲师授课问题； 需讲师点名回答问题，可理解为学员不够主动； 如讲师所提问题一直无人主动回复，就有可能是讲师问题； 在培训结束时再进行满意度调查，结合两者情况再进行分析总结，并且形成报告备档，以助今后工作的改进
学习	可以安排课堂作业，让员工在培训结束后填写满意度调查表的同时也要做好“培训作业”； 不认真的员工要进行单独沟通，如沟通无效，可将其列入培训黑名单，以免影响培训氛围； 认真的员工可纳入企业人才储备库，可加大培训力度，助其成长
工作	每次培训后引导员工改进1~2项工作内容，通过这样有针对性的培训效果跟进，让培训与实际改进工作高度黏合，才能让培训产生价值
绩效	将知识转化为专业能力： 培训结束后，要看受训者有没有有效解决存在的业务问题，是否达到预期目标； 必要时可以要求受训者列出业务改进计划，并将其纳入企业对本次培训效果的衡量指标

培训后应对受训人员及其所在单位进行的综合评估与结果考核，同时

对结果进行公布并提出改进方案，从而在企业内形成一种良性的竞争与学习环境。

某单位招聘一位工人技师，一名本单位的员工决定竞聘这个职位，为此，他下了很大一番功夫，将那些可能要考的深奥的理论背得滚瓜烂熟，以95分的高分顺利地通过了文化理论考试。不过，这只是通向成功的第一步，他还要进行另一轮考试——现场操作考核，即在规定的时间内排除故障，也可以说是面试。可惜这次他没有考好，只得了60多分，他很沮丧，明明自己把那些现场的操作要领背得滚瓜烂熟，怎么在实际操作中就用不上了呢？他感觉自己没有学习到点子上。

虽然他理论考得很好，但企业没有录用他，倒是理论成绩比他差，操作成绩比他好的人被录用了，按理论和操作两门的总成绩来说，甚至他还高于那个被聘用的人。

他有点不服，对负责考核的人说："我的总成绩是最好的，为什么不聘用我，而聘用比我总分还低的人呢？"

总负责是这样解释的："我们需要的是具有实际操作技能的人，要的是有绝技、有绝活的能工巧匠，要的是有能力解决现场实际问题的人，而不是一个书呆子。"

著名哲学家培根说过："知识就是力量。"其实，知识本身并不具有力量，只有将知识转化为明确的目标和具体的行为，也就是说必须有效运用知识，才会让知识产生力量，才会增强解决实际问题的本领。当前，很多人将学和用分开来了，做不到学以致用。

受培训学员的实际知识、技术水平的提高，管理能力的增强以及行为改进等方面的结果不是通过一两次考核就能衡量出来的，有的要经过对受训人受训后一段时期的工作实际表现进行追踪调查了解，才能较准确地评估出某一专项培训的效果情况。在西方国家的企业员工培训中，很重视通过追踪的方法来对培训项目效果作出评估。经验证明，这种追踪评估的准确性较高。

5.8 把好内训环节的四个关口

在培训过程当中，经常会出现一些问题，这些问题关口往往是培训工作的绊脚石，若长期存在，会阻碍整个育人工作的开展。

5.8.1 意识关

1. 端正心态

管理者要切实认识到培训在推进工作方面所发挥的巨大作用，也是促进个人素质提升、实现个人职业生涯规划的关键手段，要在不同场合，通过各种途径、载体来宣传企业“培训是最好的管理”文化理念，逐步让全员树立正确的培训观，引导大家加强自我学习并积极参与到企业组织的培训中。

2. 身体力行

“身教重于言教”，要想真正有效推动培训工作向前发展，管理者不能光要求别人，还要身体力行积极做好榜样，带头践行企业的培训理念。

5.8.2 机制关

缺乏健全的培训管理机制和切合企业实际的管理规划，培训规划不科学不系统会导致培训工作开展起来问题频频。培训任务来源于企业战略和人力资源规划，为完成培训目标任务，必须要编制具体的实施计划。

D企业制定的培训计划基本上都属于应付差事，各级管理者缺乏认真地审查，观察各职能部门递交到人力资源管理部门的培训计划，除项目不全外，内容空虚，不成系统。为什么呢？很简单，根本原因是管理者不清楚如何来编计划，只靠拍脑袋来定培训内容，当实施这些计划没有效果时，还反过来抱怨培训没有用，为自己不愿意参加培训找借口。更为可笑的是，有些部门竟抄袭往年的培训计划或直接照搬互联网上的培训计划，不管合适与否，只管拿来用。还有的部门主管把计划编制工作直接交由下级来做，不管做的合适与否，只管签名同意上报。

推荐采取下列方法克服上述问题：

健全培训管理制度体系。缺乏健全的培训管理制度必然会导致培训运作过程缺乏依据，不规范，进而影响培训效果。因此，培训主管部门应根据自身以往培训工作的开展情况、同行业培训管理经验以及当前先进的培训管理理论，结合自身经营发展战略规划、目标以及人力资源管理现状，构建切合企业自身实际的培训管理制度体系，并严格遵照执行，在不断总结经验教训中进行完善，逐步使培训管理制度化、标准化。一般情况下，企业可以根据情况适度建立培训管理机构和三级培训管理制度，具体如图5-6所示。

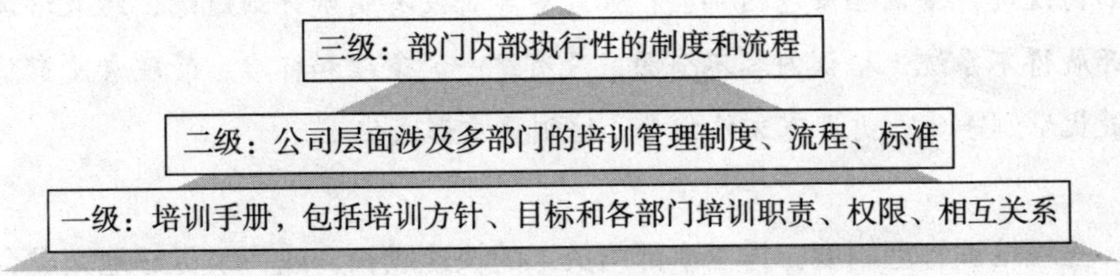

图5-6　完备培训体系三级文件构成图

1. 建立培训管理机构

根据企业规模和行业特点，建立和企业相匹配的培训主管机构，可以选择由人力资源部下设培训专员专职或兼职负责，成立专门的培训部或成立企业培训管理委员会。除此之外，也可以将培训管理工作外包给专业职能机构。

2. 建立三级培训管理体系

一级培训管理制度：由企业培训主管部门总体负责根据企业的业务发展战略，以宏观的角度搭建企业整体培训管理框架，整体指导企业各项培训管理工作。

如：可以根据企业规模情况，编制企业培训管理框架手册，言简意赅地阐释企业培训方针、目标、意义、标准和原则，培训包含哪些类别（如岗前培训、在职培训；内部培训、外部培训等等），每类培训应如何实施检查、评价和考核，明确规定每个部门在培训过程中应承担什么职责以及相互关系。

二级培训管理制度：为了落实企业培训手册的总体要求，结合日常培训工作时常出现的问题，必须具体细化每一环节的制度流程，一定要保证可操作性和培训效率、效果。

如：企业培训分几个层次？培训职能部门和执行部门的责任是什么？实施培训主、客体是谁？培训什么？应如何准备？去哪培训？何时培训？培训过程应注意什么问题？培训纪律是什么？如何实施？培训效果如何考评？存在的问题如何改进？培训档案包括哪些？如此等等都没有明确详细规范，结果培训经常开展得不系统，培训内容不全面，没有统一的条理和标准，管理者没有总结出最优培训手段，更没有文件指导，培训严重形式化。

三级培训管理制度：为了本部门员工的快速成长，或为了更好地完成企业安排的培训任务，一般情况下，各部门内部在培训管理方面，也应有一定的灵活自主权，可以结合自己部门的实际情况，协同企业的培训管理制度精神，制定本部门的内部培训管理办法，充分发挥、体现部门自身管理职能作用。

5.8.3 执行关

很多企业的培训完全是应付差事，形式化严重，不仅枯燥，而且方式单一，整个过程缺乏互动。授课者缺乏整体授课能力，准备不充分，导致受训者不感兴趣，排斥学习。同时，企业培训检查工作做得也不扎实。推荐采取下列方法克服上述问题。

首先，做好培训需求分析。管理层尤其是中层执行管理人员，更要掌握一定的培训需求分析技术，配合培训主管部门做好自己分管区域的培训计划，通过计划的具体落实使企业获得更大收益。培训需求分析技术应从企业现状分析入手，发现绩效差距和薄弱环节，将其纳入培训改善计划。

其次，合理安排培训时间，保证学习形式多样化。培训提升不要僵化于一种方法，要根据成人学习特点综合采用形式多样的学习方式，比如现场讨论、角色扮演、实操培训、情景模拟，利用幻灯片、视频等，想办法培养起大家学习的兴趣，让他们在不自觉中提升本领、增长才干。还可以组织一些员工参观同行业之间的技术交流活动，开阔视野，增加见识。

最后，推行培训计划，认真进行检查考评。必须要制定相应的评估方法和标准，明确落实责任。培训评估的手段是多样化的，可以是问卷调查、面谈调查，也可以是对受训者进行知识和实操考核、培训前后相关数据对比等。培训组织部门在安排培训内容的同时应根据实际情况确定评估方法，做好监督指导工作，以确保培训质量。同时根据培训调查分析和信息反馈，改进相应的培训项目设置，方便指导今后培训工作的开展。

5.8.4　考评关

有资料显示，70%的企业认为培训效果难以评估，并在实际工作中没有将培训考评工作列入重点，只注重形式化的培训过程，而不注重培训所带来实际意义上的能力或业绩提升。管理者可以采取下列方法克服上述问题。

1. 指标考核

管理者要了解参加培训的员工学习效果如何，则要通过指标进行考核。有的人学习就是“混日子”，不是迟到，就是早退，根本不把学习放在心上，课程结束后，不知道究竟学习了什么，一问三不知，书面考试严重不合格，基本上和没有参加学习一个样。

指标考核主要是考查员工通过培训所掌握的知识技能有多少，有效应用到自己工作实践中的有多少，这个很重要，也很关键。比如说，不会制订年度计划的管理人员，通过学习如何制订年度计划的课程后，是否能使用相关的工具和知识来制订自己的年度计划了。如果答案是肯定的，说明学有所获，否则依然无收获。

2. 奖优罚劣

正如本章所述，对凡是在培训过程中获得有效地能力提升和成果转化者，就要辅助实行一些精神和物资的奖励措施，进一步激发他们的学习热情。

5.9 内训师是夯实企业内训的基础保障

一个企业的人才培养是否高效，往往取决于是否拥有一支优秀的内部培训师队伍在做支撑。内训师建设在企业组织发展中发挥着越来越重要的作用，他们不仅能为企业带来系统化的管理知识与技能，还能有效推动企业内部人才梯队建设。

5.9.1 分岗位遴选内训师

根据企业未来发展战略以及当前实际运作情况，确定需要哪些业务模块，分析这些业务模块需要哪些岗位来担当，每个岗位应该知道什么，然后根据“应知应会”的原则确定企业需要哪些类别的内训师。将员工按岗位设定为管理、技术、生产、销售四个类别的内训师组，确定了内训师应具备的能力素质，并以此为依据选拔内训师。从哪些方面的能力来选拔内训师队伍呢？应从教导、开发和管理能力三方面，如图5–7所示。

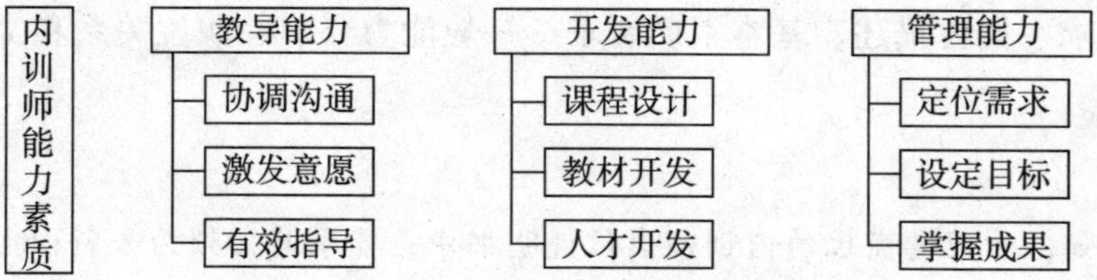

图5-7 内训师能力素质模型

为保证整个工作的有序性，企业可以成立内训师选拔管理委员会，负责整个企业的内训师选拔工作。该委员会任命企业第一责任人为主任，各岗位副总经理为委员。同时，下设选拔执行小组，组长由人力资源部经理担任。此外，小组内应委派内训专员带领各部门主管开展具体选拔活动，执行委员会的报名条件，要根据培训需求和内训师选拔标准，企业明确规定了报名条件：

遵纪守法，具有良好的职业道德和敬业精神；

认同企业文化，热爱讲师工作；

具备深厚的专业理论知识和丰富的实践经验；

善于沟通，具有较强的书面和语言表达能力，有一定的亲和力和感染力；

技术人员原则上应当是各技术部门的业务骨干或高级专业人才。

随后，执行小组发布招聘通知。企业将以部门为单位，收集报名表并报送执行小组。

两次评选确认师资。执行小组在收集完报名表之后，首先要结合岗位说明书和报名条件，以资格审查和面试的方式，对参选员工进行海选。通过审查的员工将进入终选。

终选时，执行小组会参考各内训师候选人情况，并按照管理、技术、生产、营销四大类进行分组，确定各类别候选人的试讲考评时间。内训师候选人也要结合自身专业特长及企业业务需要，自拟课题并制作课程红幻灯片，参与内训师正式讲解评选。评选过程将由选拔管理委员会全程监督，最终按照每个参选员工的评分高低，优选出合适的内训师。

在管理时，每个内训师都有相应的岗位说明书。岗位说明书包含学历、专业要求、岗位描述、基本素质要求、一般能力要求、职位关系和工作经验等内容。

例如，管理类岗位的内训师岗位说明书中，要求其必须为专科以上学历，人力资源、管理或相关专业。该岗位的职责包括，根据企业的战略规划和人力资源需求计划，结合目前人员情况，研究开发针对培训项目以及企业经营、管理所需要的课程，同时，还需制订、实施培训计划，从事培训咨询和培训执行活动。

5.9.2 多措并举，强化内训师队伍建设

除通过重点加强学习、训练来持续提升员工个人素养外，还应提供其参与实践的机会，甚至还可以邀请外部专业培训师对他们进行强化训练。

首先，让内训师进行训练准备，包括专业学习和课件准备。内训师要深刻了解自己所讲课程的内容，熟练应用其中的知识与技能，并能根据实际情况解难释疑。内训师需要梳理课程知识点和案例练习的内在关系，掌握课程实施的逻辑，准备好授课材料。

其次，发现问题。每个内训师将逐一上台进行上课演练，演练结果由专业讲师和其他待评价的内训师进行讨论并分析，发现内训师的不足。

再者，在了解了每个内训师的情况之后，由专业讲师有针对性地进行提升培训。培训完成，每个学员将选取自己课件当中的一部分进行演练，并接受专业讲师的现场点评。

最后，所有内训师将逐一参加试讲。培训管理委员会将根据每个人的试讲水平对内训师进行综合评定，按照最后的评分高低，奖优罚劣。

在培训结束后，企业要保留课程录像资料，一方面，要求内训师自己回顾录像，检查自身不足；另一方面，还要邀请受训人员提出意见和建议，写出心得体会。

5.9.3　动态考评，保留最优内训师

企业每年应对内训师进行评定，然后根据评价结果以及内训师级别标准，将不同级别内训师进行互换，直至淘汰那些培训效果不明显和综合评价不良的内训师，如图5-8所示。

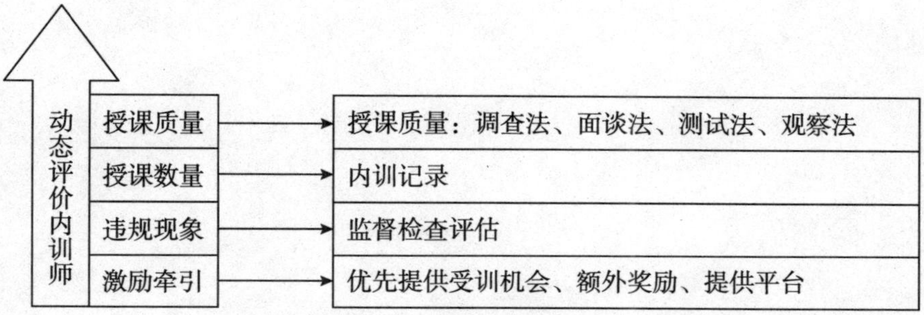

图5-8　动态评价内训师内容及方法图

授课质量可以通过下列方式获得。一是调查法和面谈法，测评授课满意度，通过对一定数量的受训者开展调查问卷或面谈沟通来了解，专门邀请企业中高层管理人员旁听内训师授课情况了解其讲课质量；二是测试法，测评能力素质，根据授课内容，对授课人综合理论和操作综合测评的方式来了解受训人的能力状况；三是观察法，测评授课效果，在内训结束后亲自到受训者岗位，通过观察受训者工作情况来衡量培训对受训者所产生的效果。

正向激励牵引内训师发展水平：一是优先提供受训机会，包括内训技能、授课技能、引导技能、活动技能、操作演示技能、课程开发技能、沟通技巧、课堂气氛把握、尴尬问题处理等；二是额外奖励，即课时补助，阶段性对全体内训师严格按标准开展评优活动，对表现优异的讲师根据要求可以授予“金牌讲师”称号，并予以表彰；三是提供平台，建议凡是在企业注册的优秀内训师，在个人职业生涯发展以及年度评先评优活动等各方面，同等条件下享有优先权，给内训师开辟广阔的发展空间和平台，从而不断激励他们努力做好企业内训事业。

第6章

用得棒：适岗适配，适才适用

唐太宗曰：“智者取其谋，愚者取其力，勇者取其威，怯者取其慎，无智愚勇慎兼而用之，故良将无弃才，名主无弃士。”在人才管理方面还流行有这样的观点：“世界上根本没有废品，只有放错地方的资源。”法国著名企业家皮尔·卡丹也提出类似的用人理念：“用人方面一加一不等于二，搞不好等于零。”

量才使用，用对地方，就是人才，否则，就是庸才。这告诉我们一个道理：作为管理者，必须要在科学准确分析人才的基础上，想方设法将其安排在适当的岗位上，高效配置人才，使其快速与组织环境相适应，最大限度地激发个体能量，从而为组织目标服务。否则，用错地方，组合失当，整体优势会变成整体劣势。

6.1 人才管理对立面

某建材企业老板常去参加一些有关提升企业执行力的学习，常听到一些培训师强调人力资源在企业运营中的作用，受这些影响，回来后大力宣传人力资源管理在企业管理当中的作用，但让人啼笑皆非的是，说的话全是“管理大师说的”，但在实际问题上，对人才管理的偏见一点也没减少，言行不一，如表6-1所示。

表6-1 某建材企业老板人才管理的两面性

一面	另一面
人资部是企业第一战略部门，战略任务目标能否实现，人才管理水平很重要	人资部是绝对的服务部门，人资部必须服务好其他部门
目标没实现，主要是人才引进不力	目标达成了，都是其他部门的功劳
要加大培训预算，让全员都有受训机会	员工提升是个人的事，和企业没关系
要加大对各部门的考核力度，促进业绩	不要去骚扰各部门，影响正常的经营管理工作
多搞一些活动，丰富员工的文化生活	哪有钱和精力来搞这个不出效益的事情
人事管理要遵守国家法规	不要太死板，要因人因时制宜

在职场上，正如上表所述，经常会看到或听到企业高层领导在人才管理方面言行矛盾的事情，这也很正常，“思维观念、价值观在发生冲突的时候，这

种不和谐的音符当然就会发生”，也正因高层管理者这种人才管理理念的意识还不够坚定，才滋生出更多的对立面，如图6–1所示。

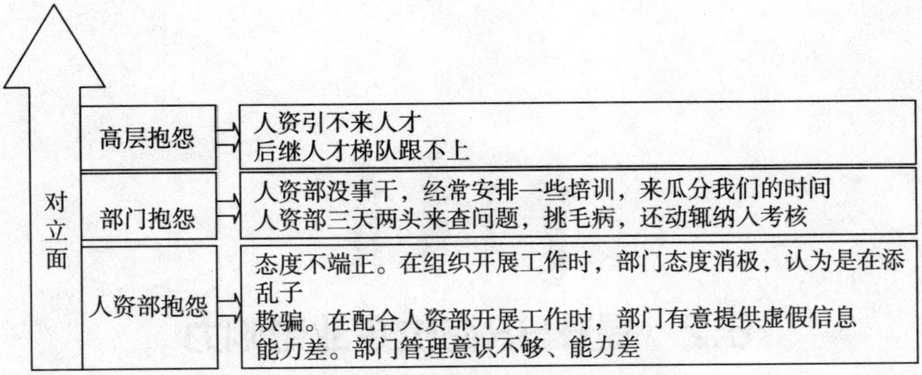

图6–1　各层管理者在人才管理方面的对立面

当人资部向相关高管反馈问题时，高管反应迟钝、立场不坚定，甚至为了照顾部门情绪还反过来责备、数落人资部。正是上述诸多对立、不和谐的音符，导致人资管理工作不能有效开展，使得整个企业人力系统陷入被动。探究上述问题存在的原因，给出如下建议。

发挥领导作用，充分认识到人力资源管理的重要性，要为人力资源工作的顺利开展提供各种必要的支持，要带头积极参与到人力资源管理的过程中。

通过培训不断提升人资从业者的能力素养。据统计，从当前国内一些企业人资管理情况来看，能有效按人资六大模块有效开展工作的企业还真不多，这除了有些企业不够重视外，还和人资从业者的能力素养有较大关系。

用绩效结果说话。人资没把事做到让老板肯定的程度就不会有影响力。在企业高层领导对人资工作重视程度不够的情况下，人资从业者要想提升自己在企业的地位和作用，使自己的职业得以不断发展，唯有通过工作业绩来提升其影响力。

6.2 提升HR岗位企业影响力

有一位HR职业经理人，号称是当地业界顶尖的人资专家，交流中，他对自己以往在企业推动的项目颇为得意，比如组织流程再造、企业大学筹建、薪酬体系的导入等等。其实，他服务过的企业规模都较大，老板很重视人力资源管理水平的提升，投资力度都很大。问题是，他在每家企业服务的时间都不长。每进一家企业之初，老板对他的期望都很高，对他工作的开展都给予了很大支持，但用不了多久，他就开始遭遇“冷板凳”了。原因就出在他只是个人力资源管理方面的专家而已，老想帮企业建立健全人力资源管理的各个子体系，而不会用经营思维去思索人力资源管理工作如何来助推经营目标的实现。因此，往往将企业人力资源体系搞得貌似很美，但实际并没有起到多大的助推作用。

人资管理者究竟要通过哪些途径来提升自己的影响力呢？

首先，必须要认清工作使命，要有强烈的企图心，要以经营者的思维来经营人力资源业务；其次，做整个企业人力资源管理的积极带动者、引领者，让每个管理者成为人资管理者，同时要通过努力来增强个人业务能力。如图6–2所示。

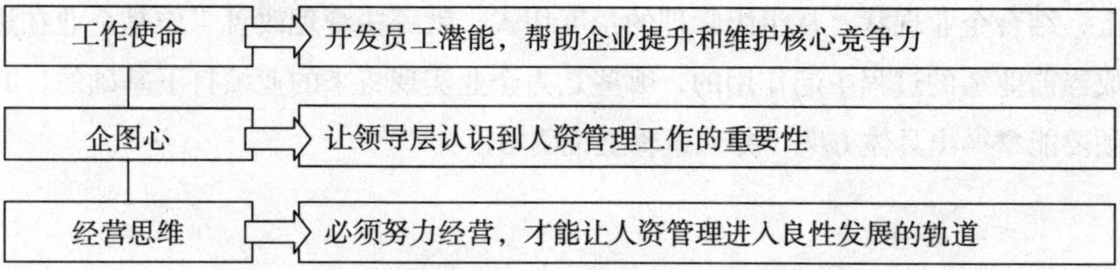

图6-2　提升人资岗位影响力模型图

6.2.1　认清工作使命

人一旦有了使命，就会动力十足。作为人资管理者，当从意识领域充分认识到自己担负着提升企业核心竞争力这一重大责任时，就会有一种神圣的自豪感，同时，工作压力感也会得到适度增强，自我价值实现的蓝图也就会随之清晰了，而这也恰恰是人资管理者职业生涯走向成功的关键起点，所以人资管理者必须要具备改善工作格局的强烈使命感。

6.2.2　要有企图心

常听到这样的牢骚：领导层都是做技术、营销出身，对人力资源工作认识不清、不透，也不够重视，即便重视，也往往只是局限在口头上，实际上并没有下太多力气来做人资管理。一旦领导层有了这种思维定式，就会使人力资源管理工作难以有效实施。此时此刻，作为人资专员，究竟该怎么办呢？顺势而为，还是努力改变？

建立起强烈的企图心来影响领导层对人力资源管理工作的认识偏差，在你的主动影响下，让管理者能积极地按你的思路脉率而动，从而自觉地来支持、配合你的人资工作。

6.2.3　具备经营思维

一旦人资管理工作没有成效，当然就不会形成真正的影响力。在企业中，所有的管理活动都是为经营目标服务的，这就要求管理者在了解了企业的经营战略后，能帮助企业理清达成战略目标的关键驱动因素是什么，然后在此基础上，结合企业现状，从组织管理的角度切入，就哪些管理改善工作是企业在达成当前业绩的过程中起作用的，哪些是为企业实现将来的业绩打下基础的，必须要能拿得出具体方案，并从逻辑上说明白。

6.3 HR是领舞者而不是伴舞者

作为人资管理者，一定要谨记，人资部门既是战略性机构，又是服务性机构，切不能偏倚。

老李入职到N企业做人力资源经理后，感觉这家企业人力资源管理做得很被动，很多工作没有有效开展，尤其是培训和绩效管理工作更是落后。后来一了解，原来从老板到部门主管，无人对人力资源工作有清楚地认识，误认为人力资源工作就是招聘个人核算个工资而已。于是，老李首先做通老板的思想工作，由其号召做这项工作，并从普及人力资源管理——绩效管理模块开始，其中还请业界同行到企业讲一些经验，让每个管理者都清楚绩效管理的价值和意义及实操技能，并从对部门绩效考核为切入点开始开展工作。经过一段时间与被考核部门之间的博弈之后，效果逐步显现出来了，原来违规违纪、“跑冒滴漏”减少了，效率、质量提升了，企业整体面貌有较大改观。各级管理人员一看到这一局面，立马改变了原来对人力资源管理部门的偏见，并极力支持人力资源部在之后开展的一系列工作。

这则例子说明，若要想提升人资管理部门在企业的地位，得让老板看到企业在人资管理系统的带动下产生了绩效并提升了核心竞争力。

人力资源工作须通过和组织互动才能产生绩效。每个职能部门负责人都应担任起人资经理的角色，但你若想要他们能跟你一样重视那几乎是不可能的，尤其那些生产系统部门主管，每天都有大量的事情要做，所以人资工作放到他们那里可能变成不重要的事情。作为人资，必须学会挽着他们的手臂带着他们一起跳“人力资源舞”，要让他们跟随你的节拍翩翩起舞，在潜移默化中显现效果，否则，随着他们的节拍跳动，效果必然会很糟糕。

另外，随着社会不断地进步，企业人力资源管理手段也在不断发生着新的变化，这就要求人资从业者必须与时俱进，通过不断学习来提升自己的业务能力。这种能力要求人资能帮企业确定组织取得成功的核心竞争力，并在此基础上，能通过激励体系的优化，实现员工工作态度的正向转化，使工作技能得以持续提升，员工潜能得以激发。

6.4　人才管理机构及任务

要将人力资源管理工作从“根处”进行规范，彻底摆脱传统的着眼于“事”的管理理念，进而转变为现代化的人力资源管理，将着眼于“人”的立体化的管理理念真正摆到战略管理的高度。这里的“根”就是组织机构设置和部门职能任务目标，所有工作都要从“根处”入手，如图6-3所示。

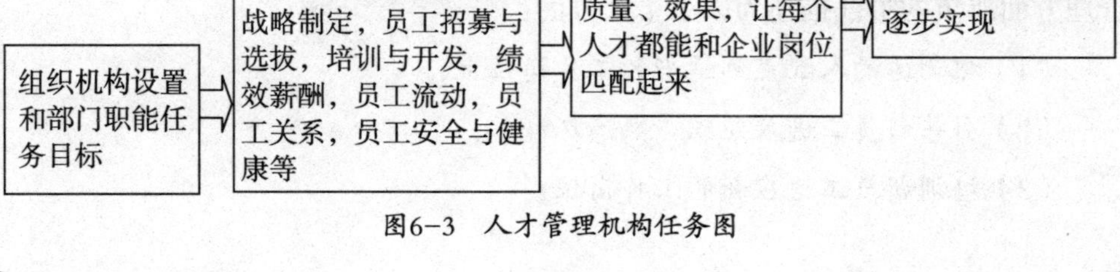

图6-3　人才管理机构任务图

6.4.1 组织目标

人力资源管理是指企业的一系列人力资源政策以及相应的管控活动。也就是说，企业运用现代化的管理方法，对人力资源的获取（选人）、开发（育人）、保持（留人）和利用（用人）等方面所进行的计划、组织、指挥、控制和协调等一系列的活动，最终实现企业发展目标的一种管理行为。

人力资源管理的终极目标是什么？国外有人提出将人力资源管理体系目标作出如下规定。

企业的经营目标要通过其最有价值的资源员工来实现。

为提高员工个人和企业整体业绩，员工应把促进企业成功当作自己的义务。

制定与企业经营业绩紧密相连的具有连贯性的人力资源方针和制度，是企业最有效利用资源和实现经营目标的必要前提。

应努力寻求人力资源管理政策与经营目标之间的匹配和统一。

当企业文化合理时，人力资源管理政策应起支持作用；当企业文化不合理时，人力资源管理政策应促使其改进。

创造理想的企业环境，鼓励员工创造，培养积极向上的工作作风。

创造反应灵敏、适应性强的组织体系，从而帮助企业实现竞争环境下的具体目标。

增强员工上班时间和工作内容的灵活性。

提供相对完善的条件，为员工充分发挥其潜力提供所需要的各种支持。

维护和完善员工队伍以及产品和服务。

6.4.2 组织任务

组织任务是指人力资源管理者需要承担的责任和任务。加里·德斯勒在他所著《人力资源管理》一书中把一家大企业人力资源管理者在有效的人力资源管理方面所负的责任描述为以下十大方面：

（1）把合适的人配置到适当的工作岗位上；

（2）引导新员工进入组织（熟悉环境）；

（3）培训新员工适应新的工作岗位；

（4）提高每位新员工的工作绩效；

（5）争取实现创造性的合作，建立和谐的工作关系；

（6）解释企业战略、政策和工作程序；

（7）控制劳动力成本；

（8）开发每位员工的工作技能；

（9）创造并维持部门内员工的士气；

（10）保护员工的健康以及改善工作的物质环境。

企业须避免以往传统的行政人事管理体制模式将企业人资管理带离轨道，同时，设立专门的人力资源管理部门，有效行使人力资源管理职责，使人力资源管理逐步决策化、科学化、规范化。同时，要加快人力资源管理者的培养，民营企业可以从外部引进部分人力资源管理专业人士，在企业中普及人力资源管理理念、知识，培养专业的人力资源管理人才，并与职业资格培训密切联系起来。

6.5　设计人才管理活动规划

一个组织的人力资源管理工作必须从系统规划开始，下面是某集团企业为第二年度的人才发展规划所下发的通知。

各子企业：根据集团总部战略及发展要求，现需春江集团各子企业人资部门盘点本企业年度人员结构情况、薪酬总额及结构比例等数据情况，并作出相应分析；同时，根据集团战略规划及本企业年度工作任务，制定本企业2015年度人力资源工作计划，包括人员（配备、补充、晋升等）配置、薪酬管理、绩效管理、培训管理、各项费用预算及人力资源政策调整及制度优化等方面的计划。

上报材料有：

（1）2014–2015年度企业人员情况表（如表6–2所示）；

（2）2015年企业组织机构图；

（3）2015年企业人员编制表；

（4）2015年度企业人力资源工作计划；

请各企业人资部门于2014年12月15日前将上述统计表格及年度工作计划上报集团人力资源部。

人力资源部

2014年11月25日

表6–2　2014–2015年度________企业人员情况表

号	部门	岗位	中心职责	2014年度盘点						2015年度计划	
				编制人数	年初人数	流失人数/原因	补充人数/途径	现有人数	缺岗人数	编制人数	补充人数及途径

说明：

1. 流失原因包括辞职、辞退、调岗等情况；
2. 补充人数=2015年编制人数–现有人数+2014年流失人数；
3. 补充途径主要有招聘（内部、外部）、调岗、晋升等。

作为子企业来讲，在接到通知后，就应该着手开展人力资源管理规划工作，比如，可以按下列程序要求系统规划人才管理活动，如图6–4所示。

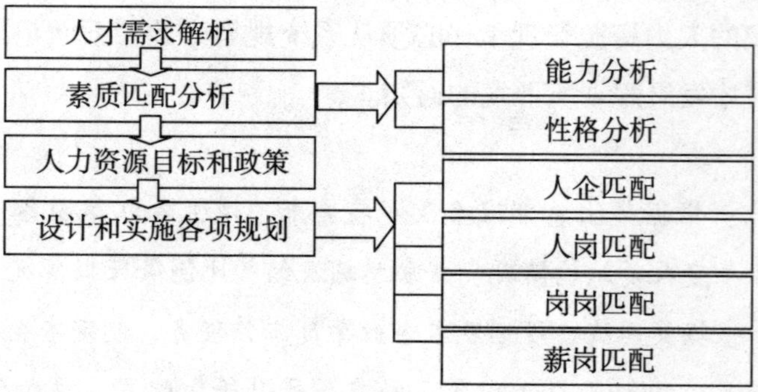

图6–4　人才管理活动规划图

6.6 人才规划始于需求分析

进行人才需求解析时，必须充分收集企业在一定时间内的业务发展计划和未来战略发展方面的数据信息资料，以及以往企业的历史资料信息，必须确保数据信息及时、可靠、全面。

实际上，人才需求和企业战略发展是咬合在一起的两条线，没有人才，企业战略难以实现；没有战略，人才失去了存在的价值和意义。人力资源管理部门，必须要配合企业整体战略发展情况，阶段性地搞清楚当前和未来一段时间之内的人才状况，如表6-3所示。

表6-3 人才需求解析对象应回答的问题清单

解析对象	应回答的问题
人才是否满足当前业务发展情况	企业设置有多少个岗位和人员编制，对应这些岗位编制是否已经配置到位，这些人员是否都合格；如果都配置到位并且合格，是否能满足企业当前发展需要，是有所富余还是有所缺位
人才是否满足未来业务发展情况	一方面，企业将要在哪个新领域进行发展，发展到什么程度，现有储备的人才能否满足这个发展要求，如果不能，配合企业当前战略发展进度，必须要在什么时间引进相应的人才才能不影响企业战略发展；另一方面，企业将在哪些领域要减少发展规模，减少到哪个程度，未来一个阶段企业要在哪些方面进行人才分流才不致于人员臃肿，这些人才分流到哪些地方才能才尽所用
未来一段时间人员异动情况	截至目前，企业哪些人员已经递交了辞职报告，通过调研，哪些岗位人员还可能要离开企业，根据以往历史各类岗位流失率情况，预测未来这段时间，还将会流失哪些人员

作为人资管理人员，当你回答了上述问题后，自然而然，人才需求计划就有了建立的基础。如果这些问题都回答不清楚，一般情况下，就不可能做好人才需求计划。

在做人力资源需求计划时，一定要注意结合本企业实际情况，不仅重视数量要求，更重要的是，还要保证质量，否则功亏一篑。因为，企业内外部环境处于不断变化中，企业人才个性化需求清单也是动态的。就像人体一样，尽管都有心、肝、脾、胃、肾器官，外形相同，但具体到个人，这些器官又各有状况，千差万别。

为配合战略发展所需，企业要根据具体情况，确定适合自身的合理人才需求体系，需什么样的岗位、解决什么问题、素质要求和岗位应知应会是什么，通过这些人才的配置到位来不断优化、改善企业经营能力。切记一点是，必须摒弃当下很多企业人才需求清单互相抄袭、千篇一律的现象。

要非常清楚组织当中的人才哪里力量比较薄弱，哪里力量比较富余，在什么地方什么时间需要加强什么样的人才部署，在什么地方什么时间需要削减什么样的人才力量。不管是采取内部人才调整，还是外部人才引进，只要我们尽可能地按要求做到人才匹配就可以了，这既确保了人才不会过剩，也不会过于短缺，确保人才一直处于动态平衡的状态。

要实现匹配这一目标，人才匹配度分析至关重要。通过知识、技能、经验和个性、态度状况分析，弄清当下企业实际拥有人员的情况，重点开展下列要素分析。

6.6.1 能力分析

对当前企业内部所有员工情况进行系统地分析，清楚了解员工自身职业化素养与其所从事岗位需求的匹配度，以及和上、下游岗位的互补程度，分析出当前企业内部哪些人员具备该岗位的能力，哪部分人员可作为内部人才流动的替补或备选。

H企业在每季度和每年都要对企业内部人员情况进行一次系统地评价、遴选，根据其业绩综合表现以及360评价法（上、下、左、右以及自身岗位的综合评价），对照岗位能力素质要求进行对比分析和综合判断，对那些严重不适合的人员要进行调岗处理；对那些能力稍微差一些但通过培训能迅速改进的人员要纳入下一步的职业培训规划，让他们尽快地改善能力，适应岗位工作要求；对那些由于调整岗位而内部无后继人才跟进导致缺编的情况，则要及时进行外部聘任补充人才进来。每年通过这种方式来不断地优化组合岗位，往往能将合适的人安排到合适的岗位上任职，确保岗位能力素养基本处于需求满足的状态。

1. 引进人才

“引才”是“管才”第一环节，是人才后续管理的基础。招聘人才时，一定要以“德才兼备”为第一原则，既要了解人才具有的知识、技能和经验，还要关注必不可少的品德力量，人品是根本。除此之外，人才是否认同企业文化、政策也是必须考虑的关键因素。唯有如此，才能降低人才引进的风险，从根本上防范人才变质和流失。

外部引进人才是内部人才管理的基础，没有充分的人员基础，内部选拔也不会好到哪里去。总体来讲，外部人才引进的优势主要体现在以下方面。

一是起到一定程度的外部交流作用。新员工能够带给企业不同的经验、理念、方法以及新的资源，使得企业在管理和技术方面都能得到完善和改进，避免了近亲繁殖之弊端。

二是产生鲶鱼效应，激发员工活力。可以在无形中给组织现有员工施加压力，形成危机意识，激发斗志和潜能。工作压力带来的动力可以使员工通过向标杆学习而共同进步。

三是人才选择范围广。企业能招聘到更多优秀人才，包括特殊领域的专才和稀缺的复合型人才，可以为企业节省大量内部培养和培训费用。

就像产品质量检验员一样，人资岗位就是入职员工的质量检验员，在选择外部人才时，可适度考虑精选或开发一些入职甄别工具，规范完善招聘管理制度和流程，采用科学合理的招聘措施，有效甄别出企业所需人才，为之后人才管理奠定基础。人资管理者对新进员工先进行立体综合评价，确保真实准确地呈现每位员工每项考核指标的情况，然后再进行综合判断。比如，考量“德”时，可以采用FRC品德测评法、卡特尔16因素个性问卷法；考量“才”时，可以选择托兰斯创造性思维测验、威廉斯创造力测验系统和吉尔福德智力结构测验。

招聘时，不要一味图省事，不做准备，不负责任地随便问一下便完事，不管应聘者素质是否适合企业，就轻易打开入职的大门，这将为企业之后的管理埋下重大隐患。

有位应聘者，混迹社会多年，精通人情世故，人际交往经验异常丰富，能说会道，什么都懂，但都不太专业。

有一天，他到某企业应聘，现场侃侃而谈，把面试官搞得晕头转向，误判其能力很高深，认为抓住了一条大鱼，直接将其录取了。结果，这位应聘者入职后不爱干正事，天天东串西跑，胡聊神侃，请吃请喝，拉关系，搞圈子。待他试用期满了，上至总经理下至一般同事，跟他关系都混熟了，即便大家都知道他能力有限，但都没有人率先开口让其离开，结果便成了企业一个名副其实的滑头伪人才，对企业毫无益处。

人资管理者必须要采用各种科学合理的测评工具对应聘者进行有效测评，对照企业所要求的标准，选出企业真正需要的人。

但外部人才招聘也不可避免地会遇到以下问题：由于人资管理者和外部人才相互之间不了解，信息不对称，往往造成筛选难度大，成本高，甚至出现“逆向选择”；外聘员工需要花费较长时间来磨合和定位，学习成本高，造成“未贡献，先花销”现象；外聘人员可能由于本身的稀缺性导致较高的待遇要求，打乱企业的薪酬激励体系，使得薪酬待遇出现相对不公平；外聘员工可能会挫伤有上进心、有事业心的内部员工的积极性和自信心，或者引发内外部人才之间的冲突；外聘员工有可能出现“水土不服”的现象，无法融入企业文化氛围之中。

2. 内部人才

相对于外部应聘陌生人测验来讲，内部人才可以透过其在企业内部的日常行为举止和工作经历表现，尤其是根据他所产生的业绩判断素质能力，因此，也就比较容易辨识清岗位的匹配情况。因此，如有足够的资源，由于彼此知根知底，反而更有助于企业发展，内部选拔的优势体现在以下方面。

一是降低招聘成本并提升效率。从内部培养人才和选拔人才，整体直接成本相对较低，但有效提升招聘效率。

二是提高选拔人才的效度与信度。企业和员工之间的信息是对称的，用人风险较小，成功率较高。企业对于内部员工的工作态度、素质能力以及发展潜能等方面有比较准确地认识和把握。

三是有效激励现有员工。给员工提供更多的成长空间，使员工与组织同步成长，容易激励和鼓舞员工士气，形成积极进取、追求成功的氛围。

四是易融入企业价值观念。长期生活在组织当中，员工与企业在同一个目标基础上形成趋同的价值观，相互比较信任，员工已融入企业文化之中，认同组织的价值观念和行为规范，组织忠诚度较高。

五是降低学习成本。内部员工对企业的现有人员、业务模式和管理方式非常熟悉，易于沟通和协调，因而可以更快地进入角色，学习成本更低，有利于发挥组织效能。

要让内部选拔活动成为企业内部诞生人才的灵活机制，实现常态化，企业内部就必须要有一整套系统的人员培养和选拔体系，具体内部人才选拔可通过图6–5所示的途径进行判断。

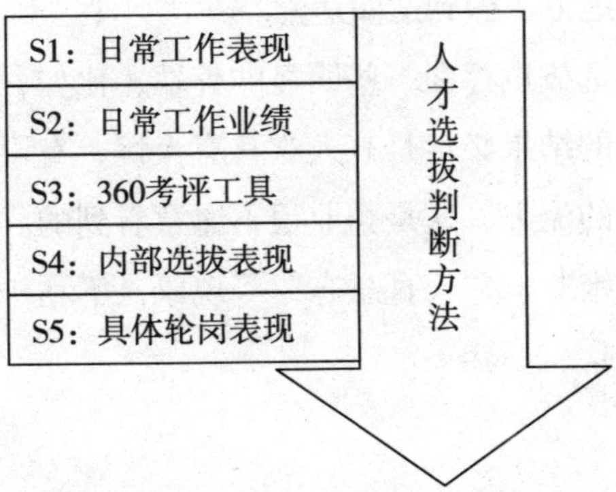

图6–5 人才选拔判断方法图

入职后，通过日常行为表现，员工的工作态度是否积极、专注，责任心是否到位，团队合作精神是否强大，能力是否出色等等，这些基本的精神气质、态度品质、工作能力一下子就能在工作当中展现出来。

员工工作能力行不行，必须要靠业绩说话，毕竟在企业的日子里，每天、每周、每月、每季、每年的工作业绩情况怎么样，通过业绩展现得很清楚，不必再用嘴巴费劲说了，只需看白纸黑字的工作业绩就可以了。

360度评价法总体上来讲还是有一定的参考作用的，但仅起到参考作用。360度考评工具，就是通过上下左右岗位对某岗位测评和员工自评的情况，设定不同的权重和计算方法来对某个岗位的综合能力进行测评。但使用这一工具经常出现的问题是，为了赢得选票常常会导致员工彼此间拉帮结派或让职场老好人盛行的现象。采用此工具时，只要注意适当规避这种负面作用产生，还是有一定参考价值的。

也可能企业平时就没有提供良好的发挥个人才能的平台，导致员工个人能力不能有效发挥，为了在企业内部选拔人才，企业可以将内部人才选拔机制逐步常态化，有志、有识、有才之士可以借助这一公开、公平、公正的平台来积极参加企业内部选拔活动，通过内部竞聘表现来做出判断。

适当的时候，可以让企业内一些岗位做适度的轮调，观察他们在新岗位上的工作表现，通过此可以观察并能分析到岗位的适配度情况。现在比较流行的管理培训生岗位，就是通过轮岗，或根据其综合表现情况，分析其优、劣势，将其分配到最恰当的地方，做到适岗适配。

当然，内部人才选拔也存在一些明显的弊端，比如，由于新的岗位总是有限的，内部员工竞争的结果必然是有人欢喜有人忧，有可能影响到员工之间的关系，甚至导致人才的流失，这是企业很不愿意看到的。企业内部长期的“近亲繁殖”、“团体思维”、“长官意志”等现象，不利于个体创新和企业的成长，尤其是中小型企业。

6.6.2 性格分析

除能力之外，不同岗位要求的性格特质也是不同的，内向性格的人不适合做外部接待，原则性不强的人不适合做质量管理等。企业要辨识每个员工的个性情况，匹配出最适宜他们的工作岗位。

有专家将员工性格大体分为四类，即注重推进效果的推进者（老虎型）、热情开朗喜欢交流的沟通者（孔雀型）、思维缜密的监督者（猫头鹰型）、温厚稳健的实干者（考拉型），这种划分法值得企业借鉴，为确保个性分析的科学准确性，在考量“德”时，也可以考虑采用一些比如FRC品德测评法、卡特尔16因素个性问卷法方面的测评工具。

具体性格分析，除日常工作表现所自然投射出来的性格特质外，还可以通过员工个性调查表来发现员工的性格特质，依此来判断员工适合做什么工作。具体操作方式、方法可以参考本书第3章相关章节的内容。

建立人才信息档案。通过调研、分析收集的一些数据信息，结合人才分析情况，建立详细的人才档案库，这里的人才档案要将人才的关键的能力和特性信息做详细记录，包括学历、学位、专业技术、成果、关键职业经历等；同时，还要对个人兴趣爱好、擅长领域、个人特质等情况予以描述，必要的情况下还要打分评比排序，为之后岗位优化调整和团队建设奠定基础。

6.7　人才管理目标、政策、规划和实施

6.7.1　目标和政策

制定人力资源的目标和政策，并取得高层管理者的认同和支持。根据上面

所进行的系统的人才解析情况，结合企业战略发展思路和阶段性业务发展目标，下一步的工作就是要制定企业未来阶段性的人力资源目标和政策了。

在人才引进、流失、培训、后继人才培养方面应设定什么样的指标和目标，在人均产值或经营利润方面应设定什么样的指标和目标，如何将其分解到年度内的每个月度甚至每周、每日，在什么时间进行落实，都要有非常明确的说明。

这些目标必须与人资管理业务相关并且还得非常明确、系统、具体并确保有一定的挑战性。

此外，为了确保上述目标有效达成，必须有匹配的人力资源政策，在薪资、激励和人才管理方面应制定相应的政策才能保障各项指标的达成。

6.7.2 规划设计和实施

确保组织能达到其人力资源目标。人资目标是和企业业务目标紧密联系在一起的，唯有实现了它，才能在人力资源管理方面为企业业务发展做出自己应做的贡献。

要实现这一目标，必须要有相关的人力资源政策和具体的规划、方案和措施做保障，通过对每个职能岗位努力地开展工作，一环扣一环，最终才能有效落实人力资源目标这一靶子。

正如2013年6月28日习近平在全国工作会议上的讲话中引用清代顾思协的话一样："骏马能历险，犁田不如牛。坚车能载重，渡河不如舟。"意思是指用人要用人之长，让马犁地是浪费，还不如牛干得好，驱牛冲锋是强人所难，没有马骁勇善战。作为选用人才首先要做的也是区分不同人才的类型，继而确定他们适当的岗位。在组织中，根据情况有针对性地对号分析，有效组合人才才能实现超能量发挥。

在具体规划时，做好人才组合管理，这是关键中的关键。做好规划仅仅是落实在纸面上的东西，这只能说是万里长征第一步，如果仅停留于此，几乎没有意义，必须还要强有力地去组织落实，并在落实过程中评价效果、分析原因，然后不断完善、持续改进。

6.7.3 三个原则要遵循

1. 人企匹配

企业当前和未来需要发展什么项目，就要招聘什么样子的人才。正如本章讲到的人才需求分析一样，人资管理者必须要基于企业实际需要招聘相关的人才，这是人才需求分析的第一步。

集团企业即将在明年年初开发一旅游项目，为配套这一项目要求，必须要引进一批景区管理和技术人才，基于这一目标，企业人力资源部就必须要站在战略的高度，在项目正式开发之初，就要提前招聘到这方面的人才，然后企业在运营这方面业务时，才能保证景区项目能有条不紊地推进。相反，即便能力再高，若引进的人才不符合要求，与企业战略发展不匹配，也难以有效展现他的价值。

人才战略必须服务于企业总体战略。企业发展需要什么样的人才，人力资源就必须满足这样的人才，两者必须紧紧咬合在一起。正如上例所讲，企业要拓展新的领域，发展新的项目，为了顺利有效达成，就必须要聚焦配置这方面的人才，这是基本前提。

2. 人岗匹配

做人才招聘，必须要在企业人才需求的大框架内才可以，同时还必须要从细节处入手，从细节处真正了解企业岗位需求，然后才能根据具体人才需求招聘到相关岗位人员。“一个萝卜一个坑”，名字虽都叫“萝卜”，但“坑”不一样。在人员配置时，必须要充分考虑“不同岗位所匹配的素质要求不同”的现实情况。

水泥制造企业和旅游服务企业的工作任务是不同的，工作流程自然也就会不同，工作流程上的岗位节点也就不同，即便是生产同一产品的两家企业，由于他们的生存环境不同（如工艺流程的现代化水平、市场形势情况等），他们的岗位要求自然也就是不同的。高技术环境下的操作人员必须要求有较高的学历和相关的技术资质；而较低技术环境条件下的操作人员的学历水平要求可能稍微低些，不特别强调技术资质等。唯有对应地去配置符合要求的岗位人员，才能基本上做到人岗匹配。

组织岗位一直处于动态发展变化中，岗位要求须和岗位任务相匹配，岗位要求大致可包括岗位素养、能力、教育背景、专业、年龄、个性特质和经验等内容，要进行准确匹配性判断后才可以下结论。

3. 岗岗匹配

员工处于工作流程中，会与流程上面的岗位节点发生各种工作关系，这种工作关系的好坏，直接影响到岗位工作质量，而这种"关系好坏"往往和团队关系的融合度有很大关系。

有些企业关注人岗匹配，却很少关注岗岗匹配。上下级、周边岗位之间要相匹配、融合。比如，有的上级很强势，做事笼统、不细致，属于老虎型性格的人，所配置的下级就要思维细致、缜密等属于猫头鹰型性格的人来适应，互补这种强势性格的需求。另外，根据详细备案的人才档案资料，分析上、下级能力素养缺陷和优势，再分析所招聘岗位需要什么样的能力才能和上下级有效互补、匹配，这个搞清楚了，在人员配置时才能有的放矢，针对特定人员进行有效配置。

岗位人员之间的合作能力、素养等要求必须要达成高度匹配，否则，就容易形成太多的冲突或不默契，会造成岗位失控。

4. 薪岗匹配

准确辨识、安置人才，做到适才、适岗、适薪相匹配尤其关键。当经过人才试用考评发现薪岗之间的确存在不匹配问题后，管理者不要将错就错，回避矛盾，相反要积极、大胆、及时进行调整，将薪资管理拉回合理的管理轨道上。

6.8　人才协同作战是第一选择

作为人才流程管理的辅助管理方法，不管是高层领导、各业务部门还是人资部，上下左右必须努力实现协同管理，唯有各块都努力实现协同发展，才能有效达成目标。其中，理念、战略和方法三方面的高度协同才是达成目标的关键。

6.8.1　三协同

作为一个团队，三种协同作战方式不可或缺，即理念、战略和方法三者协同。一个组织，如果实现了这三方面高度协同的话，其所产生的合力将无可估量。

在许昌、新乡两地，有家远近闻名、家喻户晓的明星商场——胖东来百货。若你有机会到了这两个地方，随便问一位当地人，哪家商场服务最好？生意最火？毫无疑问，得到的回答是胖东来。为什么？服务很到位，比如：免费为市民修理衣物，免费停车服务，不允许和顾客争论，电梯口安排保卫扶老携幼，洗手间永远有厕纸并保持地面一尘不染，凡是承诺顾客的一定要做到，如有位顾客买东西过了半个月了，由于所买物品降价会被通知退钱……就是这样一家规模不大的商场，从10多年前第一家创办起，开一家，火一家，服务一如既往地好，生意一如既往地火爆，并带动了当地的商业服务发展。

为什么这家商场生意如此之火？很多企业媒体、业界同行和一些管理专家都在努力向其学习。其实，里面并没有太多的玄机可谈，就是六个字："上下高度协同"。在胖东来，上至董事长，下至普通员工，拥有超一流的彼此认同的文化理念、高度一致的战略发展认同度和上下全体员工联动协作功能所形成的高度执行力。这正是这家商场快速优质发展的不竭动力。

1. 理念协同

凡是管人的地方都存在人力资源管理。任何组织中任何一个部门都要树立这种基本理念。

任务一致。人力资源管理不是单一一个部门的事情，人资部和其他部门都不是孤立的、对立的，而是在企业大背景下同一战壕里的兄弟和战友，大家都必须服务于企业的终极目标，一致的目标把大家拴在了一起。

责任一致。当一个企业的人力资源管理出现问题时，既不能简单地归罪于人力资源管理职能部门，也不能横加指责其他企业各部门，企业最大的组合体是人的组合，大家无一例外都肩负着人力资源管理的共同责任。

2. 战略协同

整个企业必须保持方向、目标高度一致，才能保证"拧成一股绳、劲往一处使"，集聚强大的能量，形成合力，从而发挥出巨大的力量。

3. 方法协同

在企业人资部的统筹安排部署下，协同做好人力资源管理工作，一般情况下，人资部组织下发的在人力资源管理政策和方法上的一些制度文件，都必须要充分体现出理念、战略和具体方法这三方面的高度协同度，在具体落实这些政策和方法时，也要充分体现出团队在这些方面的协同度。要实现这一目标，部门和岗位之间必须要转变思想观念，具体要实现五转变，如图6-6所示。

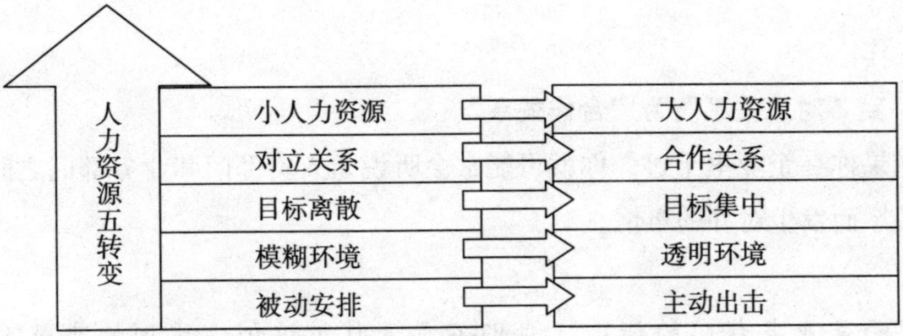

图6-6　人力资源五转变关系图

6.8.2　五转变

1. 变“小人力资源”为“大人力资源”

A企业的人力资源部在短短半年里换了三任部长，离职原因是觉得无法正常有效开展工作，为什么会这样呢？听听老李怎么说，老李是第三位离职的人资部长，他说：“企业领导在人力资源管理方面存在很大的认识误区，总认为人力资源管理部门就是企业服务部门，必须全心全意为各业务部门服务，一旦培训、绩效管理工作做得不到位，不加原因分析，立马断言是人力资源部没有将工作做到位，劈头盖脸就是一顿训斥，从来不考虑是自己错误的理念引导在其中发挥了很大作用。这样一来，其他业务部门看到自己部门的培训工作没有做好，而领导总在批评人资部，于是，总是在暗地里偷笑，更加不配合人资部的工作了，甚至有时候还通过这种行为来看人资部的笑话。这哪能受得了！干脆另择门路吧。”

每个部门主管都是“小人力资源”管理者，主要着眼于本部门内部的人事管理，是各部门人资管理第一责任人，都涉及人力资源管理各个职能模块的内容；而为了实现人资管理的整齐划一，不至于各个模块乱干，又必须在人资部职能管理部门下统一进行运营，人资部是“大人力资源”管理者，他们着眼于企业整体、全局的人力资源管理，在其统筹协调下，各部门积极开展人力资源管理工作。

2. 变“对立关系”为“合作关系”

如果你在企业里干过，你就可能常会听说，人资部门和业务部门之间由于业务关系而发生对冲的事情。

下面是业务部门的话：“我们不负责员工培训，培训的事是人力资源部的事，和我们的关系不大。”，“人员素质低，是人力资源部招聘的人不合格。”，“人力资源部不专业，来查我们专业完成情况，你说他们有资格吗？”

下面是人力资源部的话：“专业部门管理不好团队，让人员一个个都流失了，流失之后立马跟我们要人，还要求马上到位，我们又不是批发人力的，从哪给他们变出人来呢？”

人资部充当两个角色：一是服务者，二是协调者。人资部作为服务者在发现各部门在管理上有难处、有需求时，它有责任提供各种力所能及的帮助，比如，培训人资管理技术工具的使用方法。人资部与各部门之间，一方是考核部门，一方是被考核部门；一方是制度的设计者、监督者，一方是制度的执行者。其实，人资部和各部门的对立关系只是表象，究其根源还是协同、促进关系，人资部本身就是这对立统一的协调者，比如，考评人资部业绩水平的终极指标是要通过各部门的人资管理水平来综合体现的。

3. 变“目标离散”为“目标集中”

由于缺乏统一梳理、协调，常常导致人资部和各部门在业务操作层面各干各的，互不相容，目标任务相脱节，离散度很大，不能形成彼此促进、相互正强化的目标体系，最终结果可能是，大家各自工作完成得都很好，但企业整体人力资源管理目标却没能实现，更谈不上对企业整体经营目标做出贡献了。

4. 变“模糊环境”为“透明环境”

一是不掩盖部门问题。在各部门日常工作中，要尽可能让自己的管理环境透明化，不主动掩盖问题、回避问题，要积极主动发现、解决问题。当通过自身努力仍不能解决问题时，千万不能再藏着掖着，一定要主动向人资职能管理部门提出来，以便其能协助你，共商解决之道。

二是灵活实施考核政策。要促使管理环境透明化，就要剔除警戒防范之心。比如，当各部门试图让本部门工作透明化的情况下，作为人资部，不要再死死揪住人家暴露出来的问题不放，动辄纳入考核，和工资挂钩，这样做往往不利于暴露各部门潜藏的问题，更不利于问题的有效解决。因此，建议人资部在设计考核指标时，一是多采用结果性考评指标，二是考虑纳入一些主动发现问题、解决问题方面的过程考核指标，从考核机制上来促进人资管理的积极主动性和透明化。

5. 变“被动安排”为“主动进取”

一是人资部主动探索问题。作为人力资源职能管理部门，不应该一味地被动消极等待，应主动出击，去了解、收集、分析、判断各部门在人力资源管理方面的需求，比如究竟需要配置哪些人员，需要开展哪些方面的培训，哪些工作需要集团总部统一筹划和组织安排，确保之后企业能正常工作等等。

二是各部门主动配合工作。各部门要搞好自己部门的工作，人力资源管理是根本核心，因此，平时就要积极搞好本部门的人事管理工作。同时，还要在企业人资职能部门统一协调安排下，做好企业整体人资管理工作，当在执行中对哪些方面有意见和建议时，要积极主动提出自己的想法、看法。

三是经营层不能当看客。经营层不能光抱怨企业人力资源管理不力，影响到日常生产经营活动。要积极与人资部和各部门沟通，了解他们在开展工作过程中遇到的一些无法克服的问题，并协助人资部分析、了解造成这种结果的根本症结是什么，从企业高度上来指导、帮助他们来处理问题。

6.9 “惯才”不如“管才”

企业能做到礼贤下士，不拘一格渴求、尊重、拉拢人才，采用各种合理的人才公关政策、手段，与人才沟通感情，展现企业文化理念，赢得人才对企业的兴趣，吸引对方加盟企业，并委托其以重任来推动企业快速稳健发展，这是“重才、敬才”的表现。但在实施这一举措的过程中，很多企业往往拿捏不住分寸，将“重才”和“惯才”混淆，甚至把“惯才”错当成“重才”，结果不仅未起到“引才”原初的作用，还为企业的人才管理埋下了定时炸弹。

6.9.1 “惯才”的典型表现

“惯才”背离人才管理理念，也背离企业文化理念。比如违反竞业限制协议，讲一些不现实的人才管理政策和理念，充分释放有别于一般员工的“特殊自由”，不按既定规矩进行系统地招聘测评和岗前训练，给予个人特权，让其感受“人上人”的优越感。

人才不受制度流程束缚。管理者认为人才刚到企业，违反制度流程很正常，能留下来就不错了，怕得罪了人才致使其撂挑儿走人，因此也就出现人才犯错大家都装作没看见的现象，自然而然便形成了对特殊人才的“潜规则”。

任由其发展，不加控制。管理者认为特殊人才非同普通员工，天生就具有高度自觉的精神，忽略他们是组织团队当中的一员，不去主动地有意识地管理他们，更不去积极跟踪、考评来验证他们是否具备真才实学，而总是想当然地认为他们会主动去设定目标，拟定措施，快速行动，并有能力获得成果。

6.9.2 “惯才”滋生混乱

人常说“毛病都是惯出来的”，这句话有一定道理。无论是圣贤还是普通人，都有其两面性，当有制度约束时，往往会显现出积极进取的正面，否则，人性阴暗的另一面便很容易浮出水面。

我行我素，破坏制度流程。当人才真正成为团队一员时，心却往往难以沉下来，不能快速转变角色融进来，尤其不习惯各方面制度的约束，甚至为了展现自己非同常人的身份，还常常主动去触犯制度，来验证自己特殊的位置。

讨价还价，公然和企业叫板。作为人才，不努力工作来感恩回馈企业培养之情，相反，还翻脸不认人，自我感觉高人一头。某企业在某个项目上培养了一个人才，当该项目进展到一半时，该人才开始闹情绪了，觉得待遇太低，应该涨工资，否则就要撂挑子走人。这种情况真让企业无奈，万不得已便答应了人才的要求。

工作懈怠，削弱团队战斗力。在一个缺乏人才系统化管理机制的企业，即便人才爆棚，也很难实现合力或者绩效乘法效应，相反还会滋生出人浮于事、当“敲钟和尚”的懒散现象，混一天是一天。时间长了，“才”也变“不才”了，团队战斗力必然会大幅削弱。

糟蹋文化，坑害企业。一是在企业内部制造矛盾、是非。比如，某企业一车间副主任，一直认为自己不能顺利升迁是由于正主任挡了他的路，于是便常常私下捣鬼，制造一些不和谐事件，再栽赃到正主任头上，让其承担责任。二是不适应企业文化而影响到整个团队。比如，有些员工私下议论：“大家都是企业员工，他为什么特殊？”监督部门也在嘀咕：“管他呢，领导还瞻前顾后呢，咱也别吱声，先‘养养’这种现象，等时间长了，形成气候了，咱也跟随，谁愿意被约束呀？”“惹不起，这可是总经理高薪聘请的人才啊。”还有，“这位有背景，领导对他的违规行为都没吱声，咱何苦呢？咱也全当没看见算了，说不定提出来把事情搞砸了，还惹火烧身呢。”于是乎，企业原本优良的文化就被不良风气逐步侵蚀了。

6.9.3 “用才”关键在“管才”

作为团队中的一分子，关键人才只有同样被纳入组织的系统化管理中，才能和团队一起形成合力，实现业绩的加乘效应，有效地为组织发展目标服务。否则，团队将是一盘散沙，有了人才也无济于事。“用才”关键在“管才”，如图6–7所示。

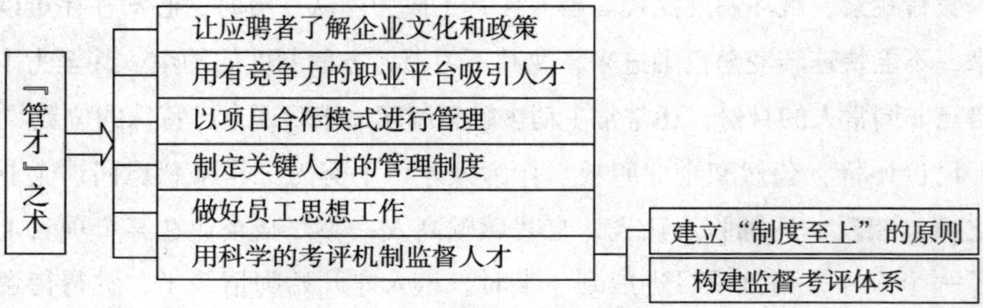

图6–7 “管才”之术解析图

1. 让应聘者了解企业文化和政策

“管才”从入职前开始，人才供需双方彼此应通过各种手段充分了解对方。如果一开始应聘者对企业的文化理念就持否定态度，就让其趁早离开。俗话说“请神容易送神难”，不要后来了解了、后悔了，最终闹僵了才分离，那样对企业的负面影响会更大。因此，在招聘时，企业就要提前告知应聘者本企业真实的文化理念和关键政策，千万不要无中生有，吹捧企业，欺瞒、误导应聘者，必须保证让应聘者能根据获得的真实信息和自己的价值观进行权衡、判断，感觉适合就“牵手”。

2. 用有竞争力的职业平台吸引人才

企业要提供和人才能力相匹配的职业发展路径，搭建让人才施展才华的职业平台，帮助人才制定并逐步实现他们的职业生涯规划，坚持“有多大能力就提供多大舞台”的用人原则，让他们没有屈才之感，并能清晰地看到自己的未来。同时，伴随职务升迁，还要给予其相对企业内、外部有竞争力的薪资福利待遇，这也是体现价值认同的关键方式。

3. 以项目合作模式进行管理

如应聘方不愿加盟企业，也不必勉强，但如企业急需这类人才，必要时，不妨采用与对方“短期项目合作”的模式进行管理。比如，可以针对解决当前存在的突出问题作为项目任务，将对方作为“咨询方”或“短期合作方”来谈条件，签订合约并按要求履行后付给报酬。采用这种方式的好处是：即便对方身上存在和企业相冲突的思想文化，内部员工一般也会认为这是对方的问题，不会影响到企业的文化。

4. 制定关键人才的管理制度

没有制度就没有说服力、公平感，让人有“人治”嫌疑。某企业聘请了几位高级人才，给予了其优厚的待遇，很多老员工常私下嘀咕：“为什么他住专家楼？”“为什么他有饭补？”“为什么他刚来待遇就这么高？”“为什么他有小车开？”如此等等，到处充斥着不平之声。企业总经理为此也很烦恼，于是就连续召开扩大会议，让不同层次的员工代表参加，聆听他们的意见和建议，并紧急组织研讨，专门制定了特殊人才管理制度，包含了关键人才特殊待遇方面的规定，使各项人才的特殊待遇都有公开的制度支撑。

5. 做好员工思想工作

即便有相关制度做依据，也难免有人私下议论企业特殊人才政策存在着不公平性，在这种氛围下，势必会影响到整个团队的工作情绪，更不利于关键人才施展才华。因此，伴随制度的出台，思想工作要同步进行，各级管理者都要站在战略发展的高度，循循善诱，打开“意见人群”的心结，促使他们尽快认同企业人才政策，并和关键人才打成一片，相互交流、学习、支持、配合开展工作。

6. 用科学的考评机制监督人才

“人之初，性本懒，要他做，制度管。”话虽俗，但很实际。现实中，除非那些自我约束能力较强的少数人，一般人都会在失去外在约束的情况下，失去组织性和纪律性，或多或少降低自我标准，减少任务担当，甚至还会犯下错误。企业要用科学的考评机制监督人才，包括下面两点。

一是建立“制度至上”的原则。“制度是块铁，谁碰谁出血”，必须树立

“制度大于人情”的思想观念，保持制度的严肃性。如果制度对关键人才开了“绿灯”，那么，就会挫伤普通员工遵守、维持制度的严肃性意志，就会让大家感到不公平。在这面“坏旗帜”的影响下，大家还会互相攀比，违规事件就会没完没了。因此，在企业内部，无一例外，没有高于制度的人，都必须严格遵守企业的规章制度、流程，违规就得受到处理，绝不能纵容娇惯。但必须注意，处理违规事件的目的是为了发挥警示作用，预防再发生，所以一定要思想沟通在前，谨慎用法，不要粗暴过激。

二是构建监督考评体系。要大胆起用人才没错，但须进行监督和考评。企业不要去干涉人才如何做，但必须对其所做的事情做好监控，并谨慎观察、考评。一旦发现人才有懈怠工作、徇私舞弊、不思进步的颓废举动时，要马上提出警告，督促改进，千万不能放任自流，任由发展。企业给人才创造了相对宽松的环境，但也要在机制上促使人才在思想上时刻紧绷为企业服务的弦，在好的平台上更不能放松自己。因此，要想充分发挥人才潜能，提高执行力，实现组织目标，建立科学合理的监督检查和业绩考评体系是关键，然后在强有力的执行力驱动下，让企业中的不良作为无处藏身。

6.10 教会新员工快速适应职场

态度决定一切。组织生活中，态度是影响关系和谐度的关键，而关系和谐度又往往是员工稳定性的关键。其中新员工对组织关系适应情况、谦虚向人学习的空杯心态、努力把每项工作都做到位的态度非常关键，确保其能迅速和组织融合成一个整体，从而为企业持续发展做出自己的贡献。

6.10.1　关系适应：学会妥协

人际关系在任何组织、任何时候对一个人的成功都至关重要。有些应聘者，个性突出，棱角分明，在社会上愤世嫉俗，看不惯这，看不惯那，到处发出不平不满之声，当应聘到企业之后，依然显得很自我，不合群，经常有一些貌似合理的意见和建议，经常和同事、领导就某一个看法产生冲突，显得和整个组织格格不入。

1994年，小李被任命为某IT企业事业部负责人。上任之初，小李把主要精力都用在销售上，整天忙着与代理商打交道。但是，他却忽略了企业的元老，久而久之，由于经营理念的不同，小李与企业元老之间产生了摩擦。元老中的有些人对小李怀有成见，认为他身上带有一种傲气，尤其是成功之后锋芒毕露，对任何人任何事，只要是他认准的，都是一副坚决、固执、不可妥协的态度，甚至对企业董事长赵总也是如此。而赵总之所以选择了小李，一方面是因为他的业绩突出，另一方面也是因为他出众的才华和自信。但是，小李凡事不妥协的性格也使赵总产生了担心。

赵总决心让小李学会妥协，于是，在一次开会前，企业高管们正在谈笑的时候，赵总走进来，径直走到小李的面前，突然劈头盖脸对他斥责一通："你不要以为你得到的一切是理所应当的，你这个舞台是我们顶着巨大的压力给你搭起来的。在各种力量的矛盾中，你本应和大家同舟共济，逐步确立你的地位，争取更大的舞台、更大的天地。你不能一股脑只顾往前冲，什么事都来找我讲公不公平。你不妥协，叫我如何做？"赵总当场宣布，小李一年之内必须做出几件妥协的事情来。小李觉得自己该说点什么，但他什么也没有说出来就失声痛哭起来。第二天，小李发现桌上有一封赵总写的信，信中赵总除了坦诚地讲述对小李的看法外，还表示将以"未来核心领导人"的标准要求他。

回首往事，小李很感激赵总当年的一番苦心，他说了这样的话："如果当初只有我那种年轻气盛的做法，没有赵总的妥协，企业可能就没有今天了。"

新进入一个工作环境，所接触的人都是新的，每个人的脾气性格、行为习惯、思维方式对自己来说都是新的，自己每走一步都要认识一个新人，了解一个新人。妥协是一种人生境界，一个人若想成就一番事业必须学会妥协。在企业里，有一些年轻干部才华横溢、能力出众，但他们不懂得妥协，因此很难与其他人很好地合作。针对这种情况，就要不失时机地对这些年轻干部加以疏导，身体力行地教他们学会容纳别人、委屈自己。

挖掘人才并不难，难的是对人才的不断打磨与培养，使之成为适应企业发展的中流砥柱。年轻气盛的小李学会了妥协，对个人及企业来说，都是莫大的成功。

6.10.2 学习型心态：空杯思想

做人就像一只杯子，你不停地往杯子里倒水，杯子的容量有限，如果你不把杯子里的水倒出来，水就会溢出来。人的思想就像只杯子，装满了知识和想法，假如你想要学更多的东西，就必须先把自己手中的那半杯水倒掉，真心地用一个属于自己的空杯，然后才能够真真正正地学到自己想要的东西。如果你不抛弃旧的观念，就无法接受新的东西，所以，做人要空杯一切。

“人要有空杯心态，让自己以学徒的心态开始前行。”如果总是守着自己的半桶水，晃呀晃的，就会陷入孤芳自赏、敝帚自珍的封闭境地，就会成为孤陋寡闻、不思进取的井底之蛙。人的大脑就如同电脑一样，只有不断删除那些过时的知识和经验，才能不断接受新的东西。否则，你内存有限的大脑和心灵就会被一些无用的垃圾塞满而死机。

相传在很远的古代，知了是不会飞的。一天，它看见一只大雁在空中自由自在地飞翔，十分羡慕。它就请大雁教它飞。大雁高兴地答应了。

学飞是一件很辛苦的事。知了怕吃苦，一会儿东张西望，一会儿跑东窜西，学得很不认真。大雁给它讲怎样飞，它听了几句，就不耐烦地说：知了！知了！大雁让它多试着飞一飞，它只飞了几次，就自满地嚷道：知了！知了！秋天到了，大雁要到南方去了。知了很想跟大雁一起展翅高飞，可是，它扑腾着翅膀，怎么也飞不高。

这时候，知了望着大雁在万里长空飞翔，十分懊悔自己当初太自满，没有努力练习。可是，已经晚了，它只好叹息道：迟了！迟了！

在我们的身边，有多少这样的“知了”，就有多少这样的“迟了”。

学习是一个永恒的话题，特别是当你进入了新企业，一切都是新的，以前的一些经验和技能也许在这个企业不适用，也许一切都要从头再来，所以学习非常必要。你要时刻保持高昂的学习激情，不断地补充知识，提高技能，以适应企业发展，争取获得更多更好的发展机会，为机遇做好准备。

一名新入职人员，一定要忘记你毕业的那所名校，无论个人出身是多么显赫，自己以往的经历是多么的光彩……从到一个新单位开始，你就要将这些东西统统忘掉，思想上不要背负着这些标签开展工作。如果你陶醉在这些标签中，错误地认为自己高人一头，就会削弱你的学习精神，束缚你的创造力。记住一点，你所有的这些条件都是你的敲门砖，进入一个单位后，一切归零，一切将要靠你未来创造的业绩说话。

6.10.3　把每件事都做到位

天下大事必做于细。干任何工作，一定不要放弃身边的小事。

古人云：“勿以善小而不为，勿以恶小而为之。”海尔集团总裁张瑞敏有一句名言：“把每一件简单的事做好就是不简单，把每一件平凡的事做好就是不平凡。”每新进入一家企业，不管你以前是做什么的，也不管以前做得怎么样，一切都要从零开始，踏踏实实做好每件事，不可好高骛远。

头三脚难踢。大家都知道，新员工入职后给企业领导留下好印象是很不容易的。其实只要本着“做好每一件事”的心态去做好工作，就能建立起美好的印象。记住，工作印象是一点一滴逐步积累而成的，每件工作的落实情况都会形成一个印象，一个阶段叠加起来的印象自然就会形成对你的评价。

小赵是硕士研究生学历，最近应聘于某企业办公室行政助理，面试时他对自己的能力很自信，承诺只要企业给一个机会，就会俯下身子、脚踏实地工作还企业一个惊喜。入职后，企业也寄希望小赵加盟后能改变办公室的形象，职能短板能得到比较好的改观，并承诺了比较高的薪资。然而，入职后的几件事让企业领导对其印象大打折扣。

小事不想做。由于企业档案管理比较乱，不是找不到，就是乱堆乱放不规范，于是便安排他梳理一下档案管理工作。开始时，小赵也就欣然接受了这件工作，起初也很认真，客观地说档案管理情况也有所改观，但好景不长，慢慢地便开始受不了了，思想开小差了，心想：我堂堂一个名校毕业的硕士研究生，哪能干这种初中生都能做的工作呢？思想引导行为，渐渐地，他便不认真了，档案管理又回到了老样子，企业领导对此很是不满。

大事做不了。有一次，集团企业计划收购一家濒临破产的当地企业，安排小赵做一个前期行业调查报告，分析一下这类行业的发展前景。小赵接到任务后很是兴奋，觉得这才是自己要干的有分量的工作，这才符合自己的身价。五天后，调研报告拿出来了，分管领导看过后，询问这份报告的基础信息资料从哪里收集过来的？小赵说："网络上。"领导说："这些信息都已经过时了，至少是两年前的信息，现在你拿过来看，会有几分价值？"领导很不满意。

小赵这种不能聚精会神做好每件事的心态在很多高学历的年轻人身上比较常见。这也是他们尽管有显赫学历背景但不能卓有成效地开展工作的原因所在，"小事不想做，大事做不了"也是这类群体离职率比较高的关键原因。

下面这个例子，非常值得我们年轻人学习。

"文革"时期，中国科学院院士何泽慧被安排在干校负责敲钟，面对不公平的待遇，她没有自暴自弃，而是以一种积极的心态面对生活，认真做好工作。她不仅去敲钟而且敲得很准时，准到大家都用来对表。这不仅体现了她的敬业精神，更体现出一个科学家的严谨。一滴水折射出太阳的光辉，其实，所谓的“大家”不在于大智慧、大贡献、大学问，而是在小事上体现出的“大家风范”，正是他们在小事情上的认真执着才成就了他们的“大家”！

每个人的工作都是由一件件小事构成的。也许你的工作只是组装简单的零部件，或是清扫楼道、车间，或是接打电话、收发文件……在日复一日、年复一年的简单操作中，有人会产生厌倦、懈怠情绪而敷衍了事，这既影响工作，又浪费自己的青春年华。我们要牢记“工作无小事”，既然接受了这份工作，就应对它付出全部的热情和努力，认真做好手中的每一件事，成功之花才会绽放。

认真做好每件事体现的是一种脚踏实地的心态，一种积极进取、锲而不舍的精神，一种自信而负责任的人生态度。这句话包含了三层意思：认真是成功的基础，要认真而不是敷衍应付；“好”是目标和目的，没有认真就不可能“做好”，没有“做好”这样的期望和目标，认真也就无从谈起；认真是每一件事而不是一件事，可能是我们喜欢做的事，也可能是我们不喜欢但必须做的事，可能没有什么大事，更多的是一些平凡而琐碎的小事。

6.11　端正管理者态度

全球领先的办公创新性解决方案供应商雷格斯邀请全球80多个国家和地区的17000名受访者，提出哪些因素最有可能创造快乐的工作氛围时，有69%的中国员工表示尊重员工是最重要的因素。从这可直接得出这样的结论：尊重员工是建立、提升幸福快乐文化的重要元素，是最基本的前提。

在对新员工管理的过程中，管理者的态度至关重要，这直接影响到员工的工作心情，进而会影响到员工的工作质量和效果。管理者的态度可分为如图6–8所示的五种，尤其应强调尊重、包容和信任这三种态度。

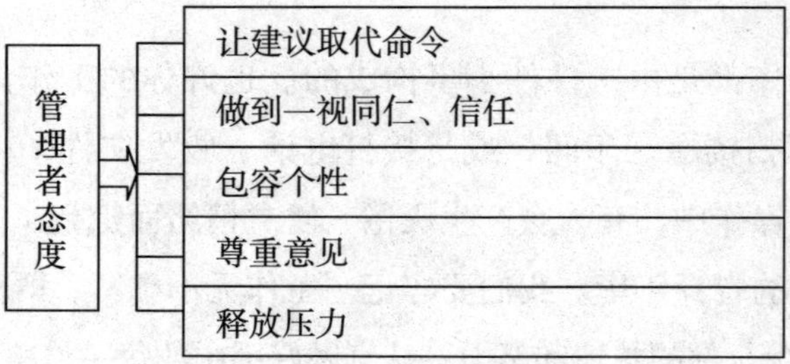

图6–8　管理者五种态度

那究竟该怎样才能做到呢？

B企业一部门主管小周的个人业务能力很强，工作很出色，颇得领导好评，但有一点不足的是，他和员工的关系搞得非常紧张，这种紧张关系深藏在每个员工的内心深处。因此，尽管部门工作完成质量挺好，领导满意度很高，但员工满意度和快乐工作指数却很低。

怎么回事呢？原来小周属于有点神经质性格的管理人员，情绪较不稳定，员工常会不明不白地被批评。关键一点是，他根本容不得别人提一点反对意见，芝麻粒的小事只要不合乎自己的心意就批评人，搞得大家能不和他交流就不交流，尽量躲避他。即便有时他安排的工作有问题，大家也不愿意主动反馈、说明，在干的过程中出问题了，小周事后发现才又重新安排工作，重新下达命令。

小周这种喜欢批评人、心胸狭窄的个性在企业内人人皆知，甚至还流传出这样的话——“周主管认为大家都不如他，自我感觉比别人都强，什么事情都不放手。”小周也意识到了这一点，但他没有认识到问题出在自己身上，固执地认为自己是对的。

6.11.1　让建议取代命令

在现实工作中，有的管理者在员工面前颐指气使，对待下属像对待奴仆一样，使员工心里自然感到不快、不舒服，干起工作来心里有较大压力，没有成就感，即便看到工作上有明显改进的地方也不想主动去深入挖掘。随着社会发展进步，在考量一个企业运营质量时，除运营绩效之外，很关键的一项是员工满意度，一个怨声载道的企业即便运营业绩很好也常常不会被大家认可。

管理就是让下属完成工作的艺术。如想让下属用什么样的态度去完成工作，管理者就应用什么样的口气和方式去下达任务。因此，在日常工作中，管理者可以多采用建议的方式安排布置工作，而不是生硬的命令。尤其在面对当下个性非常明显的90后员工更应如此，你不但要使对方维持自己的人格尊严，还要使对方能积极主动、快乐地、创造性地开展工作。有了这样的前提，即使你指出了他工作中的不足，对方也会乐于接受和改进，把“要他做的事情”变成“他要做的事情”。管理者一定不要被个人情绪左右，尤其不要把坏情绪带到职场，让大家无所适从。

6.11.2　做到一视同仁、信任

管理者必须一碗水端平，评价每个员工时，绝不允许主观上出现不公平的情况。在人员配置时，尽量让上下左右岗位无论在性格特质方面还是在知识技能方面得到尽可能的匹配。但往往在一个组织当中，匹配是相对的，而不匹配却是绝对的，因此，在这种情况下，管理者尤其要学会和不同的员工打交道，不管自己喜欢还是不喜欢。

D企业某部门刘主管手下有四位职员，分别是小张、小王、小李和小赵，他们性格各有不同，有的张扬、外向、善交际，有的沉静、内向、不爱与人交往，企业考虑到这一点，给他们安排的工作和他们的性格特质要求基本是吻合的。比如小张、小王属于前者，被安排的是行政接待和外协之类的工作；小李、小赵属于后者，被安排的属于内勤和统计核算之类的工作。他们的工作基

本上都完成得不错，但刘主管对他们的评价却有所不同，小张、小王经常和刘主管沟通交流，关系比较密切，非常受刘主管待见，而小李、小赵由于性格原因，常和刘主管保持距离，因此，常会受到一些批评，认为他们没有开创性的开展工作，没有小张、小王工作积极主动、有成效。其实，这些批评往往是由于刘主管与小李、小赵沟通不到位造成的。如此一来，刘主管总是愿意将一些挑战性的工作交给小张、小王来干，这样，小李和小赵就会感到很委屈。

在这里，需要关注两点。一是岗位与岗位之间的工作是有区别的，管理者在分配任务和利益时不要有亲疏远近之分。二是对每个人说话的语气尽量保持恰当，公平一致，不要让员工私下里议论："××在领导面前吃得开，让他去汇报这件事肯定没问题"，"领导最讨厌××了，让他去说这个事情肯定搞不定"。这意味着，包括管理者在内的每个人都要遵守工作标准，不管是在布置工作上，还是在沟通问题上，不应当因人而异。

6.11.3 包容个性

在一个组织中，肯定存在有各种背景、性格和生活经历的人，管理者应尊重个别的差异并找出共同点。一个好的企业文化是能包含不同个性，塑造共同价值观的文化。管理者要学会用不同的方式管理不同的人，切不可只用一种方法来简单地做管理工作，要承认人的最大特点是人与人之间存在差异，克服自己的偏见，这样才能使企业经营管理更和谐，更具有效率。

6.11.4 尊重意见

员工的意见是企业的财富。基层员工最接近一线，传递的信息往往真实可靠，作为管理者必须要认真面对这些来自一线的意见和建议，否则会让管理者的决策偏离航道。

T企业总经理不经常来企业，有一次，他到企业参加每周一次的生产调度会，恰巧那一天一个车间主任迟到了，于是大发雷霆，要求生产副总经理对该车间主任进行降职降薪处理。其实，这位车间主任那天在路上车子出了点故障，给生产部经理请了假，说明了情况，结果恰巧总经理参加了这次会议。而且这位车间主任平时参加会议很准时，从来没迟到过，工作也非常认真，业绩很突出。会后生产部经理向总经理讲明了情况，看能不能按迟到处理，但总经理就是不听，他认为话既然说过了，怎么能擅自收回。结果按会议要求处理后，该车间主任很是气愤，就愤然离开了T企业。

在经营管理过程中，管理者要广开言路，积极鼓励大家多提意见和建议，当员工提出不同意见和建议时，管理者还要认真听取并迅速反馈，让员工感觉到领导很重视自己的想法，从而使员工树立起一种主人翁的归属感和责任感。

戴尔企业是一家“个个员工皆老板”的企业，它的管理者在所有员工中建立了一种共同的信念，这一信念包括责任、荣誉和有福同享。戴尔的管理者尊重每一位员工，将企业的成功归功于员工的努力。任何一位员工都能感受到自己的工作是有价值的，都可以通过最直接的沟通渠道向管理者提出意见和建议，并得到自己所需的信息。

有些企业管理者碍于面子，即便广开言路了，也只是喜欢听些和自己的想法合拍的内容，否则就极力打压；还有些企业管理者认为员工能力不足，意见不会具备参考价值。其实，这种做法并不妥当，任何人考虑问题不可能十全十美，况且就怎样做成一件事来说也很少有标准答案，绝对不能因此而打击员工的积极性。

6.11.5 释放权力

知情权、参与权、商量权和决定权是每个员工都希望拥有的，管理者必须要学会在适当的范围内释放给员工一定的权力，让员工有受重视的感觉。

N企业规定在决定任意一项与企业员工关系紧密的企业重大事项时，必须由不少于10%的员工代表参与，同时，还要广泛征求一线基层员工的意见和建议，要求在下发一项新的方案之前，必须要通过一定的形式给广大员工进行深度地宣传培训，让他们都很清楚和自己切身利益相关联的重大事项。比如，企业要对年度绩效管理方案进行调整，在设定该方案（草案）之前，绩效管理部门会通过各基层单位充分了解情况，征求意见；在编制完成该方案的征求意见稿之后，还会进一步征求意见和建议；在绩效方案发布却没有执行之前，会通过各种形式的培训、会议等，让每个员工都清楚如何来核算自己的绩效工资。

每个员工都希望了解企业的相关情况，同时对于与自己相关的事项希望拥有参与意见的权力。员工事先参与相关事项的设计，在具体执行过程中才会更积极地去做。所谓商量权，指员工希望自己参与共同讨论，而事实上，有些企业的管理者不希望这样做，他们往往不习惯事先讨论，认为那是在浪费时间。其实，这样做会使执行人员对很多事情并不知情，进而导致在事情执行过程中，相关人员在主客观上均不能很好地落实，因而造成更大的资源浪费。人都是希望自我决定的，有参与感才有归属感，才会使得工作热情提升。作为管理者，想让员工有更高的工作热情，工作得更幸福快乐，就应尊重自己的员工，让他们更有参与感和归属感。

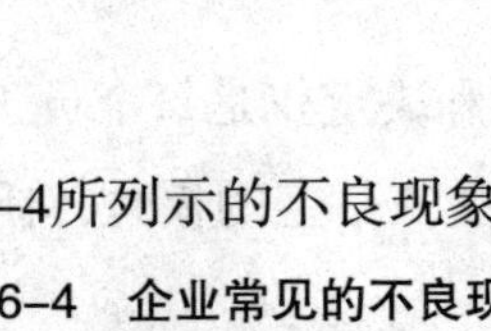

6.12　积极构建员工排压管道

你所在的企业有过如表6-4所列示的不良现象吗？

表6-4　企业常见的不良现象

序号	具体现象
1	员工由于对企业不满，主动流失现象很严重
2	有意见不直接向上级汇报
3	私下里议论纷纷

（续表）

序号	具体现象
4	员工为了推动某个问题的解决，采用罢工这种极端的方式来威胁企业
5	员工在公开场合和管理者发生激烈的争吵
6	员工对企业的政策漠不关心
7	员工到处散布企业的问题
8	其他方面

上述现象已经很明显地折射出管理者和员工之间出现了心理隔阂——管理出现了问题。

有的企业管理者简单地认为把企业布置得漂亮点，员工的衣食住行多投入点资金，或者说，把企业的企业文化多宣传宣传，天天领着大家读，日久天长，企业就会拴住员工的心，让员工变得热爱企业，共同为企业的目标努力。

事实证明，很多企业即便做了这些工作，问题仍得不到本质的缓解。为什么呢?

问题的症结就在于他们没弄清楚管理的真谛——人心的管理。而要解决上述问题，凝聚人心，重点是要做好员工的人心管理，管理者要考虑如何拉近和员工之间的心灵距离，让他们之间心灵不设防并坦诚相对。要做好这些工作，笔者建议企业开展好四个方面的工作，如图6-9所示。

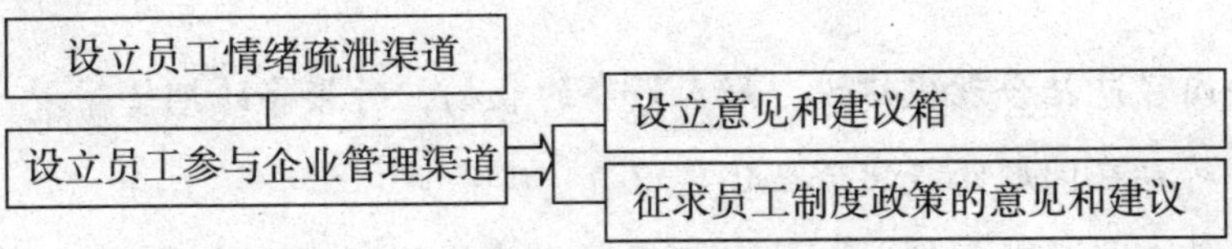

图6-9　释放员工压力方法模型图

6.12.1　设立员工情绪疏泄渠道

当一个人在追求自身目标得不到满足时，或感到某件事处理不公时，难免会产生消极悲观的情绪，当这种情绪积累到一定程度时，需要采用不同的方式发泄出来，这样才有利于自身健康。否则，不仅对其健康不利，还会产生更大的隐患——可能把不良情绪发泄到生产设备或产品上，或者客户、下属身上，这样势必会给企业的正常生产经营活动带来极坏影响。

日本“电气之父”、“经营之神”松下幸之助很早就认识到了这个问题，他在企业内部专门建立了员工的发泄屋，在屋子里铸造了自己的铜像，目的不是让大家来瞻仰，而是接受对企业有抱怨情绪的员工的打击、发泄。这已经是上世纪六七十年代的事情了，对现今的企业也有一定的借鉴意义。企业为达到这样的效果，也可以建立类似的员工情绪宣泄渠道，让员工在那里把自己内心想说又说不口的话尽情说出来，比如可以利用现代化的条件，建立网络倾诉平台，建立员工情绪的发泄区等。

6.12.2 设立员工参与企业管理渠道

当问及员工愿不愿意参与企业当中一些问题的探讨或向企业主动反映一些问题时，有的员工持漠不关心的态度，说那根本不可能，企业怎么可能有闲心来听基层员工的声音呢？甚至还举例证明自己以前给企业提过建议但都没被采纳的情况，来证明此举没有作用。但是，大部分员工还是表现出了极大的兴趣，只是不知道如何参与企业的管理。这充分说明，企业没有听到员工的心声，不是员工的错，是管理者没有为员工提供一个参与管理的合适途径。

为确保员工反映的问题能及时得到解决，合理化的建议能得到具体落实，应做到以下几条要求：

——内容包括合理化建议，好人好事的表扬，对领导的期望等。

——对存在问题的提出合理化建议。

——员工在反映问题时，应以客观事实为依据，以具体案例为佐证，以翔实的数据来说明。

——所有的问题都是企业内部问题，要本着替企业着想，从爱护企业的角度出发，以解决问题为出发点的心态来提意见和建议。

凡是和广大员工切身利益相关的制度，为了使制度定得合情合理，管理者在制定这些制度时要主动和员工协商其中的有关内容，并在出台前公开张贴该制度的征求意见稿，充分、反复征求员工的意见和建议，并认真组织研讨所收集到的意见和建议，必要时予以采纳。笔者在此提两点要求。

一是要正确对待员工的意见和建议。有的管理者，只要听到和自己相左的意见和建议时，就暴跳如雷，搞得下级员工都敢怒不敢言，也都不再积极地建言献策了，唯恐不合乎领导的心意，此法实不可取。好的意见和建议，一定要积极地吸取，还要给提建议的员工以一定的奖励，提高大家的积极性。

二是凡是署名的意见和建议，必须回复，不走形式。为了规避员工认为“提也白提”的想法，让他们意识到管理者在认真对待他们所提的每一个意见和建议，必须要做到凡是有署名的员工和部门的意见和建议，都要私下里认真地回复，并面对面地沟通，说明采纳或不采纳的理由，让提意见和建议者充分感受到企业的重视。

6.13 员工帮助计划：让员工快乐工作

引入员工帮助计划（EAP，Employee Assistance Program），通过专业人员对组织的诊断、建议和对员工提供的专业指导、培训、咨询，帮助员工解决各种心理和行为问题，从而提高员工个人和组织整体的绩效。

6.13.1 帮助员工解决实际困难

对于集中在大中城市，尤其是分布在长三角、珠三角的大多数企业来说，人才竞争和选择空间比较充分。一般来讲，特有的文化、福利、环境氛围是吸引员工稳定的重要因素，管理者对这方面的情况必须多加关注，以解决他们的后顾之忧。

N企业是沿海城市的一家企业，为吸引员工，制定了优待员工的政策，比如，设定了年度休假制度，规定了包吃包住等优厚的后勤保障福利制度；投入巨资，建设了很多文化娱乐设施，营造了良好的厂区环境；每年还以老板的名义给每个员工的家里写一封企业的感谢信，感谢他们为企业所做的贡献，给他们的家庭发放年终红包。有投入就有回报，这样一来，在很大程度上，吸引了大量的优秀人才加盟企业，并且人员非常稳定。

对于地处偏僻、交通不便的企业，除上述条件要关注外，地域和家庭的限制也是一个较大的条件。条件允许的情况下，帮助入职人才安居乐业也是企业稳定人才的良策。

T企业虽在内地，但地处山区，交通非常不便，员工回家一次也非常不方便。大多数大学毕业生到这里工作了一两年后，都为自己的婚姻发愁，很多人由于这个原因辞职了。为了解决他们的个人婚姻问题，企业每年联系其他企业为他们组织联谊会，让他们有机会互相认识，甚至为解决一些困难户的婚姻问题还联系了婚姻网站，帮他们注册了个人信息，帮助他们寻找合适的对象。别说，通过这一系列温情措施，居然帮助员工解决了很多问题，员工因此也相对稳定。

员工也是人，他们把青春交给了企业，企业就应该帮他们解决难处，排除他们的后顾之忧。唯有如此，他们才会安心地为企业效力。

6.13.2 做好员工心理疏导

管理者同样是心灵导师，工作中要根据员工具体情况做好个体咨询。尤其是那些初入职场者，可能职场体验和自己理想化的心理预期有较大差距，一遇到压力，往往会有一些极端的想法，甚或为此有心理阴影，感到“很苦恼”都很正常。此时此刻，如果管理者能以朋友的身份，放低姿态，亲和一点，走近他们，认真倾听他们的心声，利用自己的经验、技能化解他们心灵的困惑，自然而然，他们就会接受现实，并以积极的心态来对待当前存在的思想压力问题。

小邱大学毕业刚到一家企业工作，从宽松的大学校园一下子进入制度严苛的企业里，对工作充满了恐惧，总怕干不好工作，挨领导批评，天天紧张得要命，汇报工作时都说不好话，憋得脸红脖子粗，生怕哪句话说得不合乎领导心意。于是，小邱天天精神负担很重，睡不好觉。就这样，形成了恶性循环，他的工作质量更差了。部门主管看到这种情况后，像大学辅导员一样，主动去和他沟通、交流，了解他存在的问题，并积极对其进行精神安抚，说自己刚入职时和他存在一样的问题，后来在自己的努力下得到了克服，提供一些自己的经验和建议。这样一来，部门主管一下子拉近了他与小邱距离，缓解了小邱的紧张情绪，平复了他的心情。慢慢地，他变了，变得积极主动、勇敢、认真，工作很快上手了，工作业绩蹭蹭地往上蹿，小邱很快变成了企业业务骨干。

做好员工的心理辅导，让每位员工每天都能忙并快乐着……这是促使他们工作业绩得到提升的关键。

6.13.3　积极开展心理危机干预

经常看到、听到一些舆论报道，有些企业职员受不了职场方面的压力，采取一些极端的手段。比如前些年舆论热炒的富士康员工自杀事件，还有一些企业员工受不了职场压力而伤害所在企业领导，还有一些员工精神极度空虚甚至到公共场所寻衅滋事、打架斗殴等等，此类事件非常多。

作为企业管理者，对员工的这种心理变化应保持高度的警惕，一旦发现异常，应积极地对其进行心理疏导，严重的话，还要强化心理干预，引导他们向好的方面转化。作为企业，有必要建立一套科学合理的应急防御机制，避免这类事件发生后造成一些不良后果。

一旦员工出现心理危机，感觉到其有极端思维或危险举动倾向，就要立马积极启动应急预案，介入干预，主动对员工进行心理疏导，帮助他排解压力，解决困难，避免给双方甚至社会造成不良影响。

必要时，要给员工一个发泄自身情绪的空间，让他们将工作和生活中的各种痛苦、愤懑、压抑都尽情释放出来，说工作中不敢说的话，干工作中不敢干的事，放开手脚，宣泄不良情绪，在精神上得到彻底放松，然后带着美好的心情走上工作岗位。这种“发泄吧”形式在国外已经很普遍了，在国内也有零零星星地开展，但总体上来看还很不够，企业可以加强这项工作的开展，避免一些极端事件的发生，同时还有助于员工身心健康发展。

6.14 帮助员工规划未来

凡是有一定上进心的人，都不想做落伍者，都有自己追求的方向和目标。管理者一定要帮助新员工点燃心中的梦想，积极帮助他们规划好自己的未来，做好员工的职业生涯规划和开发工作，为员工量身定做《职业生涯发展规划》，并定期与员工一起对其《职业生涯发展规划》进行修正，帮助员工设计良好的个人发展计划和职业发展阶梯，保证员工的职业生涯畅通，以此来吸引员工，降低员工的流动倾向和流失率。

6.14.1 员工和企业一同成长

企业培训应将战略目标和员工职业生涯发展目标良好融合在一起，只有当企业培训目标和员工个人发展目标捆绑到一块时，才能发挥其强大的推动企业经营发展的管理效用。因此，在员工个人职业发展上，企业要积极提供力所能及的帮助来辅导员工设计、推行自身的职业生涯规划，并力争和企业的发展统一、协调起来。这样，员工借助企业平台来实现自己的职业人生抱负，企业借助员工的才华来实现快速稳健的发展。这种“力量相长”的关系是员工提高学习积极性和主动性的源泉，也是企业和员工两者实现“双赢”的途径。采用形式不同的精神激励法，让他们感受到企业对他们价值的认可，多对员工进行精神鼓舞，少批评苛责，对员工的工作成绩充分肯定，鼓励他们百尺竿头，更进一步。比如，设立人才年终、年中或季度进步奖、优秀校招员工奖和突出贡献奖，以及让其代表企业出席某个活动等等，都是一些很不错的精神激励措施。

6.14.2　协助开展职业发展规划

每个企业都要为员工未来负责，尤其对一些新入职者，他们以前无职场经历，当现实和梦想之间差距过大时，往往难以承受，会对自己所做的工作感到失望，甚至产生一些厌倦职场的想法，离职就会显得很常见、很盲目。管理者要积极主动和他们沟通，帮助他们认清自己，认清现实，认清未来，和他们一起来梳理自己的职业发展路径，站在员工的角度，提供意见和建议。比如可以专门开辟一些有针对性的职业发展课堂，请一些优秀的职业规划导师来谈一下方式方法，也可以请一些在职业发展方面有经验的员工来谈一下心得感想，给他们注入信心、活力，帮助他们树立正确的就业观和发展观，帮助他们调整就业后的心态，认清自己，设计好自己的职业发展规划。

6.14.3　提供成长和发展空间

企业在开展各种培训时，要考虑到培训机会的均等性，千万不能忽视、冷落了某一群体，以免造成不公平，引起员工的抱怨。企业要本着对人才和企业双重负责的态度，有针对性地给员工提供足够的培训机会，并多采取以实际操作为主的培训方式，而不是流于形式，做到有效、实用，帮助他们尽快在岗位上成长起来，提升其个人竞争力，为企业未来发展补充能量，不能因噎废食，担心人才流失风险而过分计较培训成本。

企业应站在员工的角度，为其构建能展现能力和思想的舞台和渠道，一步一步促使其向职业理想迈进，坚持“有多大能力，提供多大舞台”的原则，给予相对有竞争力的薪资福利待遇，建议采取领先型薪酬策略，要让他们过上体面的生活，同时还要尽量克服内部薪酬的不公平性，绩效考核工作要做到公开、公平和公正。总之，不能让员工有屈才之感，并能让其清晰地看到自己的前途。

第7章

留得住：以灵活的策略用人

人才是企业的基石，有好的人才，才能有好的产品和服务。各位管理者（师傅）就是企业的炼金师，不断地开发下属（徒弟）的潜力，使他们发出钻石的光芒。靠什么来留住员工？这恐怕是很多企业一直在思考的一个问题，企业对不同类型的员工应采取不同的管理方式。

某企业针对不同类型的员工采取了不同的留人措施，具体情况如下。

一是骨干员工，占企业员工总人数的3%～5%，他们在稳固核心价值观和组织文化方面做出了卓越贡献，他们不断取得预期的成功，并且也帮助别人这样做。企业尽力创造一个极具吸引力的文化，以吸引、挽留、鼓舞组织中那些中、高级人才。

二是优秀员工，占企业员工总人数的25%～30%，他们具备一定的领导能力，其工作责任心和核心能力已经超过组织的期望值。创造良好的环境（授权并给予恰当的平台等），并制定有竞争力的薪酬计划，来留住那些企业中始终不可或缺的人才。

三是牢靠性员工，一般约占企业总人数的65%，他们在核心能力和工作责任上能满足企业要求，他们也可能领导其他员工，比如生产一线的领班、段长等，对于他们，企业努力支付稳定的、有竞争力的薪酬即可。

四是不称职员工，占企业员工总人数的3%～5%，他们明显不适合企业，表现有负众望，也无重要能力，要密切监督，使其改进绩效。企业可以给这些人重新分配任务，在新岗位上应当立即对此进行改进，否则让他们出局。让不称职员工待在原位弊端更大，因为其他人会想，既然他们那样都可以留下来，凭什么自己要那么努力地去取得不凡的业绩呢？所以企业对他们一定要做出强硬的规定。

综上所述，容易看出，留住员工的手段，除了要靠员工第一意识，靠其强大的使命感，靠构建共同的价值观、目标，靠管理者的威信等以外，还要靠薪酬、激励、授权（给平台）、良好的监督约束等手段。

7.1　员工第一意识

在员工、股东、企业领导、客户的排名中，应该将谁放在第一位？有的企业选择了外部客户，有的企业选择了投资方股东，还有的企业选择了经营管理层的领导，具体原因见表7–1。

表7–1　客户、股东、领导优选关注度的具体原因

企业选择	具体原因
客户	基本上都是基于平时大家常说的“客户是上帝”、“得罪了客户就等于得罪了上帝”的思维逻辑，企业会因未服务好客户而丢掉订单。因此，客户往往会受到企业的第一关注
股东	一味地强调“股东利益最大化”，因为这是大家的常态思维，企业存在的目的就是为了为股东赚钱、盈利，让股东投资回报最大化。离开了这个宗旨，企业就没有存在的价值和意义了
领导	认为无论在何时何地，领导创造的价值比员工多得多，因此就应该享有比普通员工高得多的特权，如：上班可以迟到，听音乐，吃零食，干很多和工作无关的事情，可以违反企业设定的种种制度等等。似乎，企业所有层面的规定都与领导层无关，而实际上，与基层员工相比，领导层往往存在很多问题

基于上述情况，在实际操作上，鲜有企业将员工利益放到第一位。

尽管管理者平时拼命喊要尊重员工，一定要将人力资源作为企业第一资源来看待，将员工利益放在第一位，甚至喊出了“家文化”概念，但实际上，这仅仅是向员工释放的一枚烟幕弹而已。他们只是在创业时，高歌猛进：“我们都是一家人，相亲相爱的一家人。”而在分享成果时，却往往忽略了员工的存在，声称：“这是在各级领导的努力下，才创造出的良好局面。”这是很多企业存在的价值观误区，这种“官本位”思维现象应重点予以剔除。因此，在任何时候，在看管理者喊什么的同时，更要看他们实际在做什么，这是问题的关键所在。

仔细想一想，如将员工作为一个群体来看的话，真正撑起企业往前发展的恰恰是那些一如既往、踏踏实实、不离不弃的一线员工朋友们，正是他们创造了优质产品，创造了客户满意度，创造了股东丰厚的回报，他们才是企业真正的上帝。

据了解，超过200年历史的企业，德国有837家，荷兰222家，法国有196家，最多的是日本，有3146家企业的历史超过200年，为全球最多，更有7家日本企业的历史超过了1000年。中国现存的超过150年历史的老店仅5家，我国长寿企业与日本长寿企业相比，数量上居然相差如此之多，这令人震惊、深思。而且中国中小企业的平均寿命仅2.5年，集团企业的平均寿命仅7～8年，而欧美企业平均寿命为40年，这个对比结果也令人汗颜。

国外有很多卓越的企业，它们之所以具有旺盛的生命力，甚至成了百年老店，除行业专注精神外，还有一点就是企业对员工的关照，真是“德来德去”，“福来福往”。其实，企业在对员工进行关照的同时，员工也都从内心深处把自己的工作当成事业来做，也都在卖力地为企业奉献力量。

从这一点可以看出，只要企业能拿出足够的诚意来善待员工，努力增强员工的满意度，员工就会更加珍惜工作，就会努力为企业着想，让企业发展得越来越好，从而通过自身的工作来努力创造出有价值的产品，如此一来，就会创造出更高的顾客满意度，从而让企业运营一直处于良性状态。

7.2　激发员工使命感

常常看到一些企业在宣传企业文化理念时提出：快快乐乐上班，高高兴兴回家。

实际上，很多企业并没有做到让员工快乐工作这一基本点。在这个世界上，并非每个人都喜欢自己的工作，恰恰相反，很多人甚至痛恨自己的工作，这一点可能出乎很多人的意料。据美国盖洛企业调查，77%的美国人厌恶自己的工作。

员工一旦开始痛恨自己的工作，便不会倾情投入，没有倾情投入，便不会有高效产出，组织的绩效随之就减少甚至没有了。诗人歌德有句名言："如果工作是一种乐趣，人生就是天堂。"也可以说，喜欢自己的工作，人生便是天堂；怨恨自己的工作，人生便是地狱。怨恨工作，对个人、对社会都是巨大的损失。有人分析计算，因员工痛恨工作每年给美国企业造成的损失达3500亿美元。

造成人们痛恨工作的原因有很多，但其中最重要的一个原因就是人们认识不到自己工作的价值和意义。这种状态要想有所改善，建议从重新认识工作开始，可以依循图7-1所示流程逐步改善。

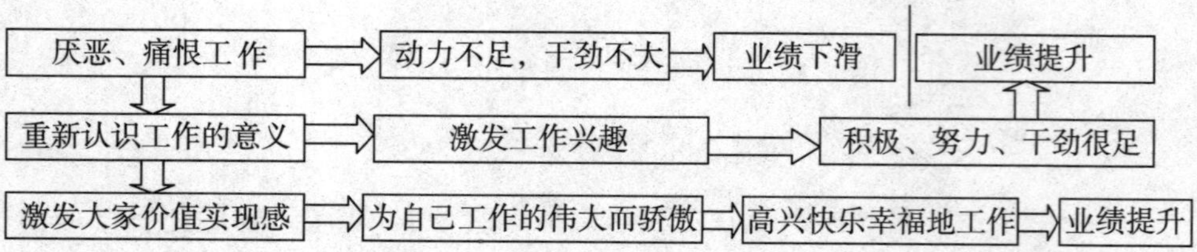

图7-1　激发员工使命感的关联图

有一位邮递员，他觉得自己每天风里来雨里去，整日走街串巷，收入非常微薄，工作也没意思，要不是为了养家糊口，他或许早就不干了。后来有人帮他算了一笔账：在他每天送出的100封信件中，有20封是父母寄给子女的，有40封是子女寄给父母的，有20封是同学朋友之间联络感情的，还有20封是帮忙做生意的。猛然间，他认识到，自己不是在传递普通的函件，而是在传递“福音”，传递人间真情。自此，他的工作状态发生了根本性的改变。每晚他都可以伴随着美好的记忆进入梦乡，第二天，又怀着感恩之心上路。工作还是那份工作，只是他对工作的看法发生了改变，于是，整个工作效果也随之发生了根本性的变化。

在当代，西方管理学界也已把“觉悟”视为管理者的要害，他们总结了三句话：人的知识不如人的智力，人的智力不如人的素质，人的素质不如人的觉悟。显而易见，一个人的觉悟直接决定了一个人的工作状态，知识、技能影响工作效果，而工作状态更影响工作成效。

7.3　构建共同的价值观和目标

德鲁克说，个人想要在组织内有所表现，个人和企业的价值观必须兼容。

双方的价值观不求完全一致，但一定要达到求同存异，如果互相排斥，那么，个人不但无法做出成绩，还会产生挫败感。

企业要通过努力创造80%员工有共同志趣的团队，才能让团队具有更加强大的聚合力。

一家新成立的企业，在很短的时间内，人资部通过招聘手段，从四面八方招聘来一群人，他们具有不同的年龄层，受到过不同的教育，并且各自的职业经历和家庭环境不同……由此，他们带来了不同的文化观念，彼此之间缺乏了解，缺乏共同追求的目标，缺乏凝聚力，就像在车站里等候车辆的一群人，都有各自的目的地，互不关联，没有交集。这一群人，志不同，道不合，充其量只能称为群体，而不是团队。此时此刻，如果企业不加以开展有效的文化管理，整个团队很快就会陷入支离破碎，失去活力的状态，如果能及时用共同的企业宗旨、使命、价值观在组织内部进行宣贯，及时将他们凝聚起来，就很快会让整个企业踏入良性发展的轨道。

需强调的是，这里的使命是指企业存在的意义和价值，回答的是组织为什么而存在；愿景是指企业将去向何方，是对企业未来蓝图的描述。先有使命，后有愿景，使命是通过愿景的不断实现而实现的，是企业的发展方向。价值观是指“你应该做什么、不应该做什么”，不管是使命、愿景还是价值观，都属于文化层面，必须要努力让员工高度认同才可以，切忌强压硬灌，否则，就不能让员工有效理解、吸收并将其转化为自己身体和灵魂的一部分。

有些企业花了很多钱，费了很大劲聘请了管理咨询机构，在没有认清组织前因后果的情况下，编制了组织愿景、使命和价值观，并将其精美地裱起来，挂在企业的显赫位置，让员工学习，外人瞻仰，甚至还不忘通过各种媒体进行大力宣贯，恨不得一下子将这种理念灌输到企业员工和广大民众的观念里，让员工完全按企业设定的运营思路往前推进。但很多企业抱怨，尽管采取了种种措施，不知为什么，员工好像根本不买账似的，就是不为之所动。

很简单，每个人都愿意关注和自己相关的事情，不愿意感受离自己十万八千里、摸不着的东西，太遥远而不敢想象，也难以想象。企业一定要检讨这些文化理念，一定要想办法让文化理念和员工更加紧密地关联起来，彼此之间产生较大的交集。如果其压根就和员工没有利益关系，那么，员工在接受这些东西时，就会很难听进去。企业指望通过强压硬灌的方式，即便员工被迫记住了，也只是假象，不会有持久的生命力。

此外，团队建设是企业组织的第一要务，而完成此要务的首要任务就是要有共同的目标，否则，团队就不能产生凝聚力，进而就难以高效完成任务，也可以说，团队没有共同的目标，就不是一个真正的团队。在团队建设中，下列举措很重要，如图7–2所示。

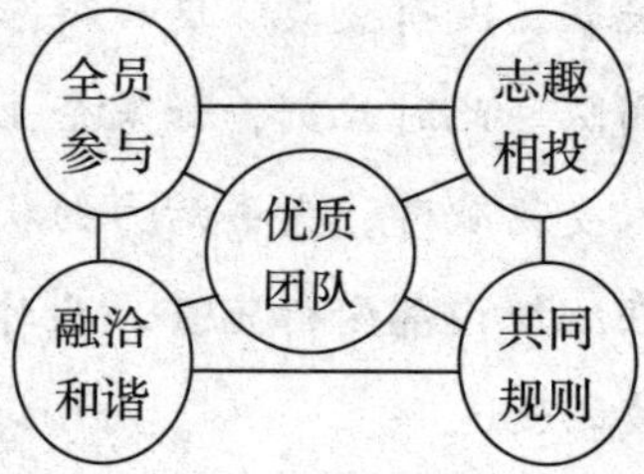

图7–2　团队建设四大措施关联图

1. 全员参与

形成团队目标时，切不能仅靠领导一厢情愿地来确定，而要通过团队成员充分地分析、讨论、补充、研究后确定，确定目标被大多数人认可，再上升为整个团队的广泛共识。

2. 志趣相投

培养团队共同的志趣，是强化团队管理水平的重要手段。管理者应经常组织团队成员参加一些文化活动，如爬山、野营及其他户外旅游等，在努力工作的同时，让大家感受到团队带来的乐趣，增强凝聚力。

3. 融洽和谐

一个团队的重要特征，就是组织和谐、融洽，大家为了完成共同的目标任务，互相支持，彼此帮助，同舟共济，形成合力，一起扬帆远航。

4. 共同规则

一个团队要想达成任务目标，还须建立一套团队成员彼此认同的行为准则，大家都按统一准则行事，互相监督、提醒，口号、步调一致，这套规则是确保目标达成的关键保障。

7.4　管理者“威”和“信”

据了解，很大一部分员工离职都是由于工作不愉快造成的，而这个不愉快又是由于和直线主管之间的关系僵化造成的。

职场上，常遇到这样的情况，其他部门的员工不愿意向直线主管询问业务上的问题，而总是喜欢向非直线主管求教。让人很纳闷，问题在哪里？据了解，原来他们都很怕和直线主管沟通，一见到直线主管就把心提到了嗓子眼，很紧张，有时候即便不理解直线主管布置的任务，也不敢多问一句，还强装出一副清楚、明白的样子，为什么呢？很简单，直线主管很严厉、苛刻，员工一问问题，就批评他们笨。于是，员工怕产生不好的印象，即便有疑问也不再去问。

的确，很多管理者崇尚这种有“威”无“信”、让下属害怕的工作状态，认为这是自己权威的体现。其实，这种做法会对组织造成很大的伤害。优秀的管理者都会想法让员工敢于面对问题，及时反馈，让员工能和管理者凝聚在一起共同解决问题，实现既定的目标。建议用图7-3所示的方法来建立管理者威信。

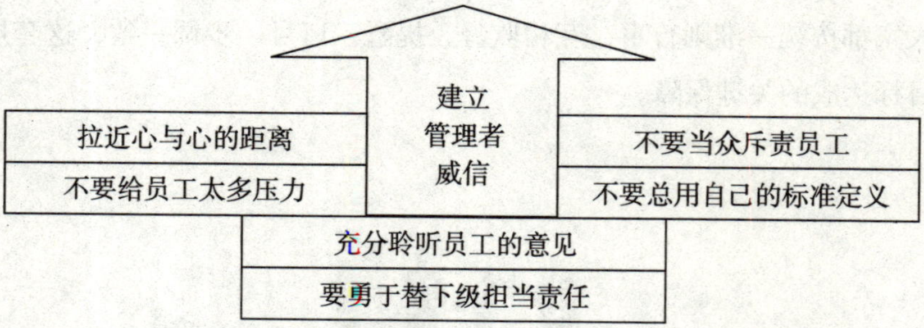

图7-3 建立管理者威信的方法

7.4.1 拉近心与心的距离

管理者和员工沟通时，不要总是有一种比员工高一头、“一览众人小”的优越感，要搞清楚上下级之间虽等级不同，但人格始终平等。一旦管理者内心深处滋生出了那种唯我独尊的不良感觉，说话的语气、腔调、表情和动作自然就会投射出来。员工比管理者敏感得多，他会很轻易地捕捉并感知到管理者身上的那种情绪，原本还和管理走得挺近的，慢慢地、不自觉地就会和管理者拉开心灵的距离，隔阂便随着距离感的产生而产生了。

7.4.2 不要给员工太多压力

管理者在布置任务时，要充分考虑任务和员工能力的匹配度，施压要适度，不要安排超越其能力过多的工作，适当时候还要及时给他们提供一些必要的帮助，确保其既受到了锻炼，又能顺利完成任务。同时，不可在布置了任务后，不管不问，伸手只管要结果。此外，在日常工作沟通时，一定要放下架子，不要让员工有压力。

H企业有一位主管，喜欢向部属发脾气，别人的做法一旦不顺自己的意思，动辄当众批评员工，一点也不顾情面。大家跟这样的主管沟通时感到很拘谨、慎重，怕出问题，根本不愿意和他沟通，但也不愿意开罪他，甚至还曲意恭维，其实心早就离开了他。可悲的是，这位主管还一直认为把员工一个个搞得畏畏缩缩说明自己很出色。其实，员工内心都很烦这样的管理者，只是自身处于弱势地位而不愿意开罪他而已。

身为员工，可能经历过这样的场景，刚才氛围还挺轻松，由于主管的到来，空气一下子便变得凝固起来，害得在场的人大气都不敢出，有一种窒息感。时间一长，员工甚至感到非常压抑和焦躁不安，这让员工身心都很不舒服。

7.4.3　不要当众斥责员工

扬善公堂、规过私室，员工有了工作业绩，要大大地甚至略带夸张地公开表扬，让员工有成就感，让其他员工形成一致的价值标准和向往，这样，他们就会努力向管理者的期望靠拢，争取下次获得表扬的是自己。一旦员工犯错了，还是私下批评为好，既让其了解自己的过失与危害，又保全了他们的自尊心，感受上级在照顾自己的面子，同时也会产生感激和心灵贴近的感觉。如果公开批评会有很多后遗症，自尊心过强的员工会辞职，过分内向的会一蹶不振，一般人也会感觉没面子、抬不起头，今后变得谨小慎微。这与管理者的初衷背道而驰。不论当面批评还是事后批评都要看场合是否合适，管理者只有与员工独处时才可批评（当面或事后）员工的不足，有其他人在场时都不宜太多批评。

7.4.4　不要总用自己的标准定义

有的管理者，只要听到和自己不同的意见和建议时，就听不下去了，不是打断人家说话，就是暴跳如雷，或者用自己的标准评定员工，搞得下级员工有话不敢说，有意见不敢提，无所适从。这样就不会有员工再愿意为改善工作积极建言献策了，唯恐提出来不合领导的心意，被骂一通，自取其辱。

R企业的一位部门负责人，自身比较能干，但心胸比较窄，当听到员工提的意见和建议和自己的想法相违背时，很是生气，于是会议上当着众人面把员工提出的建议书撕掉并摔在地上，大骂其幼稚、愚不可及。这还不算，他过后还念念不忘，每每提及，让建议者感到无地自容、羞愤交加，使建议者一蹶不振。最后，建议者认为跟这种人干很压抑、没劲，于是便卷铺盖走人。由于该负责人这个毛病一直没改，手下人便一个个地都离开了他，他最终成了孤家寡人，真是可悲。

记住，无论员工所提意见和建议是好是坏，都要积极聆听。好的意见和建议，不仅要积极地吸取，还要给予员工一定的奖励，以提高大家的积极性。

7.4.5 充分聆听员工的意见

常有这样的现象，当领导布置完任务后问大家清楚了没有，或者说执行任务有没有困难，很多时候大家都回答很清楚，并保证能完成任务。可一旦去做，却又不清楚布置的任务是什么，要完成什么标准也不清楚。如何解决这个问题？这就要求管理者一定要放下架子，实事求是，布置工作任务时，不要单方面强势地宣布任务，要让员工充分说说有什么问题，认真、谦虚地聆听一下具体执行者的反馈，这样对管理者做决策会很有帮助。

7.4.6 勇于替下级担当责任

有的管理者自我保护意识很强，不敢担当下级所犯的错误，当下级做错事情被自己的上级怪罪下来时，第一反应就是先撇清自己的责任，一股脑让下级来承担过错，甚至还跟着上级领导一起比划着当面责骂自己的下级，把下级搞得很难堪。还有这种情况，有些任务是管理者布置给下级的，下级也是严格按照要求去做的，出现错误时管理者却不敢承担自己决策的失误。遇到这样的管理者，也让下级很是窝火。管理者不要忘记，不管是自己决策的问题，还是下级工作不力所造成的问题，作为下级的管理者，都有不可推卸的责任。

7.5 让薪酬“动”起来

前面讲过，不同的岗位应匹配相应的薪资待遇，不能失衡。这是很多应聘者不愿启齿，但又重点关注的问题。在岗薪匹配严重失衡时，在岗人员往往会以离职的行动来告诉企业自己的内心诉求。

A集团企业领导一直抱怨人资部招不到符合要求的办公室主任，让企业日常运营不能有效推进。经了解，原来该集团企业先后招聘到了四位办公室主任，但这四位在干了一段时间后都先后离开了，有劝退的，有主动离开的。核心问题是：劝退的属于不符合企业要求，主动离开的有薪资待遇问题，也有不适应企业文化问题。四位办公室主任干得时间都不是很长，短的不超过一周，长的也不超过一个月。对于不符合企业要求者，领导抱怨人资部招聘质量不符合要求；对于主动离职问题，领导又抱怨人资部招聘来的人员稳定性差。鉴于这种情况，人资部也抱怨招聘的办公室主任要求的条件几乎和行政总监一样，而设定的薪资待遇却远低于市场水平，致使人资部不得不招聘这个层次的人员，这个层次的人员虽然和企业要求不一致，但和人才市场里办公室主任岗位要求相对比较符合。

由此可见，薪酬留人是企业最起码的条件。企业发展前景再广阔，氛围再融洽，但如果薪资待遇很低，不能维持员工最基本的生活，也就不会产生竞争力，人才自然也就不可能会留下来。

另外，薪资方面必须要保持足够的公平性和竞争性，否则，薪资问题就有可能成为发泄不满的导火索。实际上，尽管薪酬是挽留员工的最佳工具，但必须运用恰当，才能有效支持企业策略的成功。

一段时间以来，T企业的领导常感觉团队激情和执行力明显下降，业绩有下滑趋势。后一分析，原来问题出在了薪资方面。该企业自成立以来一直在实施岗位固定工资制，而员工又很长时间未调过薪，虽采用了绩效薪酬政策，但由于考评体系不健全，薪酬挂钩幅度较小，也导致其逐步流于形式，甚至这部分“动态”薪酬还变成为“静态”薪资的一部分，减弱了薪酬正面激励功能。长此以往，“静态”薪资养懒了员工，“混日子”风气开始侵蚀整个企业。

该企业急需一套以市场薪酬和企业支付能力为中心，以员工能力和工作绩效为核定依据，激发员工挖掘潜能的“动态薪酬”（下称“薪动”）机制来代替岗位“静态薪酬”（下称“薪静”），以此点燃员工激情，保障薪酬公平性、竞争性和激励性。在薪酬政策上，建议企业采用动态的薪酬激励体系，它比纯粹静态的薪酬体系有不可比拟的优势。

7.5.1 “薪动”和“薪静”正反观

“薪动”和“薪静”会产生不同的效果，如表7–2所示。

表7–2 “薪静”、“薪动”方法效果图

类别	产生的效果
“薪静”	不能和绩效考核有效联动，容易软化组织能力 扼杀人才。岗位晋级的机会就会少，会让个别员工沉淀在某个岗位上，扼杀了进取心 激励乏力。在同级岗位群中，薪酬高低与工作表现、业绩大小无关系，必然会让能干的员工情绪低落，团队萎靡不振

（续表）

类别	产生的效果
“薪动”	因岗位价值和业绩不同而不同，凭能力吃饭，总体薪酬和市场挂钩，最大限度地激发斗志 1. 财散人聚。马斯洛需求理论第一层次就是满足员工衣食住行生存需求，这是确保企业员工稳定的根本，企业薪酬水平随市场变化而变化，适度采取市场领先战略，人才自然会聚集过来 2. 激发斗志。体现出了“多劳多得”的动态原则，保证岗位不同薪酬水平不同，激发员工不断上进，应让员工和企业一起享受发展成果，不断增强凝聚力

7.5.2　让薪资“破静致动”的方法

薪资变革阻力必然会造成一定人力、物力和财力的耗费，影响组织稳健发展，甚至还会动摇企业薪资变革的信心，作为管理者，必须要采取强有力措施，化阻力为动力，确保薪资变革“化静为动”，具体方法如图7–4所示。

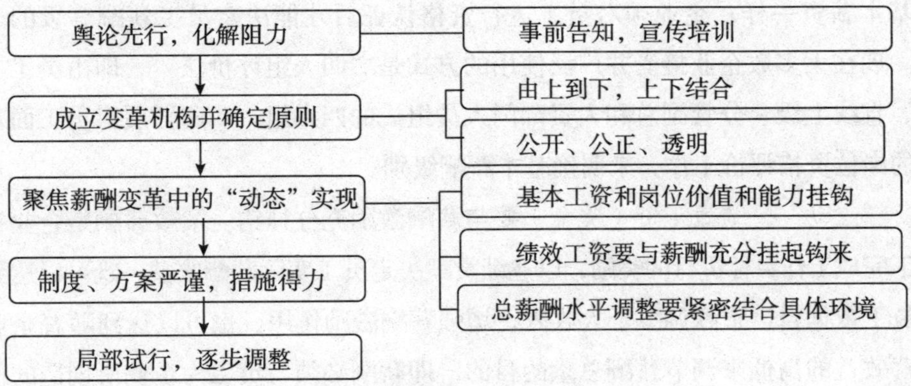

图7–4　薪资“破静致动”方法

1. 舆论先行，化解阻力

一是要事前告知。薪酬变革前，企业应在适当场合透露这方面的信息，重点说明薪酬政策存在的弊端和改革必要性，逐步取得员工的理解和支持，更能调动员工的积极性，为之后薪酬变革奠定基础。

二是要宣传培训。在变革前应通过全员培训、座谈和各种宣传活动等，进行薪酬变革管理理念植入，促使各级管理者和员工更新观念，达成共识，奏起薪酬变革的序曲。

2. 成立变革机构并确定原则

企业领导一定要牵头成立薪资变革小组，有计划、有步骤地稳步推进变革，除各级管理者参加外，还须员工代表参与。在制定薪酬体系的过程中，遵循“由上到下、上下结合、公平、公正、透明”的原则，给员工话语权，广泛听取他们对薪资变革的意见和建议，绝不搞一言堂，以大压小。

3. 聚焦薪酬变革中的“动态”实现

在动态薪酬设计时，要重点关注薪酬中“动”的因素，即动态岗位能力工资、动态绩效（奖金）工资和动态市场薪酬环境。

“一动”，岗位基本工资与岗位价值和能力挂钩。比如人、财、物、产、供、销等岗位工资不同，价值含量不同，岗位基本工资就不同。即便同一岗位，由于在技能、经验、资源占有、工作效率、历史贡献等方面存在差异，在基本工资的设置上同样也会存有差异，比如“九段秘书”的每一段都有其不同的基本薪资一样。企业须对员工进行资格认证后才能决定员工薪酬等级的升降。现在大多数企业接受并广泛使用的方式是“四人组评价法”，即由员工本人、直线上级、分管副总和人资部门人员组成的四人组，一起开展对员工面对面的岗位资格评价工作，来明确基本薪酬级别。

“二动”，绩效工资（奖金）要与薪酬激励充分挂钩。绩效薪酬是企业对员工完成工作目标进行的奖励，以业绩贡献决定员工实际薪酬收益，既可以达到使员工依据自己贡献调节个人收入，增强薪酬激励作用，也可以达到随着企业经营效益的高低来调节薪酬总量的目的。即薪酬必须与员工为企业所创造的价值相联系，可短期，如销售奖金、项目浮动奖金、年度奖励，也可长期，如股份期权等。因为业绩贡献是有周期的、动态的，优秀的业绩应及时予以认可，以加强薪酬激励的及时性。而如纳入基本薪酬的话，就难以体现出动态性了。

“三动”，总体薪酬水平调整要与具体环境紧密结合。薪酬调查应考虑企业行业、规模及使用相近技术等因素，在薪酬数据分析基础上确定企业薪酬水平市场定位，是在25%点位、50%点位还是75%点位？企业应随着市场薪酬行情来调整企业薪酬的总体水平和相应岗位的薪酬标准，企业的薪酬构成占比就可以在这个框架中制定了。在决定企业的市场薪酬水平时应注意以下问题。

——企业在外部劳动力市场方面吸引人才的层次。

——企业的人才定位应考虑企业战略、发展和岗位的具体要求。

——考虑企业现在与未来有多大的能力来承担相应的薪酬总量。

——及时关注所在行业的薪酬变化情况，和人才竞争者采取的薪酬竞争策略，以利于本企业采取相应的薪酬应对策略，增强动态适应性。

4. 制度、方案严谨，措施得力

制度、方案严谨，措施得力是薪酬变革顺利实施的保障。整个管理制度体系和实施方案、计划必须科学、严谨、细致，一定要考虑周全、可操作性强，一定要充分考虑、预测在薪酬变革过程中可能遇到哪些方面的细节问题，必须采取哪些应急措施才能有效解决，只有这样，才能保障薪酬变革得彻底、顺利。

5. 局部试行，逐步调整

建议采用“先易后难”、“步步为营”渐进性薪酬变革方式进行。前者指利用现有机会，从那些较易成功的领域入手变革；后者指稳扎稳打，一块一块地解决、推进和实施。综合考虑渐进性变革和颠覆性变革的优劣因素，采取渐进性薪酬变革方式更好些，在实施过程中可以将挫折所造成的负面影响减弱到最低限度。

薪酬变革关系着全员的利益，整个运作过程要慎之又慎，一定要遵循科学合理的方法步骤。

——薪酬测算：根据历史数据和具体方案，套算出每个岗位的薪酬数据，了解薪酬是否超过了预期要求。

——全员培训：让每个员工都非常清楚自己工资的构成和核算方法。

——过渡实施：在启用新的薪酬系统前，要确保新旧薪酬系统并轨运行，这样做的目的是保持员工心态的稳定，使旧的薪酬系统能顺利过渡到新的薪酬系统。

——修正完善：在正式实施前，应对发现的问题进行分析和改进，使薪酬系统更加完善。

——正式实施：颁布新的薪酬福利制度，进入正式实施阶段。

7.6 依靠强大的激励机制

约从1995年开始，索尼企业逐渐实行绩效管理，成立了专门机构，制定了详细的评价标准，并根据每个人的绩效评价结果确定薪酬。但近些年来，绩效管理却没能让索尼踏上一条康庄大道，相反，经营业绩却每况愈下，究竟是怎么回事呢？绩效管理究竟在索尼扮演了什么角色？是发展道路上的发动机、润滑剂，还是绊脚石和麻烦制造者？不妨做以下分析。

激励不当导致的陷阱，这里主要讲四种陷阱，如图7–5所示。

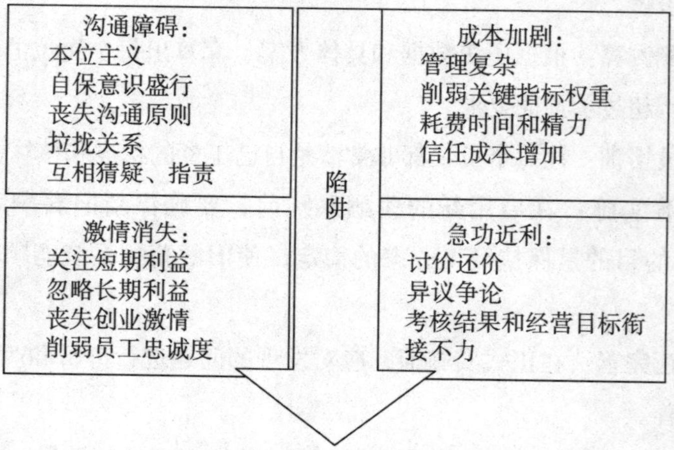

图7–5　激励不当导致的陷阱

陷阱一：沟通障碍。激励一方面可以激发干劲，提升效率，但稍有不慎就会给组织造成伤害。如360度评价模式，在文化差异较大的东方，若不加变通，拿来就用，这样往往会适得其反，不但不能润滑考核者与被考核者之间的关系，还会在考核者和被考核者之间树立起一道无法逾越的墙，使信任危机加剧。

陷阱二：激情消失。若一味关注短期利益，一些容易带动企业发展后劲但短期难有成效的事就会被忽略，整个团队很快会陷入利益驱动的怪圈，使员工归属感消失。一旦外在机会增强，自发动机就会受到抑制。

陷阱三：成本加剧。总是试图将企业职能范围内方方面面的工作悉数纳入绩效管控，使得绩效评价项目繁多，稀释、弱化了关键指标的权重，伴随着这些项目的信息收集、整理、审核、批准、争议处理，整个流程链就变得同样繁杂，信任成本短时剧增。

陷阱四：急功近利。一是被考核者和考核者常会由于制定考核指标目标数据高低而讨价还价；二是在考核过程中，会由于被考核者对考核结果产生异议，于是，考核者考虑到被考核者的努力而将考核指标项目定得较低。这样下来，就会导致考核结果与企业战略目标不能有效地衔接。

7.6.1　让激励促使企业进步

夯实基础条件是绩效管理的关键。一个组织的绩效管理要与其他相关管理要素紧密相连，并互相影响和促进。那么，究竟何时引入绩效？将它做到什么程度？这与企业文化背景、发展阶段、产品类型、组织基础管理成熟度和整体员工文化素养等因素息息相关。

1. 筑文化之基

绩效管理成活率如何，要看文化土壤是否给力。什么样的土壤孕育什么样的庄稼，作为企业，倡导什么，反对什么，都在空气中飘着、在土壤里蕴含着……绩效管理就是要适应这种文化，并借机推动。脱离文化谈绩效，无异于在沙上建屋，随时有坍塌的危险。此外，企业究竟采取什么样的考核，做到哪个层面，上至高层领导一把手下至普通一线员工，要达成共识，保证上下同心，才能确保全员都积极主动参与其中。

2. 建战略目标体系

绩效考核始于战略并落脚于战略。一个组织究竟制定什么样的战略，如何通过目标管理体系逐级分解、落实战略，必须要有清楚的明示，这是组织基于战略目标开展绩效管理的基础，这个基础必须是务实的、科学的、通过努力能实现的，并且有明确的责任人和时间表。任务量化分解得越明确、越科学合理，绩效目标考核可能就会越有效果。

3. 夯实基础管理

如果企业文化是绩效考核的土壤、空气，那么相关的各项基础管理就是绩效考核的地基，唯有地基扎实稳固，绩效管理实施起来才能够稳健。在这里，良好的基础管理体系一般包括：信息化、各项管理标准、定额管理、计量工作、规章制度等等。如图7–6所示。

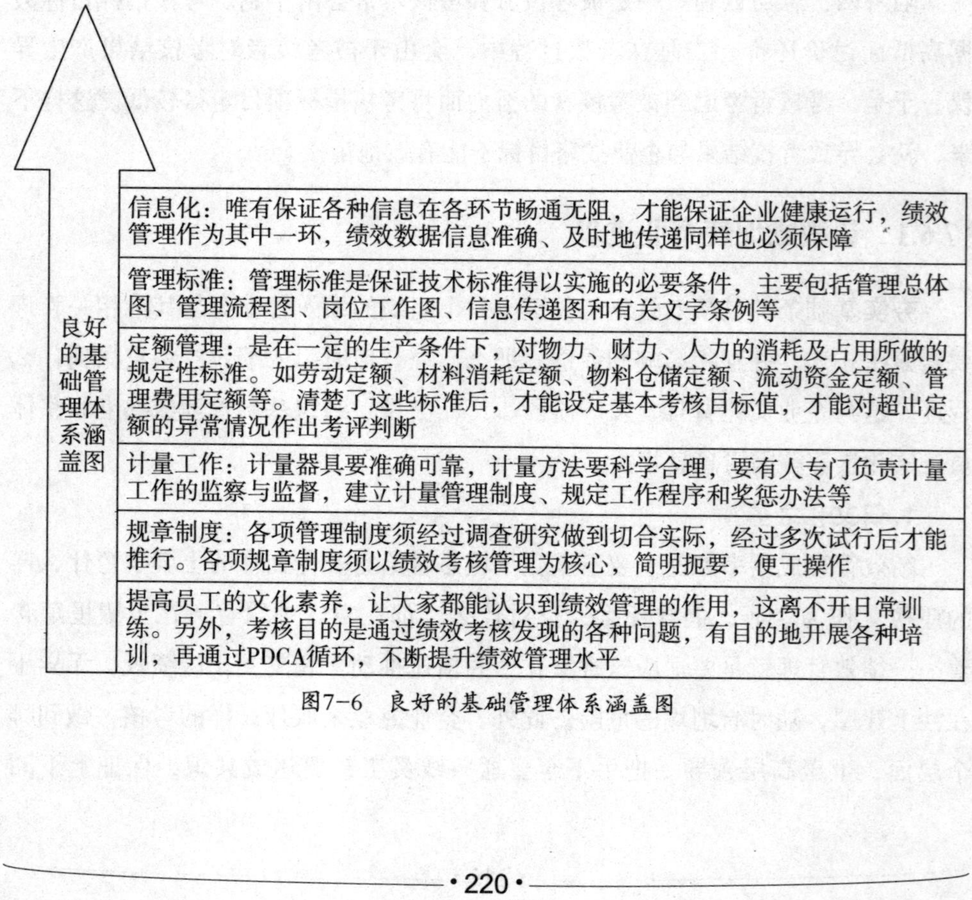

图7–6　良好的基础管理体系涵盖图

7.6.2　例外组织要考虑

1. 初创期企业

一般情况下，在创业阶段，企业各项基础管理都很薄弱，流程化的管理制度不够健全，影响企业发展的各种因素都不够稳定，如果这个时候盲目地进行绩效管理，往往会由于条件变化太大、考核标准设计得不合理而导致绩效考核流产，甚至会让与老板一起创业的员工失去原有的热情、斗志。

2. 科研型企业

对于科研类型的企业，一般都是高学历、高素质的群体，出科技成果周期比较长，有时候甚至一生都不会有成果。作为企业管理人员，如果仅仅为了促使科研人员尽快出成果，就单纯采用强压的考核方式，那就错了。这样做的结果，往往会让人产生较强的逆反心理，会让人的积极性受挫，甚至会扼杀他们的创新思维，导致员工辞职或者跳槽。

3. 创意/设计企业

兴趣、热爱才是最好的老师，尤其在创意、设计氛围比较浓厚的组织中更为突出。一般情况下，员工唯有在绝对放松的环境下才能让大脑天马行空、毫无顾忌地去思考、联想，才有可能获得非凡的创意。就像业余爱好一样，无需监督、考核甚至激励，他会积极主动为目标不懈奋斗，且乐在其中，甚至不能自拔。若管进人员非要去生硬地干预，规定在某个时间段拿出什么成果，无疑，很快就会将他们的天性给扼杀掉。

7.7　“公开、公平、公正”的评价

某网站曾做过一个年底“评先评优”的调查，结果发现超过50%的人认为

“不公正，评优就是评领导”，不足20%的人认为“公正、评优是员工投票选举的结果”。比如，C企业在年中的时候开展裁员活动，要求要将表现不佳或工作能力较差的人作为被裁掉的首选对象，但没有想到的是，这家企业竟然最后将数名年度先进个人给裁掉了，为什么？原来他们采取的方法不是评价法，而是采用部门内部抓阄来决定去留，结果就是优秀员工被淘汰了，而非优秀员工却被留下来了。

这种匪夷所思、原始得令人难以信服的评价方式居然还有些企业在使用，真让人贻笑大方。除此之外，还有年度评先活动，企业本来是想通过评出先进，树立典型，激励全员来年再创佳绩。但实际上，有些企业年年“评先”，却年年不给力，身陷“评先门”不能自拔，搞得员工怨声载道，愤愤不平，不仅没起到正面激励作用，而且负面影响“满天飞”。

7.7.1　五股“评先歪风”盛行

据了解，有五股“评先歪风”在企业盛行，不容忽视，如图7-7所示。

轮流坐庄风	采用“轮流制”、“换班制”的游戏规则来实现“一碗水端平”。今年我，明年他，这项你，那项他，人人有份，皆大欢喜
领导独尊风	一是只要“评先”对象包含着领导，十拿九稳肯定是领导；二是只要是领导举荐的先进，同样是板上钉钉
发奖泛滥风	不管人员多少，工作繁简，设立奖项名目繁多，甚至一人拿多奖，人人都有奖，奖项泛滥
互相谦让风	误把“评先”当作“追逐名利”，互相推脱，唯恐避之而不及
拉帮结派风	评价没有客观标准，仅凭主观判断，评分靠关系。一张评分表，体现的不是个人的能力，而是演绎成衡量人与人关系远近的尺子

图7-7　五股“评先歪风”

上述“评先”风吹过，就是让“评先”走个过场，作个秀。

俗话说，群众的眼睛是雪亮的，群众的心中都有一把尺子，当大家看到先进榜单上闪耀着的是那些不得罪人的“老好人”，是常在领导面前晃动的“红人”……那谁还会把“评先”当回事，怎能不让那些默默无闻为企业做贡献的真正“先进”感到心寒？

7.7.2 做好准备是基础

1. 明确目的，端正思想

一是要让全员必须清楚“评先”的目的，为了激励员工前进，组织要营造“比、学、赶、帮、超”积极向上的良好氛围，为企业战略目标服务。

二是引导全员要端正评优态度。企业可以先召开“评先”准备会，讨论以往每年的“评先”情况，将各种问题整理出来，逐一进行解析，共同商讨对策。

2. 设立机构，确定原则

一是为确保整个“评先”工作有组织、有计划地推进，可建立“评先”委员会，由企业最高管理者挂帅，各分管领导参与，负责领导企业整个年度“评先”活动。人资部作为“评先”职能管理部门，主要负责好“评先”工作的推进和落实。

二是开展“评先”工作须要围绕着既定的基本原则展开，也就是定下统一的基调，以保证评优目的的实现。比如，“评先”过程中要坚持“公开、公平和公正”，制订方案要“从上到下、上下结合”，评价时要坚持“绩效为王，宁缺毋滥”。

3. 深入基层，获得信息

制订的“评先”方案要接地气、务实，得到广大员工的理解和支持，才能保证有效果。评价机构可通过各种方式（如员工代表座谈、个别沟通、调查问卷等）引导员工积极提出自己的意见和建议，了解他们的想法，比如，奖项要增哪些、减哪些、如何定标准、如何评价，以及如何有效监督整个实施过程才能保证公平、公正。

4. 制订方案，明确标准

能否顺利实施“评先”，还要看“评先”机制是否健全，所订的方案、计划是否科学严谨，措施是否得力，这是有效实施“评先”的重要基础。

一是要建立健全机制。年度“评先”活动发挥有效激励的周期是一年，要保证该期间都能发挥出积极的效果，这就要求企业必须形成健全的机制。

二是要有科学的操作方案。为避免人为因素从中作梗导致操作偏离原则，那就必须制订出科学合理的操作方案，明确细化可行的实施流程。方案中要明确以下几点。

——评价奖项。在侧重对员工综合工作表现评价的同时，不要忽略了单项突出的先进个人，可根据企业发展需要多设置单项奖。另外，不能忽略对优秀团队的评价，团队评价可以涵盖不同的类别，比如先进6S管理部门、优秀营销团队或者某个项目管理团队。

——评价名额。可借鉴国际上通用的“1855”规则来设定评优指标，即企业员工按100%计算，年终时，对其中10%员工予以奖励，对80%的员工予以肯定，对5%的员工提出警示，对5%的员工予以解聘。

——评价标准。设定任何标准必须要遵循科学、严谨、细致、可量化和可操作性强的原则。另外，还要保证标准相对稳定，不能变来变去，以免让被激励对象摸不着头脑，丧失了方向感。

——评价方法和程序。在业绩评估方面，有两种方法可以借鉴，一种是月度业绩考核结果累加平均法，即将岗位或部门过往12个月份的业绩考核结果成绩相加后平均比较进行排序；另一种是年度目标落实率分析法，即按考查部门或岗位年度总体任务目标的落实情况进行比较排序。在德能勤考核方面可以采用360度评估法，多角度为被考评者进行打分。单项先进奖，主要还是按以往单项工作的业绩表现成绩展开评议，只要工作业绩绝对出色，符合单项奖评比条件，即可入围。

基本评价程序：建议是在业绩方面最有发言权的组织单位依据相关的评价方法提出候选人，准备申请材料，进入“评先”程序，基本程序如图7–8所示。

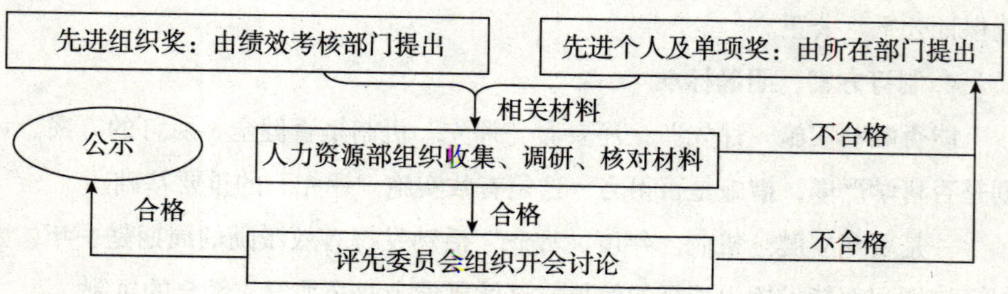

图7–8 “评先”程序图

一般来说，“评先”与绩效考核是挂钩的，对于绩效考核体系相对健全的企业来说，“评先”时上述所提到需要的考核数据可以直接以年底绩效考核成绩作为依据，而不是要评优时才做考核。

5. 意见征集

在初步制订方案完毕后不要盲目下发，要将征求意见稿在全员范围内进行二次意见征求，根据汇集的新建议再次论证修订后，再进行签发执行，这也是充分体现“评先”过程的公开、公平、公正原则，增加信任度和透明度，促使全员乐于积极参与，为顺利开展“评先”做好准备。

7.7.3　夯实过程是保障

1. 扫清障碍，强力推行

方案、计划制定得再好，不执行就等于零，“评先”工作要做到位，必须要开展好下面几项工作：

一是领导带头，全员参与。执行环节与方案制订环节同样重要，作为企业的各级管理者，要积极引导员工积极参与，确保各个环节都能执行到位，不能仅是将此项工作的推进交给一个秘书或是文员去做，领导却不管不问。

二是执行偏差，即刻纠正。当执行环节有偏差时，不管执行者是在哪一个层面，必须提出来按要求立刻纠正。当执行遇到人为阻力时，比如有些领导故意设障、不配合落实方案，则必须上报“评先”委员会解决；当执行者因不理解方案要求而执行困难时，则应立刻将不理解的地方提出来进行沟通解决；当“评先”方案本身存在问题没法执行时，企业更要积极组织相关人员进行及时沟通，为“评先”工作畅通道路。

2. 全员监督，确保精准

一是结果多途径公示，宁缺毋滥。比如企业内部网站、刊物、宣传栏、电子屏、会议宣读等等，让先进候选人充分展现在全体员工面前，接受大家的监督。

二是建立投诉渠道。凡是发现有违反评选规则的行为，每个员工都有权利直接向评选委员会投诉。

三是投诉处理要及时。必须要从管理者自身做起，当接到投诉后，不能不闻不问，失信于员工。如经核查，发现确实存在违规作弊现象，必须当机立断，与当事人沟通，对其进行批评指正，并取消其“评先”资格。

3. “评先”过程，纳入考核

首先，人力资源部门应密切关注整个“评先”方案的实施过程，记录每一个阶段每一个执行主体的落实情况，提前完成还是延后完成，完成质量如何，并及时进行信息反馈。其次，要考核并进。对凡是不能严格遵守企业“评先”制度、方案的部门或个人，必须要将其纳入绩效考核，对渎职行为还要及时做出通报批评，警示他人，避免犯同样错误。再次，对凡是不按规则要求评出的“先进”要即刻取消资格。

7.8 匹配的“才、责、权、利”四大利器

一个老头有三个儿子，在同一家企业上班，可他们的工资却不一样。老头很不解，于是想去企业了解情况。到了企业，老板很配合地把他三个儿子叫了过来。让这三个孩子做同一件事情：码头一艘货轮过来了，去看下情况！第一个孩子回来了说，来了一艘白色的轮船，船上有很多货，那艘货轮很漂亮，很大。第二个孩子回来后说了前面一个孩子的话，另外加了一些，货轮下午3点走，船上有哪些货之类的。第三个孩子看完回来说，船上有一些货是跟企业的产品相关的，我已经安排船上的大副找个时间和我商量下了。薪资不一样的原因，大家也肯定知道了。

“才、责、权、利”四方面必须要坚持对等一致，否则，就不可能做好相应的人才管理。

所谓“对等”就是相互一致、匹配，有什么样的才能，就赋予什么样的责任；有什么样的责任，就给予什么样的权力和利益。向管理者赋予责任是因为他有能力来完成相应的工作，授权又是有效履行职责的必要条件，同时，也不能只要求管理者承担责任而不享受相应的利益，这四者须高度匹配才可以。

因此，权力是为完成任务服务的，缺乏相应权力，会让执行者举步维艰；过度释放权力，会让当事人陷入滥用权力的境地。另外，在拥有职、权时，还必须匹配同等的利益，这是大家做好各项工作的最基本条件。

7.8.1　释放权力

德鲁克说：“管理者将某人安置在某个职位上时，要充分考虑这个人的特点、长处和条件，使职位能最大限度地让他发挥自己的潜能和长处。”作为一个明智的领导者，应懂得把最好的机会、最关键的岗位、最重要的职权留给最有能力的人，只有在最有能力的人手上，机会才会发挥最大效力。

很多企业的职责和权力的关系是，从上到下递减的、不对等的关系，权力越大责任越小，责任都是在往下推……其实应该分析“权、责、利”三者的关系，在管理过程中，三者既是相关的，也是统一的。这里，还有一个需要说明的一点——管理者的能力问题。所以，也有“权、责、利、才”四统一的说法。

作为管理者，一定要清楚，每个人都有短板，包括管理者自己。因此，管理者一定要懂得根据实际情况放权，让最有能力的人做他最能掌控的工作，这样做，反而更能有效提升工作效率和质量，对企业整体工作能产生更大的推动作用。

比如对人力资源总监，可以根据其能力素养逐步达到的情况释放下列权力，如表7–3所示。

表7–3　人力资源总监职权一览表

活动对象	对该活动的职务权限
人力资源管理活动	决策权、计划权、协调权、执行权、检查权、指挥权、监督权等
人力资源制度规范	审批权、审核权、制定权（编制）、建议权、执行权等
人力资源管理决策	参与权、建议权、决策权等
人力资源工作计划	制定权、执行权、审核权、监督权、批准权等

（续表）

活动对象	对该活动的职务权限
人力资源信息文件	检索权、存储权、采集权、沟通权等
下属员工	指派权、调动权、指导权、建议权、奖惩权、招聘权、辞退建议权等
人力资源资金经费	监督权、调拨权、预算权、使用权、申请权、审核权等
用品及设备	维护权、保管权、使用权、申领权等

在释放权力的过程中，需要采取逐步进行的方式，一定要在其具备相应能力的时候，才授予其相应的权力。不能过分授权，也不能授权不足。一定要和其能力、责任相匹配。

7.8.2 搭建平台

一个人拥有才华是个人发展的必要条件，但是，仅靠个人努力是远远不够的，公平、公开、公正的发展机会亦起着至关重要的作用。

巨晓琳，高中文化，是一名中铁电气化局的普通农民工。但他在已工作24年的岗位上创造了常人难以创造出的成就：他革新工艺43项，创造经济效益600多万元，独立编写了我国铁路电气化史上第一本施工教科书，并先后荣获“北京市劳动模范”、“全国‘五一’劳动奖章”。

他这一系列的成就首先离不开个人的努力和天赋，但是，公开、公平、公正的发展机会更是成就巨晓林的重要条件。

因此，企业应吸纳那些具有工作能力和工作意愿的人到平台上来发挥自己的才干。另外，在企业用人方面，管理者一是要知道哪些是核心关键人才，要为其搭建一个广阔的舞台，让优秀的人才尽情发挥。“得人才者得天下”，这句话只说对了一半，还有一半是必须要用好这些人才，让他们有一分能力发一分光，有十分能力发十分的光。这样的管理者才是用人的高手，这才是正确地使用人才。

要给人才一个良好的平台，企业应在用人方面采用竞聘上岗的方式来收揽人才，换言之，就是让能者上，庸者下，平者让。企业一定要让人才流动起来。

流动就是要开展竞聘上岗，让人才流动起来，使大家焕发精神，改变心态，从而调动员工积极性，鼓舞士气。当然，竞聘上岗千万不可以走过场，必须建立在公开、公平、公正的立场上开展。比如海尔集团，一旦发现企业存在或即将存在空缺岗位时，第一时间就会将信息公布出来，让有这方面能力的人来竞聘岗位。员工竞聘流程有五个关键控制点，如图7–9所示。

图7–9　员工竞聘流程五个关键控制点

1. 宣传造势

一旦决定开展岗位竞聘活动，就必须及时将这种想法形成方案并在组织内进行广泛宣传。这个工作仅靠人资部还不行，还要领导发挥其领导作用，要求各级管理者都要高度重视，并在分管领域积极宣贯。最大程度地激发全员参与的热情，确保通过活动能招聘到符合企业要求的人才。

2. 确定评委

这个必须要抓好，评委的构成在某种意义上也说明了企业领导的重视程度。一般情况下在选拔企业中高层管理人员时，一把手一定要参与进来。在选拔中基层管理人员时，中、高层管理人员一定要参加。无论哪一层级的人才选拔，都要求一定比例数量的员工代表参加，他们还可以参与一定形式的投票。通过这种举措，在一定程度上来表达企业对人才选拔活动的重视度。

3. 确定方法

究竟采取怎样的方法来进行人才选拔，企业必须要有明确的文件支撑，并且还要公开发布，让每个人员都知晓整个运作方法：谁有资格报名？给谁报名？应该填报哪些表格材料？怎样考评？理论测评占多少分？考哪些内容？面试提问占多少分？日常工作业绩占多少分？民主测评占多少分？都要预先安排好并公布出来。

4. 把握现场

一个要求，必须让整个活动在阳光下操作，确保公开、公平和公正，不要让大家产生这种感觉——这样的活动一切都是内定好的，只不过是走了个形式而已，成绩再高参加了也没有用。一旦给大家造成了这样的印象，那么这项活动注定就是失败的。

5. 辅导上岗

就像新人入职一样，“扶上马，送一程”是必须的，但员工上岗也是有试用期的，如果员工在岗位上工作了一段时间之后，仍不能担当起岗位重任的话，当然也必须要考虑是否放弃。

另外，一旦放手，就不要若即若离，不放心，认为年轻人干不好，从而横加干预他们所采取的决策或行动。这样往往会对他们的积极性造成伤害，还会束缚了他们的手脚，让他们施展不开。年轻人有年轻一代的想法，更有年轻人处理事情的方式方法，作为年长一代的人一定要给以理解和支持，容许他们犯错，让他们放心、大胆地去开展工作，这样往往会让你收获意想不到的结果。

7.9 制度“管才”也“护才”

在给予员工良好的薪酬、激励、授权和平台基础上，另一个关键手段是要有一套强大的制度约束机制，这样才能有力地保障管理杠杆不偏不倚，行走的脚步不偏离轨道。一定意义上来讲，良好的制度既“管才”也“护才”，否则，不仅对企业发展不利，同时对人才的发展也不利。

7.9.1 制度是严肃的爱

在H企业，常有员工议论：“大家都是企业员工，他为什么特殊？”监督部门也嘀咕：“管他呢，领导还瞻前顾后呢，咱也别吱声，先‘养养’这种现象，时间长了，形成气候了，咱也跟随，谁愿意被约束呀。”于是乎，企业原本优良的文化就在这种潜意识中逐步被不良风气侵蚀。一个企业的文化氛围要靠全体成员来营造、维系，尤其作为骨干人才更应起到以点带面的关键作用，但有些特殊人才到企业后，却不能主动适应企业文化、制度，还由于滥用特权，在无形中发挥了相反的作用。最后的情况是，这些所谓的人才由于自己逐步触犯企业底线给企业造成损失而逐一被劝退。如此一来，原来的宠儿被企业淘汰，也影响到企业的良性发展。

除此之外，另一家企业常有下列现象：

在N企业，考勤制度执行一段时间后，便不再严格要求打卡、签到了，率先违反制度的不是别人，却是企业管理者。检查员发现与自己关系较好的同事触犯了制度，考虑到关系和情分后，便放弃了对他的考评；企业领导不小心触犯了制度，无人敢追究，碍于尊严，自我放松处理；生产者为了迎合客户交货期，擅自压缩制造周期，违反工艺纪律，降低品质生产；还有，当员工违反制度后，找不到具体处罚条款，或处罚额度过大无法执行；甚至有的企业领导公开避开现有制度，即兴说出一些临时“口头制度”让下级执行。这样，企业日常运营一团糟、混乱不堪，价值观被颠倒，甚至逐步形成了另一种文化，导致的结果是：优秀的职场人进来后都纷纷选择离去，对该企业退避三舍。

有些人不喜欢受约束，总喜欢凌驾于制度之上，认为“制度是为人服务的，活人不能被死制度束缚住”。这样放弃已建立的制度、秩序，让员工对制度丧失信心，认为那就是一堆废纸，制度的严肃性就丢失了。没有了共同约定的法则，“白纸黑字”成了摆设，“红口白牙”成了主角，管理者“打太极”，心法大于规则，让员工无所适从。

分析上述问题产生的根源在于企业普遍患上了“制度管理肌无力症”，一定程度上反映出企业在经营发展的过程中有两方面问题：一是“肌肉系统疾患”，即制度本身质量存在问题；二是“神经系统疾患”，即“中枢神经”（高层管理层）和“周围神经”（中层管理者）、“神经末梢”（基层人员）

对制度麻木不仁，执行不力。应该说，很多企业存在以上情况。第一个问题主要反映编制制度是否充分、适宜、合理性和可执行性等方面。第二个问题主要和企业权威、人情关系紧密相关，直接导致的后果，一是弱化了制度权威性，制度在管理者、同事、客户等权威或人情面前低下了头，使制度成为一纸空文；二是失去了公平性，两个人都违反了制度，有的罚了，有的没罚，这将严重影响到制度的平等公正性，导致员工抵触情绪激增。诸葛亮说："吾心如秤，不能为人作轻重。"不能做到公平二字，就难取得人心。

7.9.2 遵循制度编制原则

制度编制应遵循"三化二性"的原则，如图7–10所示。

系统化 →	制度不是孤立的，所制定的制度和其他制度协调一致，不矛盾、交叉、重复
具体化 →	制度如过于抽象、笼统，缺少具体条文和实施细则，将难以执行
弹性化 →	要明确制度上量的尺度和质的依据，使之容易操作，弹性不能过大和过小
可行性 →	能操作，不能执行的制度就是一张废纸，没有价值
灵敏性 →	不要用管理的"旧框框"来适应经营的"新形势"，须以"变"制"变"

图7–10 制度编制"三化二性"原则图

下面对"三化二性"原则进行举例说明。

系统化：如集团企业制定的绩效管理办法，须和各子企业的绩效考核办法协同一致，不能有条款对立现象。

具体化：如规定上班要严肃，这就过于抽象，不易具体实施。现实中基层工作是具体的，需要有一些条例和实施细则，这就需去完善并明确规定由谁来监督执行。

弹性化：弹性是有限的、积极的，弹性过大执行随意性，如随地吐痰给予30～100元罚款，就有些过大；弹性过小会造成制度过于死板和苛刻，如由于违规给企业造成经济损失这样的处罚条款就必须给个范围，否则有时候就没法执行。

可行性：如规定每位员工每天必须要看一本书，这样的制度就难以执行。

灵敏性：如一家企业创业发展期的管理制度就不能适应成熟期的情况，如果继续使用会制约企业发展。

7.9.3 切实按科学流程编制制度

编制制度要深入调查研究，不允许闭门造车、想当然，同时一定还要遵循科学的编制流程，只有这样，才能保证出台制度的可行性和有效性。比如，某企业规定了文件制度出台的流程，如图7–11所示。

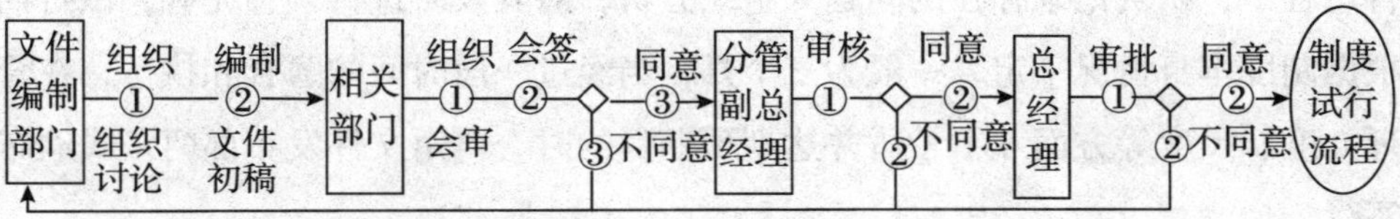

图7–11 文件出台流程图

1. 遵循流程

当制定、修改制度时，需由提议制度编制部门写出申请，或由企业领导直接提出，由该制度的主责部门填写《文件制订、修订和废止申请单》（如表7–4所示），提出制度编制、修改原因，并与相关部门深入沟通、充分了解情况后再编制出制度流程初稿，然后与申请单一并随相关部门流转会签，或集中讨论会签，最后经相关企业领导审批后下发。

表7–4 文件制订、修订和废止申请单

制度名称		制度编号		主责部门			
□制定 □修订 □废止							
内容概要：							
受此影响的其他制度：							
部门会签							
部门							
主管							
发放范围：							
编制		日期		备注：			
审核		日期					
批准		日期					

2. 明确职责

一是制度审核者（包括会审）职责，对制度符合性和专业正确性以及关键规定的适应性、充分性和可操作性负责；二是制度批准者职责，对制度规定的方向性和原则性与系统的一致性，以及发布的时机和条件适宜性和相关接口的严密性负责。

3. 试行后正式颁布

当总经理审批通过后，首先进入制度试行流程，主责部门密切跟进，在试行过程中，认真记录存在的问题并组织分析，对其及时进行调整完善，试行期根据制度本身情况来定，一般为三个月，当经过一段时间的磨合和执行，在管理力度、尺度等方面互不矛盾并达到预期目的时，再由文件发布部门正式颁布实行。

7.9.4 严格系统落实管理制度

系统、全面落实管理制度，文化引领是基础，领导关注是关键，而培训、检查和后续激励跟进是保障，如图7-12所示。

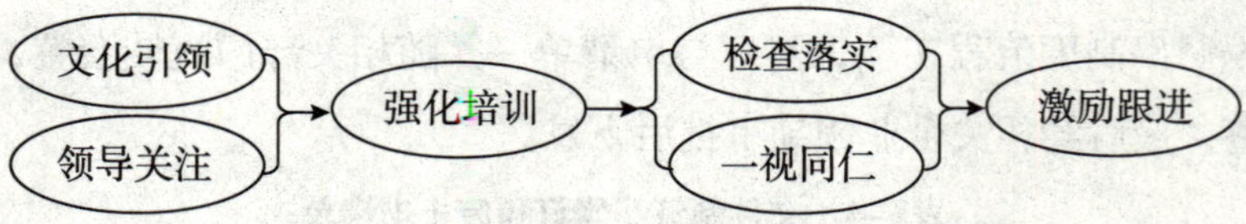

图7-12 管理制度系统落实保障图

1. 文化引领

制度不是某一个岗位阶层的事，而是要靠全体员工共同来维护。企业领导须有这个雄心和气魄，在企业内部营造出一种敬畏制度的文化氛围，上到最高领导总经理，下至普通清洁工，无一例外，每个人都要非常清楚地认识到，当你触及制度的“红线”时，接受处罚是极其正常的事，而不是总想着找各种借口来逃避制度的惩罚。

因此，企业制度一旦通过审批下发，意味着一道新的“电网”已设立，在制度执行力文化大氛围下，管理者须带头遵守，一旦不小心触犯了“红线”，就要有“孔明上奏自贬三级”的气度，恪守制度面前人人平等的原则，为制度规范化管理打下基础。

2. 领导关注

制度执行是否打折，领导者态度很重要。在推行制度管理过程中，企业领导须要发挥积极的领导作用，唯有如此，才能有效形成全员执行制度的良好氛围。

N企业管理部经理在推行制度管理时遭遇到一件难堪的事。起初，他满腔热情，一心想通过自身努力，来改变企业制度管理混乱的局面。总经理也很看好他，于是便充分授权他去做。在最高管理者的支持下，他很认真地去推行制度化、标准化管理，当遇到制度推行阻力时，从来没想过妥协或放弃，坚持问题在哪发生，就追究到哪，牵连到谁，就追究到谁，尽管得罪了一些人，但仍在坚持。就在规范化管理效果即将显现时，总经理找到他，语重心长地说：执行制度要注意尺度，要注意企业内某些关键人员的态度，不要因执行制度问题，弄得人际环境氛围不好，毕竟制度是死的，人是活的。当时，他沉默了。之后，他变了，再也不像以前，遇到问题也会灵活变通了。

3. 强化培训

一般情况下，制度由主责部门组织编制并负责解释，由这个部门委派人员（一般是制度组织编制者）来对制度当中涉及的部门、岗位开展培训，并进行考试，直到他们都培训合格、过关。

某企业有一锅炉掏灰工，在一次操作中，不小心发生了事故，经抢救无效死亡。后来发生了民事纠纷，于是，法院调查人员就前来调查企业是否制定了相关的管理制度，是否对这些制度进行了培训。经检查发现，企业有相应的培训制度，却没有按照培训合格才能上岗的制度进行，结果企业被重判。

通过制度培训让执行者理解制度，这是执行制度的保障。

4. 检查落实

制度是约束人的，有一定的强制性，从人性的角度来看，很多人不愿意主动去落实制度是正常现象。因此，制度一旦离开了检查监督，往往会逐渐“流产”。那么应怎么检查呢?

——检查主体：一是制度主责部门，要对整个制度落实负责，如设备管理制度由设备部负责；培训制度由人力资源部负责，制度主责部门要对整个制度落实情况进行经常性的系统检查；二是企业系统化管理部门，如综管部、企管部、系统管理部等，这些部门主要对各个制度实施点检或抽检，了解制度落实情况，以第三方的角色推进制度落实。

——检查内容：首先要严格按照制度条款来检查，不能遗漏条款。一是要检查落实制度的证据记录，如考勤签到、打卡记录；二是在线检查，在执行过程中随机抽查执行情况，如下午两点上班，过了两点后，就现场观察谁迟到了。

——检查频次：检查次数要和违反制度的多寡成正比，如制度刚开始下发的一段时间里，违反制度的次数往往比较多，尤其那些修改后的制度，由于要改变原来的习惯做法，员工违规的频率会比较高，这段时间就要加大监督检查的次数，不断纠正大家的执行惯性。随着大家执行制度的意识和习惯的养成，就可以适度减少监督检查的频次。

5. 一视同仁

这一点是维护制度权威性的关键，企业中如有凌驾于制度之上的人员，不被制度约束，那么，就会对制度执行氛围产生强大的破坏力，会被人误认为制度是专门为弱势群体准备的，甚至还会使员工对制度监督检查者产生抵触情绪。

6. 激励跟进

有检查没考评，激励同样起不到推进制度落实的良好作用。对执行制度的人没有表扬、奖励，对不执行制度的人没有批评、惩罚，检查得再认真也等于白费功夫。

——及时提出：检查激励工作必须和激励齐头并进，随时随地，时过境迁的激励效果不佳。

——“电网”原则：一是预先警告原则，任何人必须认识到，制度就是

“电网”，一旦碰触了，就会被“电”着；二是即时原则，如谁敢以身试法，有意无意“触网”了，他会立即被惩罚；三是一致性原则，不管是谁，无一例外，只要碰触一次，保证其不会“漏网”，处罚没商量。

——责任追究流程：一是制度主责部门检查发现的问题，由其启动处罚流程，直接处罚违规岗位或部门；二是企业制度系统化管理部门检查发现的问题，由其直接启动处罚流程，在处罚违规岗位或部门的同时，还要连带处罚主责部门。

第8章

走得好：让离职员工微笑着离开

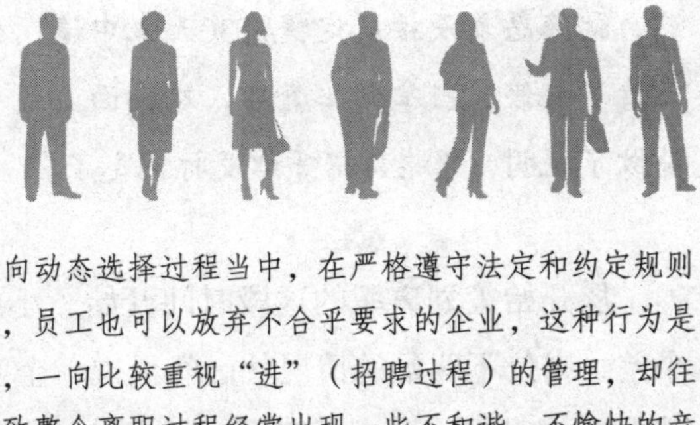

员工和企业作为劳资双方，一直处于双向动态选择过程当中，在严格遵守法定和约定规则的前提下，企业可以放弃不合乎要求的员工，员工也可以放弃不合乎要求的企业，这种行为是非常正常的。令人遗憾的是，当前很多企业，一向比较重视“进”（招聘过程）的管理，却往往忽略“出”（离职过程）的管理，结果导致整个离职过程经常出现一些不和谐、不愉快的音符，让双方陷入尴尬甚至相互敌视的境地，一定程度上还影响到企业的生产经营活动，企业文化口碑也会因此受到影响，让后加盟企业的人员也总是持怀疑的眼光来观察企业。

某企业人资部经理老R是人力资源主管，经常和离职人员产生摩擦和口角，搞得离职员工常常高兴而来，扫兴而归。一直以来，没有一个有能力、有个性的新员工在老R身边留下来，离职的人居然没有一个对老R有好感。

为什么？看看老R行为造成的后果就清楚其中的原因了，如表8-1所列示。

表8-1　某企业人资部经理造成的后果情况表

序号	行为	后果
1	凡主动离职的人员不再发放当月奖金	让离职人员非常不满
2	说话尖酸刻薄、爱批评人，太蛮横霸道、太不讲理	在职的人私下里直言不愿意和老R沟通，尤其直接下属，更不愿意去请示工作
3	老R很能干，颇得领导赏识，也正基于此，老R并没认识到自己身上存在的问题	对员工的不满变本加厉，依然我行我素，固执地按自己的方式来处理人事问题

小A在该企业工作了一段时间后，感觉这家企业的用人文化不适合自己，天天受窝囊气，便想离职去找更加适合自己的工作。但听说老R不好沟通交流，就隐忍着没按规定提前30天来申请，就开始做离职的准备了。发工资前几天请了病假，当拿到工资后，在桌面上放了一封离职信，将应移交的物品和文件做了说明，跟老R招呼都没打就走了。

从开始策划离职的这段时间开始，小A的思想已开小差了，思想一旦开了小差，岗位不匹配的情况就已经显现，企业损失也就自然形成了，这个损失不是很短的一段时间，而有可能是很长的时间，问题是小A离开之后，从内心深处不愿意跟这个企业再继续打交道。

当下一些企业对员工离职管理也存在上述案例的现象，本章将先用六小节分析离职管理不当的影响，如离职员工工作交接不力陷入被动、离职员工播撒企业负面声誉和形象；企业失去离职者掌握的真实信息，丧失了未来了解竞争对手的机会等。随后，再用四小节讲述企业如何做好离职管理，当采取哪些举措防范此类不良现象的发生。

8.1　工作交接不力陷入被动

离职员工工作交接不力会造成工作被动，最终导致工作效率下降、质量下滑和成本提升，如图8-1所示。

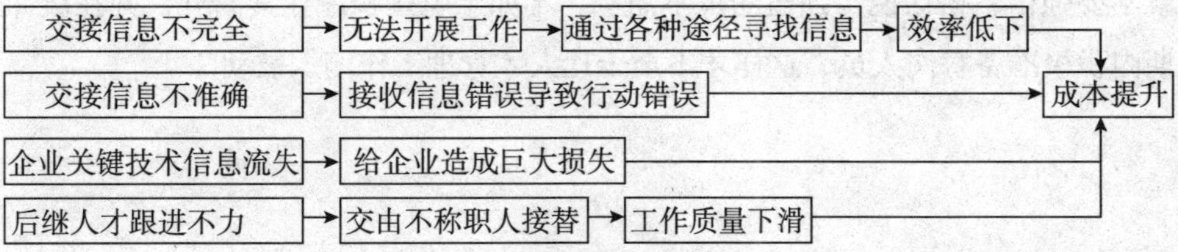

图8-1　交接不力造成成本提升关联图

由上图可以看出，一旦离职交接不力，无形当中会给企业造成一定的损失。尤其当企业对离职人员产生敌视心理或者有意设立一些障碍时，这种损失往往会难以估量。

企业离职程序不当会导致本来很顺理成章的离职过程变得跌宕曲折，让离职者心生无奈，甚至愤然离去，结果让离职后续工作不能有序开展。

小张是某企业某车间主任，工作一直都很出色。最近企业高层人事变更，小张不适应新任主管王副总经理的领导风格，思前想后决定还是离职。王副总接到小张的离职申请后，考虑到自己刚上任小张就提出离职，感觉面子上过不去，就没有批准；看到王副总没有批准，小张就转向人资部提出申请，人资部也感到很为难：一是为企业丧失这样优秀的人才感到惋惜；二是考虑离职后没有更合适的后备人员来顶岗；三是其直接上级没有批准不符合程序也不好做决定。就这样，小张三番五次提出申请，都没有得到批示，看按常规程序离职不成，很是气愤，于是便在没有办理离职手续的情况下不辞而别。

由于没有按规定程序办理离职手续，后续人员也没有提前准备，更没有办理岗位交接手续，离职时工作进展情况也没有交代清楚；同时还发现车间有些关键技术、管理资料不知去向。上述几方面原因导致车间管理工作一度陷入混乱。

基于此，管理者应主动去了解并积极改进存在的一些管理问题，避免优秀人才离开企业。同时，管理者也应该清楚，人才是市场里的人才，有时要站在员工的角度来思考问题，如果他们有其他方面的考虑，确实要离开企业的话，就不要强留，俗话说“强扭的瓜不甜”，不如干脆按程序让其离开，并在缓冲期内积极准备替岗人员，这样才不至于让人才管理工作陷入被动。

8.2 播撒企业负面声誉和形象

离职者是传播企业文化的最好载体，是企业的活广告。企业文化环境给离职者的感受是很“培养人”、很“人性化”，他离开后就会宣传企业这种文化理念。有的离职者在企业受到了“很大伤害”后才选择离开的，他也会把这种负面文化带出企业，在之后的工作生活中，他常常会按自己的主观感觉来诠释、传播这种“伤害”文化。如离职者体会这种“伤害”文化很深，他甚至会把企业存在的负面问题用放大镜来看、来评价，并到处去宣扬。不要忽视这种宣扬的力量，这对企业的影响有时候也很致命。

小李离开原来所在企业的起因是和当时在老板面前很红的同事合不来，这个同事常在老板面前打他的“小报告”，小李因此常被老板训斥，于是便下决心离开企业另找发展机会。在预料当中，当小李和主管领导离职谈话时，不仅没有被挽留的意思，还被上级批评挖苦了一通，为他的未来泼冷水。在企业干了很长时间的他心里感觉很凉、很委屈，辞呈提交之后一刻没留，便头也不回地离开了企业，离职手续还是让别人给补办的。小李离开该企业后，总体发展还真算不错，无论是职务还是薪资待遇都比原来的企业强很多，这更助长了小李在别人面前宣传原企业经营管理文化方面存在问题的气焰了，并乐此不疲。除此之外，他还喜欢打听这家企业的负面信息，以此来印证自己的逻辑推断。

所以，不要忽视员工个体的力量，当其对企业的负面宣传效应多了，企业的社会形象和声誉难免会受到影响，一定程定上也会削弱企业的日常经营活动，甚至会影响到企业人才管理战略。在人才管理方面，这种负面影响会由点到线，由线到面，逐步扩散，如图8-2所示。

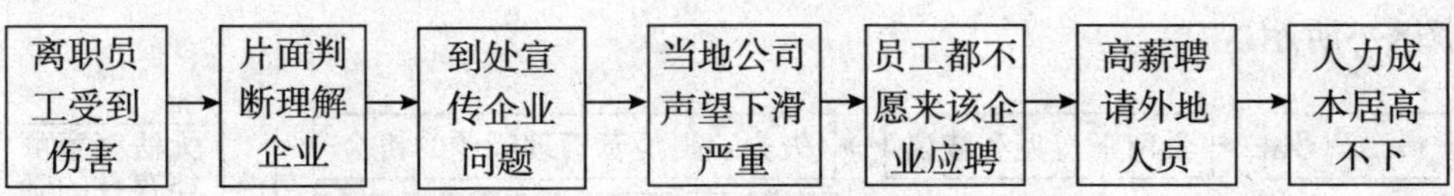

图8-2　交接不力负面影响关联图

针对这个问题，管理者如一味地迁怒离职者，对改善管理活动没有任何帮助。作为管理者，当反思在管理过程中有没有扮演好自己的角色，有没有由于自己的管理不当让被管理者受到伤害。记住，管不住离职者的嘴巴，但管理者能通过自我管理，来树立企业人才管理的口碑。善待离职人员，对企业文化的传播会起到更加积极的影响。

8.3 失去离职者掌握的真实信息

很多时候，离职者选择离职也是无奈之举，此时此刻，他们正需要人来理解和关心。然而很多企业却疏忽了这方面的管控职能，一听说员工要离职，立马站在企业的角度看待问题，第一反应就是考虑到会导致“人员离职率”指标上升，还会影响正常工作有序开展，还要去费心思招聘补充人员，于是就火冒三丈，甚至拍案指责。有的企业则采取“事不关己、高高挂起”的被动做法，也有的企业态度冷漠，甚至表现出明显的猜忌和敌意，尤其是在离职交接时更像是在加强戒备，唯恐离职者有所隐瞒。上述几种做法都会直接导致离职者有“人走茶凉”的不舒服感，会直接引发下面两种后果，如图8–3所示。

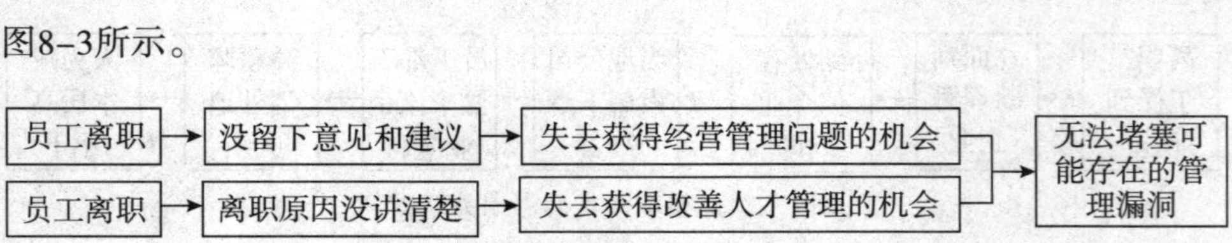

图8–3　交接不力导致管理能力下降关联图

8.3.1 不能获得客观建议

某些离职者对企业管理现状有一些意见和建议，原本想在离职面谈时和企业进行一次深度沟通，提出自己的一些看法，然后负责而又体面地离开企业，但由于企业没有铺垫好沟通基础，未能积极主动地和离职者进行卓有成效的沟通，离职员工当然不愿意自讨没趣，因此就不再开口了。

小周是C企业一位资深的优秀员工，人缘很好，对企业日常生产经营管理活动中存在的一些问题看得比较清楚。如看到有些人利用职务之便将个人日常消费票据进行报销牟取私利；看到门卫、仓库、财务串通后盗取企业机油；看到一些人员爱玩小团体活动，搞一些无中生有、空穴来风的事，造谣中伤一些表现优秀的员工，损害团队成员合作关系，阻碍企业正常有序的发展……在这其中，甚至还有的同事来找小周，让他也参与做一些违背企业规章和文化倡导的事情，但均被小周借故婉言谢绝了。其实，小周天生骨子里有一种正义感，非常讨厌这种行为，但身在圈子中，又不能做得太过火，怕弄不好还惹火烧身、被人陷害，只好作罢。但内心天生的正义感驱使他不能再在这样的环境中待下去了，于是便选择离开，在离职的当口，考虑到一直以来待自己不错的老板有些事情还蒙在鼓里，就在老板单独送自己的饭局上，将自己了解到的一些情况向老板侧面谈了谈，希望能引起老板的注意，也让自己压抑已久的心怀得到释放。

一般情况下，企业内员工一般最能真切地接触到企业内第一手信息材料，但可能考虑到自己也是企业体制内的一员，平时往往不愿多谈一点身边的人和事，甚至有时还要隐瞒一些真实信息，佯装自己看不到、听不见一些危害企业的行为，怕表达太多使自己受到影响或者牵连，得罪了周围人，让自己无法在这个团队中待下去。一些有正义感的员工也总因此感到内疚和不安，于是，总想找个机会抒发一下自己内心的情感，让真实情况公布于众，离职其实就是一个很好的机会。

8.3.2　不能知晓离职的原因

一般情况下，测量一个企业是否有凝聚力、向心力和吸引力的关键指标就是“人员主动离职率”，而每个员工离开企业又都有各自不同的理由，要有效遏制“人员主动离职率”的提升，那就首先必须搞清楚人员主动离职的真正原因。要想搞清楚真正的离职原因，必须让离职员工敢于说出心里话，当他们对企业比较失望时，就不愿意主动说出来，他们想的是“反正就要离开了，说出来有什么用呢？”因此多半填到离职表上的离职原因都不够真实。

究竟是什么原因促使他们离职呢？很多企业想挖掘出背后原因，但总由于不注重离职管理而让这项工作逐步陷入形式化，导致企业外部形象口碑不佳，损害了企业用人文化。

对A企业离职员工进行了统计查询，发现写得最多的原因是家庭原因（如离家较远、身体原因、家里有事、父母岁数大了需要照顾等等），这类原因占50%，个人原因（如持续深造、想换个工作平台、想换个新环境工作等等）占25%，其他占25%。但管理者私下调查，了解到的实际情况是工作压力太大、和上下左右岗位的同事关系不和谐导致人员离职的情况占据了相当大的一部分原因，几乎占当年度离职人员的60%之多，这些原因之所以没写在离职表当中，可能主要是离职人员觉得这些原因不够正规，能说但不能写。

基于上述情况，尽管企业在设定离职表上都有“离职原因”和“对企业经营管理建议”项目，但实际上离职者在上面写的都是一些“大而空”的原则性废话。可悲的是，作为企业方，也不去认真考究这些问题是否存在，只是简单地根据这些不真实的原始信息资料进行离职原因分析，撰写企业经营改进建议报告。这种做法虽然在形式上履行了职责，但完全是自欺欺人，无法获得有价值的信息。

8.4　丧失了了解未来竞争对手的机会

离职交接不力还容易导致管理者丧失了解竞争对手的机会，最终损害企业利益，如图8-4所示。

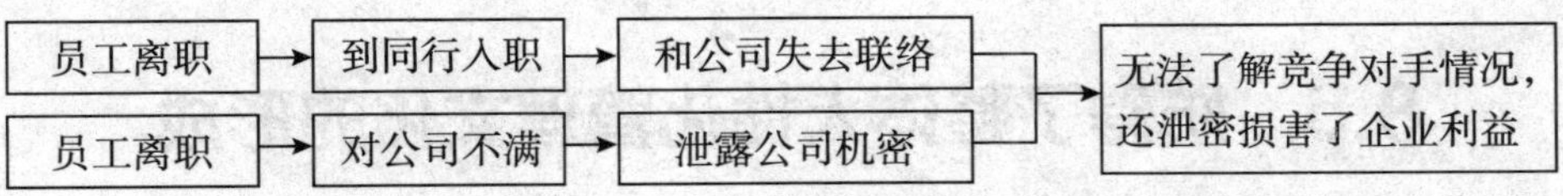

图8-4　交接不力导致企业丧失了解竞争对手的机会关联图

有些离职者是为了自身更好的发展而离职的，他们甚至是业界出类拔萃的佼佼者，他们常选择到同行企业就职，通过自身的优势充分了解企业的经营管理和企业技术现状后，大部分都会变成精英骨干分子，如果企业起初善待他们并能和他们一直保持良好沟通关系的话，或许还能从他们那里获得一些有用的信息资源来改善企业中目前存在的瓶颈问题，这对企业参与市场竞争和可持续发展有着不可小觑的助推作用。

小李原来一直在D企业从事政府扶持项目资金争取工作，从D企业离职后，怨气很大，尤其对D企业一些管理人员的管理方式方法很不满意，跳槽到F企业后，仍然从事这方面的工作。小李离开D企业后，小王接替了他的工作，但小王是新人，总体上对项目业务工作不是特别熟悉。小李在离职后，经常会接到小王的求助电话，询问有没有可以开发的新项目，小李对原来的D企业深怀不满，于是，每当接到小王的求助电话后也只是礼貌性地客气两句，心想和小王关系好是好，但即便有了新项目，也绝对不会说。用小李的话说：D企业伤透了他的心，最后离职的时候还扣了自己一个月的奖金，对这样绝情的企业哪能用真情?

如果离职者是带着怨气离开企业的，他就很可能对原企业有意见，即便原企业有需求，也不愿提供有用的情报和帮助，甚至还会根据自身掌握的优势资源，抢你的客户，夺你的技术，扰乱你的管理，削弱企业的竞争优势。

8.5 妨碍了整体人性化管理文化的形成

张女士是在一家印刷企业干了九年的管理人员，可以说是跟着老板一同创业成长起来的资深管理人员，随着企业规模的不断变大，老板越来越感觉自己在带领团队发展方面力不从心，于是就高薪聘请了一位职业经理人老江来做企业的总经理。没想到的是，老江一来，马上就开始组建自己的团队，将原来那些和企业一起成长起来包括张女士在内的管理者都给打到一线去了，重新提拔或者外聘了一些管理人员到企业当中来。这样一来，这些老员工很伤心，纷纷解甲归田，另谋出路。张女士也一样，也决定到另外的企业去发展。当她向老江提出离职时，老江没有做丝毫挽留，便签字放人。张女士看到这些情况，更坚定了离开企业的决心。在她离开的当天，没人告别，没人送行，自己到企业转了一圈。企业里熟悉的一切，一下子触动了这位资深女员工，眼泪就流开了，10公里的路程居然踉踉跄跄地步行回了家。现在她谈起这个事情时，内心还很不是滋味。

一枝一叶总关情。当员工在一个地方待得时间久了，往往会日久生情，对企业的“一草一木”都会生产生很多情感。这是“人之常情”，每个员工都会对企业产生这种情感上的依赖，若没有太多状况发生，他们一般都不会主动选择离开。对于这些员工，企业管理者一定要学会善待他们，即便真的由于一些原因不再续前缘，也要注意方式方法，用对方可以接受的方法进行。

许多大中型企业为了增强企业吸引力、竞争力，向外界展示企业形象，都比较重视企业人性化管理。然而，开展这项工作的企业良莠不齐，有的企业做得有声有色，值得称道，也有的企业喊得很响，却言行不一，有形式无效果，尤其在员工离职管理这一块更是差强人意，企业根本没认识到人性化管理是全员、全过程、全方位的，错误狭隘地认为离职者马上就要离开了，快不是“自己人”了，既然提出离职了，又留不住，干脆随便一放就算了，还对他们讲人性化管理徒劳无益。其实，这个时刻恰恰正是开展人性化管理的关键点，否则，往往会让离职者很不舒服，如图8-5所示。

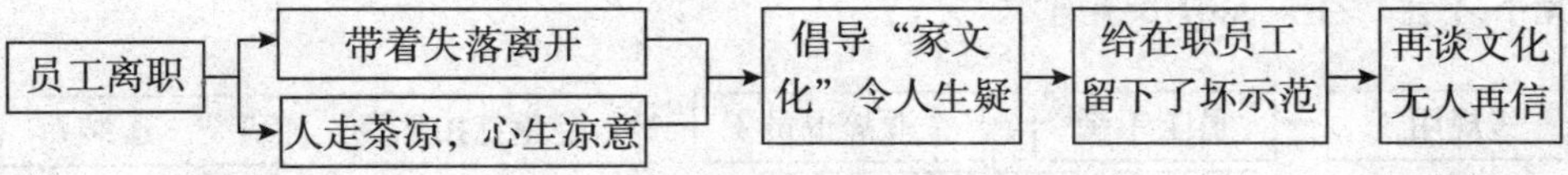

图8-5　交接不力导致文化失信关联图

1. 带着失落离开

聚散皆是缘。员工离职这一刻，如何对待他，会给离职人员留下较为深刻的印象，企业应积极展示其最为人性化的一面，明白“有缘相聚一场”的珍贵情意。要建立充满向往、受人尊敬的优质企业，就应该时刻不忘向外界展现自己那种恢宏气度、宽容仁爱、并能让人感知的文化理念底蕴，如果忽略了这一点，很容易让离职者错误认为原来企业以往的人性化管理都不是真实的，认为只是为了欺骗自己工作的工具罢了。

2. 人走茶凉，心生寒意

对离职员工的非人性化管理不仅让离职者感到失望，同时也会让那些尚未离职的在岗者感受到企业的不真诚，“天下没有不散的宴席”，在企业工作是相对的，离开是绝对的，因此内心深处也都为自己迟早面临这个境况做足了心理准备，当然也同样会对企业当前所采取的各种政策制度表示质疑，某种程度上还会动摇、削弱企业的人性化管理根基。

8.6 容易引发企业和离职员工间的劳资纠纷

随着企业和员工法律意识的增强，很多企业运作越来越规范。但说句实话，即便如此，一些企业仍然存在实际运作和劳动法不相融的问题。在这种企业工作的员工，离职原初并没有要追究企业责任的想法，而是在忍无可忍的情况下才会产生。如图8–6所示。

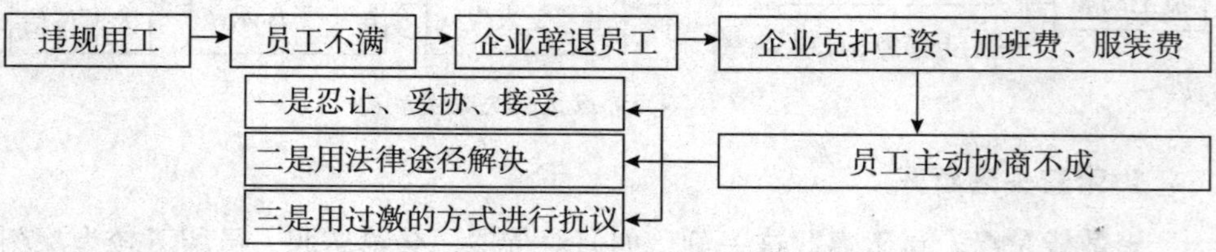

图8–6 违规用工导致的劳资纠纷关联图

某企业的做法颇为让人不解，制定了很多有利于企业但不利于员工的不公平的政策措施，比如员工进厂要交岗前培训费、工装费、宿舍费、风险金等押金，然后员工一旦想要离开，就以服务期不够为由不再退还押金，甚至还以不发工资为要挟，逼迫员工继续工作下去。该企业员工小江发现入职后的实际情况和签订的合同有较大差距，如长时间加班还没有加班费，就提出了离职申请，但企业就其服务期不够为由不归还押金。之后该企业为了有效防止其他员工都像他这样干不了几天就离职，就以该员工不符合企业要求的“莫须有”理由下发了“辞退通知”并全厂通报，让小江丢尽颜面。小江没想到企业会这样对待自己，一气之下，他咨询了律师事务所，通过正规途径来解决这些问题，并对照劳动法将该企业存在的所有用工不当问题全数抖落出来，并向当地劳动仲裁机构进行仲裁，直至向人民法院起诉，并最终赢得了诉讼。

离职管理最基本的要求是必须要遵守劳动法，不要引发劳资纠纷。企业千万不要自认为很强大，可以通过各种途径来摆平员工，就对法律法规不够重视。记住，当员工坚持依照法规处理离职纠纷时，对一个优秀的企业来讲已经败了，败在了对企业文化的自吹自擂上。

8.7　祝福送给离职员工

每位员工，无论是在职还是离职，无一例外，都是企业资源，作为企业方，一定要让每位员工来得开心，走得愉快，如图8-7所示。

营造非凡的文化	开放、大气、包容的环境
提升员工舒适度	幸福、快乐，对未来充满信心
主动离职者	了解原因，挽留并送上美好的祝福
被动离职者	谈心，协助他们规划未来

图8-7　让员工“离”得开心措施关联图

国家要创建和谐社会，企业也要创建和谐企业。企业要做到大而和谐，首先就要营造开放、大气、包容、育人的用人环境，使员工在这样的环境中工作生活，体会幸福、快乐，并促使他进步，工作有干劲、有奔头，让每个员工都能切身体会到企业在自己身上所付出的辛苦和真诚。

企业在离职这一环节，也要做到和谐有道：对触犯了企业政策“红线”必须辞退以警示其他的员工，“无规矩难成方圆”，但不能简单粗暴对待他们，要晓之以理、动之以情地和他们平等沟通，讲明企业的政策，要以大局为重，敢于为自己的行为负责，让他们在内心认识到自身的错误行为，认识到自身存在的问题，并坦然为自己行为的后果负责；如因有更好的发展平台而选择离职的员工，“良禽择木而栖”，企业应支持并尊重他们的选择，握手告别并祝福他们能有一个美好的未来；由于不适应企业政策环境而选择离职的员工，要和他们谈心，了解情况，如果企业在哪方面做得不对，企业就要勇于改正错误；如果是员工本身的问题，在挽留不住的情况下，祝福他们能有一个更好的职业归宿。

8.8 建立健全、规范、人性化的离职制度

人性化的管理制度用来维护、稳定人性化的文化环境。有的企业对自己的人力资源管理缺乏信心，担心人员离职后岗位补充跟进不力，使企业生产经营活动陷入被动，或者担心这些员工离职对企业内部员工造成负面影响，使得企业内部员工队伍不稳定，因此，干脆就明确把“人员离职后永远别回企业工作”作为一种留人政策写入制度，在入岗培训前就直接进行宣贯，让一般员工都不敢轻易下离职的决定。以这种落后的“家长式”手段作为留人策略显然是不人性的、小气的、有损企业形象的，企业绝对不要采纳。企业应建立积极的、人性化的离职管理制度，通过实施这样的制度，让每位离职员工都能冰释前嫌、心情愉快，在今后的日子里每每想起离开的企业都会产生美好的回

忆，当别人谈到自己曾经待过的企业时都由衷地感到自豪。在这方面，企业要做到以下几点。

8.8.1　真诚的离职面谈

程序化的离职面谈模式往往会显得苍白无力，让人难以感受到谈话里蕴藏有丝毫真诚的温度，于是，约谈双方要么“冷冰冰、面对面”刻板地进行格式化的交流，要么在“充满假装善意”的氛围中完成任务仪式化的交流。一旦过了这个环节，不管彼此之间交流内容是否真实，都松了一口气：“离职面谈终于结束了”。这样的离职面谈毫无意义。

有句话说得好：暖心的话如春风扑面，让人敞开胸怀接纳你；冻人的话如寒风刺骨，让人裹紧心胸拒绝你。人资管理者在坚持原则的同时，必须要具备用暖心话进行沟通交流的能力。

小李是A企业的一家人力资源专员，具有良好的亲和力，待人很真诚、善良、谦和，大家有什么心里话都愿意和他交流。小A承担员工关系的工作职责，平时无论是升职、调动还是离职面谈等人事管理这一块职能任务自然就落在了他的肩膀上。凭借他个人出色的业务素养，这个工作做得非常出色，基本上每位岗位调动或者离职的员工都很高兴，达到了离职面谈管理的目的。

另外，人资面谈不仅是人力资源部门的责任，其原来所在岗位的直线领导也可以在人资进行面谈前首先与离职员工进行“一对一”面谈或者直接参与到人资面谈中。如车间普通员工离职，车间班长或车间主任可以和他们面谈；车间主任离职，生产副总经理可以和他们面谈。通过面谈，充分了解他们在企业工作过的这段时间的一些具体情况，遇到了什么问题、如何进行解决、离职最终原因是什么、有没有改善的空间或余地。同时中肯地征求他们对自己岗位、部门或所在企业工作的意见和建议。这个过程很关键，千万不要怕麻烦，这既是尊重员工的一种体现，也是获得改善企业内部管理信息的重要手段之一。

8.8.2 建立离职人员人才库档案

员工离职大多都是不匹配造成的，但不匹配正如前所述有很多种，其中能力素养不符合企业要求仅仅是其中的一种，也有可能是员工能力素养大大超过了企业要求的平台导致离职。

作为人资管理者，一定要把眼光放宽、放远，不要放过任何一个人力资源，包括已经离职者。更何况，即便离职者现在不符合要求，并不意味着今后也不符合要求。因此，一定要和离职者建立一种正常、融洽、和谐的关系，将每一个离职者的档案建立起来，并尽量时刻与其保持联系。必要的时候，还可以联系使用，这种联系使用并不是非要重新录用员工，也可以将员工的知识技能进行共享。

欧阳是某企业质量、环境和安全三体系方面的专员，在这方面有非常突出的能力，有一个机会跳槽到一家体系认证机构工作，专职从事体系审核。欧阳离开该企业后，后面接替他岗位的人总体能力远远不及欧阳，工作当中遇到的一些问题，经常不能及时有效地处理。于是人资部就将欧阳的联系电话告诉了这位接替者，并事先跟欧阳说明他遇到的一些问题，希望欧阳能帮助其解决。欧阳也没有隐瞒什么，非常热情地为他解疑释难，很快让这些困难得到了化解。

企业要建立专门的离职者个人信息档案，了解他们的基本信息和去向，及时与其保持良好地沟通联系，建立企业“离职人员智力联盟”，当彼此有困难需要帮助时，可以互相提供一些具体的解决方案。

8.8.3 建立方便快捷的离职通道

一旦员工决定要离开企业，在按规定办理离职手续（如工作交接、各种企业用品交接等）的前提下，企业尽可能设定方便快捷的离职通道，同时为他们办理离职手续“一路亮起绿灯”，绝不设卡，让他们能够顺利地走出企业的大门。

小王是在某企业工作的外地人，工作能力很强，业绩很突出，由于家里最近有一些事情，必须要离职回家解决。当他和领导很诚恳地谈到这个事情时，领导很不开心，误认为小王要跳槽，于是就没有答应他离职，但小王的确要赶紧回家处理事情，无奈之下，就绕开直接上级向企业总经理提出了个人要求，总经理同意了小王的请求，答应他离职回家。小王的直接上级看到小王绕开自己直接向总经理请辞，感觉很没面子，于是，就在离职规章制度框架范围内提出一些问题，在交接工作方面处处设卡，让小王不能顺利办理离职手续。由于家事太紧急，小王干脆最后一个月的工资不要了，没办完离职手续就回家了，但针对离职写了一封信件发给了直接上级，表达了自己不得已离开企业时遭遇“离职坎”的心理感受，这位领导看完信之后，很为自己的行为感到后悔。

想员工所想，急员工所急，企业管理者不可以太自私，即便针对即将离职的员工，也不能只顾自己的利益而忽略了员工的愿望，比如有的员工着急想尽快离开到新的岗位上去，或者有什么紧急要处理的事情必须要离开岗位等等，作为企业，就应尽己所能在不违反制度的情况下尽快为其办理相关手续，不要硬生生地非要拿什么制度来说事，比如非得要求其在企业待够一个月才可以离职了之类，更不可以故意刁难对方，把双方关系搞得很僵。

8.9　培训各级管理者学会和离职员工沟通

沟通的基本问题是态度，基本要求是行动，在此基础上，再加上一些基本技巧，就能实现离职无障碍沟通了，如图8-8所示。

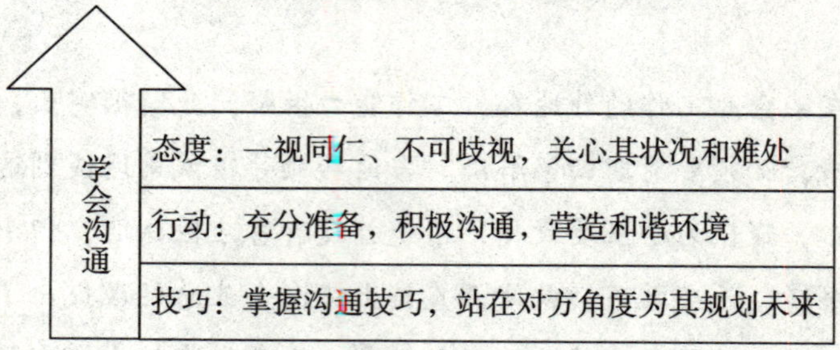

图8-8　离职沟通三要素

无论是主动离职还是被动离职的员工，企业各级管理者都要一视同仁、不可歧视。同时，作为管理者还要对这个群体给予特别关照，和他们积极进行思想沟通，谈当前存在的问题，及今后往哪方面发展更适合自己；鼓励他们通过努力学习，进一步提升自身的能力。在这里，一定要弄清楚哪些方面可以谈，哪些方面不可以谈。管理者在谈之前要充分准备，弄清楚对象是哪种方式的离职，对方的性格特征是什么，做哪方面的工作等等，同时还要掌握一定的沟通技巧，然后才能胸有成竹地把握住并主导整个沟通过程，保证沟通效果。

离职代表着员工和企业工作关系的终结，但长期相处缔结下来的情谊不应因此而消亡，当尽可能保持整个过程善始善终，愉快和谐。有些企业在离职人员人性化管理工作方面做得很好，甚至把离职管理活动搞得很温馨，有声有色，让人难忘。这种情境下，即便员工以往在企业发生过一些不愉快的磕磕绊绊，也会在这一刻烟消云散。

8.10　用行动善待每一位离职员工

不要把关注离职员工只挂在口头上，一定要落实在行动上，让每位离职员工能充分感受到企业的温暖，如图8-9所示。

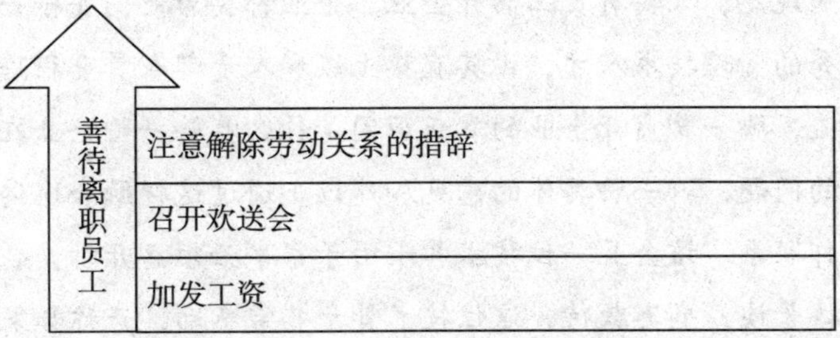

图8-9 善待离职员工三方法

8.10.1 注意解除劳动关系的措辞

即便是某个员工触犯了企业的“电网”，必须要辞退，企业通过面谈等程序后，在下达通知时也要规避那些生硬的类似“辞退”、“永不再用”的字眼。那样会让离职者伤疤更重，丝毫解决不了问题。

有道是“得饶人处且饶人”，作为企业也是一样，即便员工犯了一些错误，劝退时在措辞上建议也要尽量做到委婉，不要想怎么说就怎么说。其实，大家都不是小孩子，都有自我检讨能力，当自己犯错时，不用你去检点他，只需稍加点拨，他就能认识到，根本不用“横眉冷对”，像见了冤家仇人似的。

某企业在这方面做得就很智慧，下发解聘通知时，常采用类似“经过企业研究，同意某某人的离职申请”这种比较委婉的措辞来呈现，让彼此双方都容易接受，将人性化管理渗透到离职管理过程中。

8.10.2 召开欢送会

不管职位高低，不管是什么原因，企业员工要离开企业，只要不是犯了严重的错误被企业辞退，企业都会根据情况分级为他们准备不同档次的欢送宴席，并让他们谈一些心得体会，为企业提一些意见和建议，使整个离职过程都处于一种温馨、温暖、和谐的状态，让离职员工难以忘怀，为企业留下好的口碑。

有家企业规定，只要有员工离开企业，企业都要为他们安排一顿欢送饭，尤其那些优秀的管理技术人才，由其直接上级和人资部人员全程陪同，和他们进行沟通交流，聊一聊离开企业的真正原因是什么？聊一聊企业在日常运作过程当中存在的问题，聊一聊具体的意见和建议。通过这样融洽地沟通交流，建立长久的合作联系。该企业一位技术骨干由于家事必须离开时，企业领导极力挽留，并促膝长谈，盛宴款待，这位技术骨干非常感动，声称如果今后有机会的话，一定会来企业效力。果不其然，这位技术骨干回家后，找了家离家较近的国营企业工作，并在这家企业学到了一些新工艺技术，当家里的事情处理完毕，合同到期后，这位技术骨干毅然决然地又回到了原来所在的企业工作，并利用学到的一些新工艺技术为这家企业做出了卓越贡献。

所以，不要小看这个最后的“礼遇”动作，有时真会起到非同一般的效果。

8.10.3 加发工资

有的企业在劝退员工时，为了避免员工一下子找不到工作而丧失了经济来源，人力资源部还向同行推荐他们。在劝退员工仍然无法找到合适的工作时，企业就将离职时间适度延缓，在到期后仍然没找到去处时，本着对员工负责到底的原则，就干脆决定多给离职员工一到两个月的工资，让他在这一个月当中赶快找到新工作。这样劝退的员工一点也不恨企业，反而还为企业的做法而感动。

小靳在某集团企业做文化专员岗位，试用期3个月之后，企业感觉其文书能力、策划设计能力、沟通能力等根本没法有效担当起工作重任。在这种情况下，企业考虑到这个岗位没法短时间内训练出来，考虑再三，决定对小靳进行劝退处理，建议他到一些规模相对比较小、对文化工作不太重视的企业去做可能更好些，人资部领导为此专门和他进行了一次详谈，聆听他的意见。小靳也感觉到自己的确没法担当起岗位重任，爽快地答应了。人资部根据企业规定给他多算了一个月的工资，同时还推荐他到一家不错的企业工作。这样一来，小靳感动得不得了，在离开的那天，和领导、同事一一道别，依依不舍。

人事管理工作者千万不能认为自己处于优势，离职员工处于劣势，就毫不在意对方的感受，那样做会适得其反。